계리직 공무원

9개년 기출문제집

우편일반 · 예금일반 · 보험일반 · 컴퓨터일반

시대에듀

계리직이란?

📬 우정사업본부에서 하는 사업은?

우정사업본부(지방우정청)는 과학기술정보통신부 산하기관으로, 핵심 업무인 우편물의 접수 · 운송 · 배달과 같은 우정사업을 비롯하여 우체국보험 등 금융 관련 사업에 관한 정책을 수립하고 집행하는 일을 담당합니다.

📬 계리직 공무원이 하는 일은?

계리직 공무원의 직무는 우체국 금융업무, 회계업무, 현업창구업무, 현금수납 등 각종 계산관리업무와 우편통계관련업무입니다.

📬 계리직 공무원을 선호하는 이유는?

1 영어 · 한국사 부담 DOWN

계리직 공무원은 전문성 있는 인재를 뽑고자 업무에 필요한 영어 7문제 출제와 한능검 자격제도를 도입하였습니다. 이는 수험생들이 직무관련 과목에 집중할 수 있도록 하여 학습의 효율성을 높여 줍니다.

2 업무 만족도 UP

계리직은 대부분 발령이 거주지 안에서 이루어지므로 거주지 이전의 부담이 적습니다. 또한 업무 특성상 명절 기간 등을 제외하고는 야근을 하는 일이 드물어 업무 만족도가 높은 편입니다.

시험 안내

✉ 주관처

우정사업본부 및 지방우정청

✉ 응시자격

구분	내용
학력 · 경력	제한 없음
응시연령	만 18세 이상
결격사유	다음에 해당하는 자는 응시할 수 없음 ❶ 「국가공무원법」 제33조의 결격사유에 해당되는 자 ❷ 「국가공무원법」 제74조(정년)에 해당되는 자 ❸ 「공무원임용시험령」 등 관계법령에 의하여 응시자격을 정지당한 자(판단기준일: 면접시험 최종예정일)
구분 모집 응시 대상자	❶ 장애인 구분 모집 응시 대상자 「장애인복지법 시행령」 제2조에 따른 장애인 및 「국가유공자 등 예우 및 지원에 관한 법률 시행령」 제14조 제3항에 따른 상이등급 기준에 해당하는 자 ❷ 저소득층 구분 모집 응시 대상자 「국민기초생활 보장법」에 따른 수급자 또는 「한부모가족지원법」에 따른 지원대상자에 해당하는 기간이 응시원서 접수일 또는 접수마감일까지 계속하여 2년 이상인 자
거주지역 제한	공고일 현재 응시하는 지방우정청 거주지역에 주민등록이 되어 있어야 응시 가능

✉ 시험과목 및 시험기간

구분	내용
시험과목	❶ 우편일반 ❷ 예금일반 ❸ 보험일반 ❹ 컴퓨터일반(기초영어 7문항 포함)
문항 수	과목당 20문항
특이사항	한국사는 한국사능력검정시험으로 대체(한능검 3급 이상)

※ 세부 사항은 반드시 시행처의 최신 공고를 확인해 주세요.

2024 시험 총평 및 통계

📧 총평

우정사업본부 발표에 따르면 2024년 우정 9급(계리) 공무원 선발인원은 362명으로 작년보다 10명 감소하였다. 작년에 비해 평균 경쟁률은 소폭 상승하였는데, 경쟁률이 가장 높은 지역은 부산 69.6 : 1이고 경쟁률이 가장 낮은 것은 강원 21.2 : 1로 나타났다.

2024년 필기시험은 우편일반, 예금일반, 보험일반, 컴퓨터일반 4과목으로 개편된 후 치러진 첫 시험이었다. 높은 난도에 대한 예상과 달리 전반적으로 평이한 난도로 출제되었다. 그러나 시험 문제 유형의 변화로 그동안 출제되지 않았던 영역에서 문제가 출제되는 양상을 보인 만큼 과목별로 충분한 대비가 필요하다.

우정사업본부에서 공고한 2024년 시험의 특이사항은 다음과 같다.

2024년 시험 특이사항

 1 한국사능력검정제 도입 | 시험의 공신력 향상을 위해 기존 필기시험 과목 중 한국사를 한국사능력검정시험으로 대체

 2 직무관련 과목 확대 | 직무관련성이 높은 금융상식을 예금일반(20문항)과 보험일반(20문항)으로 세분화하여 업무전문성 및 시험변별력 확보

 3 실무위주 문제 출제 | 업무관련성이 낮은 컴퓨터일반의 알고리즘, 프로그래밍 언어론 및 상용한자를 출제범위에서 제외

 4 창구업무를 주로 수행하는 계리직종의 특성을 고려하여 기초영어는 생활영어 중심으로 개선하고 문항 수 확대(2문항 ➡ 7문항)

2025년 시험을 준비하기 위해서는 우선 한국사능력검정시험을 취득해야 하며, 예금일반, 보험일반 과목은 우정사업본부에서 제공하는 학습자료 및 기출문제를 중심으로 학습해야한다. 또한 영어 과목의 문항이 생활영어를 중심으로 개편·확대됨에 따라 창구에서 사용할 수 있는 다양한 영어 숙어와 표현을 익혀두는 것이 좋다.

전반적으로 평이했던 2024년 시험에 의해 2025년 시험은 난도의 소폭 상승이 있을 수 있다. 우정사업본부에서 제공하는 학습자료와 기출문제를 바탕으로 출제경향을 면밀히 파악하여 학습하는 자세가 필요하다.

📧 지역별 시험 통계

❶ 지원자 및 응시율

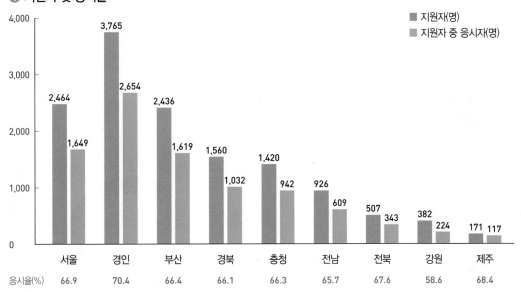

| 응시율(%) | 66.9 | 70.4 | 66.4 | 66.1 | 66.3 | 65.7 | 67.6 | 58.6 | 68.4 |

❷ 시험 합격선

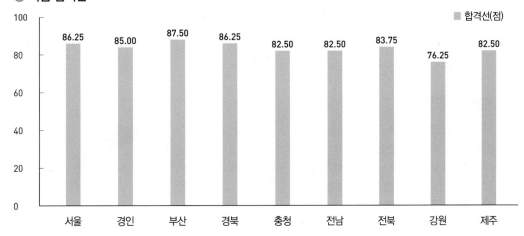

※ 합격선은 각 지방 우정청별 '일반'부문 합격선을 기준으로 수록하였습니다.

우편일반

국내우편이 여전히 높은 비중을 차지하였으나 그동안 출제되지 않았던 물류 영역에서도 문제가 출제되었으므로 학습 시 해당 영역의 시간 배분에 신경을 쓸 필요가 있을 것으로 보인다.

우편물류(5문제) 25%

국제우편(6문제) 30%

국내우편(9문제) 45%

예금일반

금융 관련 내용 특성상 체감난도가 높았을 수 있으나 까다롭게 나왔던 작년에 비해 비교적 낮은 난도였다. 우체국 금융상품에 대한 문제가 다수 출제되었는데, 이론에 대한 구체적인 지식을 요하는 문제가 대부분이었다.

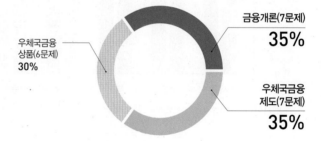

우체국금융상품(6문제) 30%

금융개론(7문제) 35%

우체국금융제도(7문제) 35%

보험일반

전반적으로 평이한 난도에 빈출 영역 위주로 출제되었다. 실무 중심의 보험상품 관련 문제가 다수 출제된 점은 눈여겨볼 만하다.

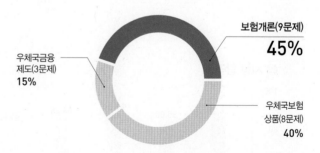

우체국금융제도(3문제) 15%

보험개론(9문제) 45%

우체국보험상품(8문제) 40%

컴퓨터일반

프로그래밍 언어론 및 자료구조 영영이 출제 범위에서 제외되어 이전보다 난도가 낮아질 것이라는 예상처럼 높은 난도의 시험은 아니었다. 그동안 출제되지 않았던 정보 보안 관련 문제가 출제되었으나 문제 풀이에 큰 어려움은 없었을 것으로 보인다.

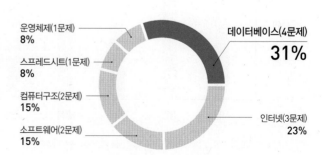

운영체제(1문제) 8%

스프레드시트(1문제) 8%

컴퓨터구조(2문제) 15%

소프트웨어(2문제) 15%

데이터베이스(4문제) 31%

인터넷(3문제) 23%

이 책의 구성과 특징

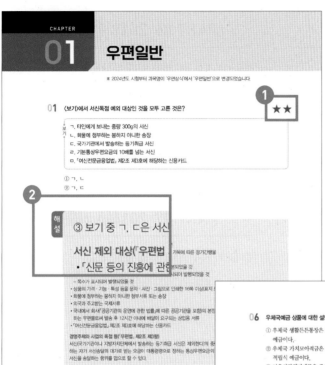

❶ 9개년 기출문제 최다 수록

2024~2012년 과목별 기출문제를 수록하였습니다. 문항마다 표기된 난도를 확인하고, 문제를 풀어보며 시험의 출제 경향을 파악해 보세요!

❷ 꼼꼼한 정답 및 해설

정답 및 오답의 이유와 중요한 이론을 수록하였습니다. 풍부한 해설로 혼자서 학습해 보세요!

❸ 학습자료를 반영한 〈변형〉 문제

우정사업본부에서 제공한 '2025년 개정판 학습자료'를 반영하여 문제를 재구성하였습니다. 똑똑하게 학습하세요!

PART 01

2024년 기출문제

우편일반

※ 2024년도 시험부터 과목명이 '우편상식'에서 '우편일반'으로 변경되었습니다.

01 〈보기〉에서 서신독점 예외 대상인 것을 모두 고른 것은? ★★

> 보기
> ㄱ. 타인에게 보내는 중량 300g의 서신
> ㄴ. 화물에 첨부하는 봉하지 아니한 송장
> ㄷ. 국가기관에서 발송하는 등기취급 서신
> ㄹ. 기본통상우편요금의 10배를 넘는 서신
> ㅁ. 「여신전문금융업법」제2조 제3호에 해당하는 신용카드

① ㄱ, ㄴ
② ㄱ, ㄷ
③ ㄴ, ㄹ, ㅁ
④ ㄷ, ㄹ, ㅁ

 해설 ③ 보기 중 ㄱ, ㄷ은 서신독점 예외 대상이 아니다.

서신 제외 대상(「우편법 시행령」제3조)
• 「신문 등의 진흥에 관한 법률」제2조 제1호에 따른 신문
• 「잡지 등 정기간행물의 진흥에 관한 법률」제2조 제1호 가목에 따른 정기간행물
• 다음의 요건을 모두 충족하는 서적
  - 표지를 제외한 48쪽 이상인 책자의 형태로 인쇄·제본되었을 것
  - 발행인·출판사나 인쇄소의 명칭 중 어느 하나가 표시되어 발행되었을 것
  - 쪽수가 표시되어 발행되었을 것
• 상품의 가격·기능·특성 등을 문자·사진·그림으로 인쇄한 16쪽 이상(표지 포함)인 책자 형태의 상품안내서
• 화물에 첨부하는 봉하지 아니한 첨부서류 또는 송장
• 외국과 주고받는 국제서류
• 국내에서 회사(「공공기관의 운영에 관한 법률」에 따른 공공기관을 포함)의 본점과 지점 간 또는 지점 상호 간에 수발하는 우편물로써 발송 후 12시간 이내에 배달이 요구되는 상업용 서류
• 「여신전문금융업법」제2조 제3호에 해당하는 신용카드

경영주체와 사업의 독점 등(「우편법」제2조 제3항)
서신(국가기관이나 지방자치단체에서 발송하는 등기취급 서신은 제외한다)의 중량이 350그램을 넘거나 서신송달업을 하는 자가 서신송달의 대가로 받는 요금이 대통령령으로 정하는 통상우편요금의 10배를 넘는 경우에는 타인을 위하여 서신을 송달하는 행위를 업으로 할 수 있다.

답 ③

02 준등기 우편물에 대한 설명으로 옳지 <u>않은</u> 것은? ★★

① 대상은 200g 이하의 국내 통상우편물이며 배달기한은 접수한 다음 날부터 3일 이내이다.
② 반송 시 등기 우편물로 처리되어 반송 수수료는 등기통상우편요금이 적용된다.
③ 접수 시부터 수취함 투함까지 배달 결과에 대한 종적조회가 가능하다.
④ 배달 완료된 후 발생한 손실·분실에 대한 손해는 배상하지 않는다.

> **해설**
> ② 준등기 우편물의 반송 시 일반 우편물로 처리되며, 반송 수수료는 없다.
>
> **준등기 우편물의 처리**
> • 배달기한: 접수한 다음 날부터 3일 이내
> • 전송: 준등기 우편물로 처리(수수료 없음)
> • 반송: 일반 우편물로 처리(수수료 없음)
> • 반환: 일반 우편물로 처리(우편물이 우편집중국으로 발송되기 전까지 반환청구 수수료는 무료이나, 우편물이 우편집
> 중국으로 발송한 후에는 반환청구 수수료를 징수해야 한다. 반환청구 수수료는 통상우편 기본요금을 적용한다)
>
> 답 ②

03 인터넷 우표에 대한 설명으로 옳지 <u>않은</u> 것은? ★

① 국제우편물과 소포우편물은 이용대상이 아니다.
② 정가 판매한 인터넷 우표는 우표류 교환 대상에서 제외된다.
③ 고객의 편의를 위하여 수취인 주소 없이 단독으로 사용이 가능하다.
④ 구매 후 출력하지 않은 인터넷 우표에 한정하여 구매 취소가 가능하다.

> **해설**
> ③ 인터넷 우표는 고객편의 제고와 위조, 변조를 방지하기 위하여 단독으로 사용할 수 없으며 수취인 주소가 함께 있어
> 야 한다.
>
> 답 ③

04 내용증명 우편물에 대한 설명으로 옳은 것은? ★

① 내용문서의 원본과 관계없는 물건을 함께 봉입할 수 없다.

② 내용문서의 원본과 등본은 양면을 사용하여 작성할 수 없다.

③ 발송인은 반드시 내용문서 원본 1통과 등본 2통을 제출하여야 한다.

④ 내용문서가 2장 이상인 경우, 내용문서의 원본 및 등본의 글자를 훼손하지 않도록 발송인의 인장으로 간인한다.

② 내용문서의 원본과 등본의 작성은 양면을 사용하여 작성할 수 있으며, 양면에 내용을 기록한 경우에는 2매로 계산한다.

③ 내용증명의 발송인은 내용문서의 원본과 그 등본 2통을 제출하여야 한다. 단, 발송인에게 등본이 필요하지 않은 경우에는 등본 1통만 제출이 가능하며, 이 경우 우체국 보관 등본 여백에 "발송인 등본 교부 않음"이라고 표시해야 한다.

④ 내용문서의 원본이나 등본의 수량이 2장 이상일 때에는 내용문서의 원본 및 등본의 글자를 훼손하지 않도록 빈 여백에 우편날짜도장으로 간인하거나, 천공기로 간인하여야 한다(발송인의 인장이나 지장으로 간인하지 않음에 주의해야 한다).

답 ①

05 우체국 꽃배달 서비스에 대한 설명으로 옳지 <u>않은</u> 것은? ★

① 배달 결과는 공급업체에서 직접 입력한다.

② 꽃송이의 부족으로 교환을 요구할 경우에는 상품 교환 조치를 한다.

③ 공급업체는 상품을 발송할 때 반드시 우체국 꽃배달 태그를 함께 보내야 한다.

④ 배달 중 공급업체의 잘못으로 상품에 결함이 생기면 접수우체국에서 모든 비용을 부담한다.

④ 상품을 수취인에게 배달하는 중에 공급업체의 잘못으로 상품에 결함이 생기면 모든 비용은 공급업체에서 부담한다. 소비자가 교환이나 환불을 요구할 때에는 즉시 보상해야 한다.

답 ④

06 나만의 우표 서비스에 대한 설명으로 옳은 것은?　　　　　　　　　　　　★★

① 기본형은 고객 이미지 1종이 기본이며 홍보형 및 시트형은 기본 종수(1종) 외에 큰 이미지 1종을 무상으로 제공한다.
② 전국의 우체국(별정우체국, 우편취급국 제외), 인터넷우체국, 우체국 모바일 앱에서 접수가 가능하다.
③ 지적재산권자로부터 받은 사용허가서를 신청 고객으로부터 제출받아 2년 동안 보관한다.
④ 접수담당자는 신청서에 우편날짜도장으로 날인하여 원본은 우체국에 3년 동안 보관한다.

② 전국 우체국(별정우체국, 우편취급국 포함), 인터넷우체국, 모바일 앱, (재)한국우편사업진흥원 및 접수위탁기관에서 접수할 수 있다.
③ 접수할 때 신청 자료의 내용이 다른 사람의 초상권, 저작권 등을 침해한 것으로 확인된 경우에는 신청 고객이 해당 권리자에게서 받은 사용허가서나 그 밖의 사용 권한을 증명할 수 있는 서류를 제출하도록 안내한다. 서류 보관기간은 접수한 날부터 5년이며 이미지는 3개월이다.
④ 접수자는 신청서에 우편날짜도장으로 날인하여 원본은 우체국에 1년 동안 보관한다.

답 ①

07 〈보기〉에서 요금별납 우편물에 대한 설명으로 옳은 것을 모두 고른 것은?　　　　　　　★★

<보기>
ㄱ. 취급할 수 있는 최저수량은 통상우편물과 소포우편물이 다르다.
ㄴ. 창구업무 취급시간 내에 우편창구에서 접수하는 것이 원칙이다.
ㄷ. 요금별납 고무인은 담당자가 수량을 정확히 파악해서 보관, 사용한다.
ㄹ. 1개월간 발송 예정인 우편 요금액의 2배에 해당하는 금액을 담보금으로 제공받는다.
ㅁ. 우편물의 종별, 중량, 우편요금 등이 같고 동일인이 동시에 발송하는 우편물이어야 한다.

① ㄱ, ㄹ
② ㄴ, ㅁ
③ ㄱ, ㄷ, ㅁ
④ ㄴ, ㄷ, ㄹ

ㄱ. 통상우편물이나 소포우편물 모두 10통 이상 발송 시 이용이 가능하다.
ㄷ. 요금별납 고무인은 책임자(5급 이상 관서: 과장, 6급 이하 관서: 국장)가 수량을 정확히 파악해서 보관해야 하며, 담당자는 책임자에게 필요할 때마다 받아서 사용한다.
ㄹ. 1개월간 발송 예정인 우편 요금액의 2배에 해당하는 금액을 담보금으로 제공받는 것은 요금후납 우편물이다.

답 ②

08 우편요금 감액제도에 대한 설명으로 옳은 것은? ★★

① 대리점, 영업사원, 보급대행인, 개인 등이 발송하는 정기간행물은 감액대상이다.
② 종류와 규격이 같은 서적 우편물은 상품의 선전 및 광고가 전 지면의 10%를 초과하는 경우, 감액대상에서 제외된다.
③ 20kg을 초과한 소포 1개를 2개로 분할(1개의 무게는 10kg을 초과할 것)하여 접수한 등기소포 우편물은 1,000원이 감액된다.
④ 1회에 10통 이상 발송하는 요금별납 또는 요금후납 일반등기통상우편물은 접수방법 감액과 접수물량 감액을 동시에 적용받는다.

> **해설**
> ① 계약당사자가 아닌 대리점, 영업사원, 개인 등이 발송하는 정기간행물은 감액대상에서 제외한다.
> ③ 중량 20kg 초과 소포 1개를 2개로 분할하여 접수한 경우 2,000원 감액된다(동일 시간대, 동일 발송인, 동일 수취인이고, 분할한 소포 1개의 무게는 10kg을 초과할 것).
> ④ 1회에 10통 이상 발송하는 요금별납 또는 요금후납 선택등기통상우편물은 1회 100통 이상인 경우 접수방법 감액과 접수물량 감액을 동시에 적용받는다.
>
> 답 ②

09 우편사서함 사용계약에 대한 설명으로 옳지 <u>않은</u> 것은? ★

① 계약 해지 시 열쇠는 반납할 필요가 없다.
② 법인, 공공기관 등 단체의 우편물 수령인은 5명까지 등록이 가능하다.
③ 배달된 우편물을 정당한 사유 없이 30일 이상 수령하지 않을 경우, 계약을 해지할 수 있다.
④ 우체국장은 연 1회 이상 운영 실태를 점검하고 사용계약 해지 대상자 등을 정비하여야 한다.

> **해설**
> 사서함을 운영하고 있는 관서의 우체국장은 연 2회 이상 운영 실태를 점검하고 사용계약 해지 대상자 등을 정비하여야 한다.
>
> 답 ④

10 〈보기〉의 '우선취급' 표시 규격에서 옳은 것을 모두 고른 것은? ★

보기

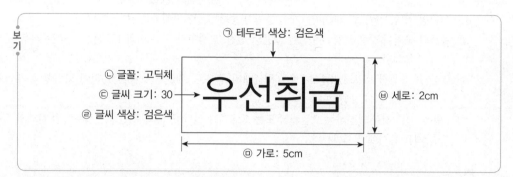

① ㄱ, ㄴ, ㄹ
② ㄱ, ㄷ, ㄹ
③ ㄴ, ㅁ, ㅂ
④ ㄷ, ㅁ, ㅂ

해설

ㄱ. 테두리 색상: 붉은색
ㄷ. 글씨 크기: 32
ㄹ. 글씨 색상: 붉은색

달 ③

11 집배코드에 대한 설명으로 옳지 <u>않은</u> 것은? ★

① 우편물의 구분·운송·배달에 필요한 구분정보를 가독성이 높은 단순 문자와 숫자로 표기한 것이다.
② 도착집중국 2자리, 배달국 3자리, 집배팀 2자리, 집배구 2자리로 이루어져 있다.
③ 도착집중국 약호의 첫 자리는 경인청 우편집중국의 경우 'B'로 시작한다.
④ 배달국 번호의 마지막 자리는 청번호를 의미한다.

해설

④ 배달국 번호의 첫 자리가 청번호를 의미한다.

달 ④

12 우체통에서 수집한 우편물의 처리에 대한 내용으로 〈보기〉의 (   )에 들어갈 말을 바르게 짝지은 것은?

★

> **보기**
> (가) 수집해온 우편물을 소인 작업에 편리하도록 종류와 형태별로 분류한 후에 우표나 요금인 면을 바르게 간추려 (   )에 날짜도장을 찍는다.
> (나) 국제우편물에는 국제날짜도장을 찍으며, 항공우편물은 (   )(으)로, 선편우편물은 부산국제우체국으로 발송한다.
> (다) 부가취급에 해당하는 우표를 붙인 우편물은 (   ) 표시 후 우편창구에서 접수 처리한다.

	(가)	(나)	(다)
①	우표 면	국제우편물류센터	'취급 중 발견'
②	우표 면	인천해상교환우체국	'취급 중 발견'
③	수취인 성명	국제우편물류센터	'우선취급'
④	수취인 성명	인천해상교환우체국	'우선취급'

해설

(가)는 우표 면, (나)는 국제우편물류센터, (다)는 '취급 중 발견'이 들어가야 한다.

수집우편물의 정리
• 수집해온 우편물은 소인 작업에 편리하도록 종류와 형태별로 분류하여 우표나 요금인 면을 바르게 간추려 우표 면에 날짜도장을 찍는다.
• 국제우편물은 국제날짜도장을 찍으며, 항공우편물은 국제우편물류센터로, 선편우편물은 부산국제우체국으로 발송한다.
• 부가취급에 해당하는 우표를 붙인 우편물은 '취급 중 발견' 표시 후 우편창구에서 접수 처리한다.
• 이탈품과 습득물은 책임자에게 인계한다.

답 ①

13 유가증권 등기우편물의 취급에 대한 설명으로 옳지 <u>않은</u> 것은?　　　　　　★★

① 취급한도액은 10원 이상 2천만 원 이하이다.

② 이미 사용된 유가증권류, 기프트카드 등의 보험취급을 원할 경우, 유가증권 등기우편물 접수가 가능하다.

③ 배달 시에는 수취인에게 겉봉을 열게 한 후, 표기된 유가증권 증서류명, 금액, 내용을 서로 비교하여 확인한다.

④ 관공서, 회사 등에 유가증권 등기우편물이 포함된 다량의 등기 우편물 배달 시 상호 대조 및 확인 없이 일괄 배달되지 않도록 유의한다.

 ② 이미 사용된 유가증권류, 기프트카드 등에 대하여 보험취급을 원할 경우 유가증권등기로 취급할 수 없으나 물품등기로는 접수가 가능하다.

답 ②

14 〈보기〉의 특별송달 우편물 배달 사례에 맞는 송달방법을 바르게 짝지은 것은?　　　　★

> (가) 우편물 표면에 기록된 주소지에서 수취인 본인에게 송달하였다.
> (나) 수취인이 정당한 사유 없이 수령을 거부하여 송달장소에 우편물을 두고 왔다.
> (다) 우편물에 표기된 주소지가 아닌 우체국 창구에서 수취인 본인에게 송달하였다.
> (라) 우편물에 표기된 주소지를 방문하였으나 수취인이 외출 중이라 그 동거인에게 송달하였다.

	(가)	(나)	(다)	(라)
①	교부송달	유치송달	조우송달	보충송달
②	교부송달	보충송달	유치송달	조우송달
③	보충송달	조우송달	교부송달	유치송달
④	보충송달	유치송달	교부송달	조우송달

 특별송달 우편물 송달방법의 종류
- **교부송달**: 우편물 표면에 기록된 주소지에서 수취인이나 이에 준하는 사람에게 배달하는 경우를 말한다.
- **보충송달**: 우편물에 표기된 주소지에서 수취인을 만나지 못하여 배달할 수 없을 때 그 사무원, 고용인, 동거인 등에게 배달하는 것으로 수취인을 대신할 수 있는 사람에게 배달하는 경우를 말한다.
- **유치송달**: 수취인 본인이나 그 사무원, 고용인, 동거인(보충송달이 가능한 사람)이 정당한 사유 없이 수령을 거부할 경우 송달장소에 특별송달우편물을 두고 오는 경우를 말한다.
- **조우송달**: 우편물의 표면에 기록된 주소지가 아닌 곳에서 수취인 본인을 만나 배달하는 경우를 말한다.

답 ①

15 다음의 우정당국들이 가입한 국제연합체에 대한 설명으로 옳은 것은? ★★

① 국제특송 시장에서의 주도권 확보 및 EMS 경쟁력 향상을 목적으로 결성되었으며, 사무국은 태국에 소재하고 있다.

② 연합체의 역할 확대를 위해 최근 KPacket 등 여러 상품을 주력 우편 상품으로 취급하고 있다.

③ 슬로건은 'The Passion to Deliver'이다.

④ 약속한 날짜보다 하루라도 지연 배달될 경우, 우편요금을 배상해주는 고품질 서비스를 운영한다.

> 해설
> ① 카할라 우정연합(Kahala Posts Group)의 사무국은 홍콩에 소재하고 있다.
> ② 국제특급우편(EMS) 서비스의 품질 향상을 추진하고, 항공운송구간 문제점 해소를 위한 최적 운송 방안을 마련하고 있다.
> ③ 슬로건은 「The Power to Deliver」이다.
>
> 답 ④

16 국제소포에 대한 설명으로 옳은 것은? ★★

① 접수검사 시 중계국가와 우리나라의 소포 교환 여부, 접수 중지 여부를 확인한다.

② 보통소포의 경우에는 기록 취급하지 않으나 등기취급을 부가할 경우, 기록 취급이 가능하다.

③ 발송인이 작성 제출한 주소기표지(운송장)에는 도착 국가명, 중량, 요금 등을 접수담당자가 기재한다.

④ 항공소포는 실중량(Actual weight) 산정을 위해 우편물의 가로(cm), 세로(cm), 높이(cm)를 주소기표지(운송장)에 기재한다.

>
> ① 접수검사 시 도착국가와 우리나라의 소포 교환 여부, 접수 중지 여부를 확인한다.
> ② 국제소포는 모두 기록 취급하는 우편물이다.
> ④ 항공소포는 부피중량(Volume weight) 산정을 위해 우편물의 가로(cm), 세로(cm), 높이(cm)를 주소기표지(운송장)에 정확히 기재한다.
>
> 답 ③

17 국제우편 보험취급(Insured)에 대한 설명으로 옳은 것은? ★★

① 우편취급국을 제외한 모든 우체국에서 취급이 가능하다.

② 보험취급한 통상우편물을 등기보험서장(Insured Letter)이라 한다.

③ 중요서류, 유가증권 등 부피가 작은 귀중품은 보험소포로 접수를 권유한다.

④ 국제우편물 발송조건(포스트넷·인터넷우체국)에서 취급국가 및 보험가액 최저한도액을 확인하여 접수한다.

 ① 우편취급국을 포함한 모든 우체국에서 취급이 가능하다.

③ 중요서류, 유가증권 등 부피가 작은 귀중품은 등기보험서장(Insured Letter)으로 접수를 권유한다.

④ 국제우편물 발송조건(포스트넷·인터넷우체국)에서 취급국가 및 보험가액 최고한도액을 확인하여 접수한다.

답 ②

18 국제우편 사전 통관정보 제공 제도에 대한 설명으로 옳지 <u>않은</u> 것은? ★★

① 대상국가가 UPU 회원국 전체로 확대되었으며, 반드시 도착국가 세관의 승인 완료(AC; Assessment Complete)를 받은 경우에만 운송수단 탑재 및 발송이 가능하다.

② 우편물에 부착하는 주소기표지(운송장) 및 세관신고서의 작성 언어는 영어이며 포스트넷에 숫자 이외의 문자는 모두 영문으로 입력한다.

③ 대상 우편물은 국제소포우편물, KPacket, EMS(서류·비서류), 한중해상특송우편물, 소형포장물이다.

④ 우편취급국을 포함한 모든 우체국에서 실시 중이다.

 ① 대상국가는 UPU 회원국가 중 우리나라와 우편물을 교환하는 국가이다.

답 ①

19 미국행 식품 우편물의 FDA(Food & Drug Administration) 신고에 대한 설명으로 옳지 <u>않은</u> 것은? ★★

① 항공 및 선편우편물 모두에 대하여 적용한다.

② 사전신고는 '면제', '유예', '해당'으로 구분된다.

③ FDA 인터넷 사이트에서 계정을 먼저 개설한 후 인터넷, 우편, 전화 등을 통해 신고한다.

④ 미국의 「공공보건 안전 및 바이오 테러리즘 대응 법률」에 따라 미국으로 식품반입 시 FDA에 사전 신고해야 한다.

 ③ FDA 인터넷 사이트에서 계정을 먼저 개설한 후 사전 신고를 등록하면 되지만, 우편 및 전화 등에 의한 신고는 불가능하다.

📖 ③

20 국제우편 소형포장물에 대한 설명으로 옳은 것은? ★★

① 우편물에 굵은 글씨로 소형포장물을 나타내는 'Small parcel' 또는 'Petit paquet'를 표시한다.

② 우편물의 내부나 외부에 발송인과 수취인 사이에 교환되는 통신문에 관한 참고 사항을 기재할 수 있다.

③ 등기소형포장물의 경우, 고객이 편리하게 국제우편스마트접수를 이용할 수 있으나 이에 따른 요금할인은 없다.

④ 세관신고서는 내용품의 가격에 따라 300SDR을 기준으로 CN22 또는 CN23을 이용하며, 우정사업본부 고시에 의해 1SDR은 현재 1,450원이다.

 ① 우편물에 굵은 글씨로 소형포장물을 나타내는 'Small packet' 또는 'Petit paquet'를 표시한다.
③ 등기소형포장물의 경우, 고객이 편리하게 국제우편스마트접수를 이용할 수 있으며 요금의 5%가 할인된다.
④ 세관신고서는 내용품의 가격에 따라 300SDR을 기준으로 CN22 또는 CN23을 이용하며, 우정사업본부 고시에 의해 1SDR = 1,749원이다.

📖 ②

02 예금일반

※ 2024년도 시험부터 과목 '금융상식'은 '예금일반'과 '보험일반'으로 분리하여 출제합니다.

01 〈보기〉에서 기준금리에 대한 설명으로 옳은 것을 모두 고른 것은? ★

> **보기**
> ㄱ. 시중에 풀린 돈의 양을 조절하기 위해 금융통화위원회의 의결을 거쳐 결정하는 정책금리이다.
> ㄴ. 기준금리 변경은 예금, 대출 금리 등에 영향을 주지만 부동산, 외환 등 자산가격에는 영향을 미치지 않는다.
> ㄷ. 통상적으로 경기 침체 양상을 보이면 기준금리를 인하하고 경기 과열 양상을 보이면 기준금리를 인상한다.
> ㄹ. 일반적으로 기준금리를 인하하면 물가가 하락하고 기준금리를 인상하면 물가가 상승한다.

① ㄱ, ㄴ
② ㄱ, ㄷ
③ ㄴ, ㄹ
④ ㄷ, ㄹ

ㄴ. 기준금리의 변경은 장·단기 시장금리, 예금 및 대출 금리 등에 영향을 주거나 주식·채권·부동산·외환 등 자산가격에 영향을 줌으로써 실물경제 및 물가를 변동시키는 원인이 된다.
ㄹ. 일반적으로 기준금리를 인하하면 물가가 상승하고, 기준금리를 인상하면 물가가 하락한다.

답 ②

02 〈보기〉의 ( )에 들어갈 내용을 바르게 짝지은 것은? ★

> 보기
>
> (가) 외화가 국내로 유입되면 환율이 ( )한다.
> (나) 환율 상승은 원화 ( )(이)라고도 한다.
> (다) 우리나라는 ( )으로 환율을 표시하고 있다.

	(가)	(나)	(다)
①	상승	평가절상	자국통화표시법
②	하락	평가절하	자국통화표시법
③	하락	평가절하	외국통화표시법
④	상승	평가절상	외국통화표시법

> 해설
>
> (가) 외화가 국내로 유입되면 환율은 하락하게 된다.
> (나) 환율 상승은 우리 돈의 가치가 외화에 비해 상대적으로 떨어진다는 것을 의미하며, 원화 약세, 원화 평가절하라고
>   도 한다.
> (다) 우리나라는 '미화 1달러에 몇 원' 식으로 외국 화폐 1단위에 상응하는 원화 가치를 환율로 표시하는 자국통화표시
>   법을 사용하고 있다.
>
> 답 ②

03 〈보기〉에서 저축상품에 대한 설명으로 옳은 것을 모두 고른 것은? ★★

보기
ㄱ. 시장금리부 수시입출식예금(MMDA)은 어음관리계좌(CMA) 및 단기금융상품펀드(MMF)와 경쟁하는 실적배당 상품이다.
ㄴ. 종합금융회사의 어음관리계좌(CMA)는 예금자보호가 되지만 증권회사의 어음관리계좌(CMA)는 예금자보호가 되지 않는다.
ㄷ. 양도성예금증서는 정기예금에 양도성을 부여한 금융상품으로 중도해지가 되지 않으므로 만기 전에 현금화가 불가능하다.
ㄹ. 실세금리연동형 정기예금은 시장실세금리를 반영하여 적용금리를 변경하는 정기예금으로 금리 상승기 목돈 운용에 적합하다.

① ㄱ, ㄷ
② ㄱ, ㄹ
③ ㄴ, ㄷ
④ ㄴ, ㄹ

해설
ㄱ. 시장금리부 수시입출식예금(MMDA)은 어음관리계좌(CMA) 및 단기금융상품펀드(MMF)와 경쟁하는 상품이지만, 어음관리계좌(CMA) 및 단기금융상품펀드(MMF)와 달리 실적배당이 아닌 확정금리(차등)에 따른 이자를 지급한다.
ㄷ. 양도성예금증서는 정기예금에 양도성을 부여한 금융상품으로 중도해지가 되지 않으며 만기 전에 현금화하고자 할 경우에는 증권회사 등 유통시장에서 매각할 수 있다.

답 ④

04 〈보기〉와 같은 조건일 때 단리 계산과 복리 계산에 대한 설명으로 옳지 <u>않은</u> 것은? ★

보기

현재 원금	총 투자 기간	이자율
1,000,000원	5년	연 5%

① 단리 계산 시 5년 후의 원리금은 1,250,000원이 된다.
② 복리 계산 시 5년 후의 원리금 계산식은 $1,000,000원 \times (1+0.05)^5$이다.
③ 총 투자 기간 중 처음 1년 거치기간에 대한 단리 계산과 복리 계산 결과의 원리금은 동일하지 않다.
④ 복리 계산 시 '72의 법칙'에 따라 10년 소요 기간 동안 현재 원금의 2배가 되려면 〈보기〉의 이자율보다 연 2.2%p가 더 높아야 한다.

해설
③ 총 투자 기간 중 처음 1년 거치기간에 대한 단리 계산과 복리 계산 결과의 원리금은 동일하다.
• 처음 1년에 대한 단기 원리금 = $1,000,000 \times (1+0.05 \times 1)$ = 1,050,000원
• 처음 1년에 대한 복리 원리금 = $1,000,000 \times (1+0.05)^1$ = 1,050,000원

답 ③

05 투자의 위험(risk)에 대한 설명으로 옳지 <u>않은</u> 것은? ★

① 투자에서의 위험은 미래에 받게 되는 수익이 불확실성에 노출되는 정도를 의미하며 부정적 상황 외 긍정적 가능성도 포함된다.
② 분산투자를 통해서 위험의 크기를 줄일 수 없는 부분을 분산불가능 위험 또는 비체계적 위험이라고 한다.
③ 투자 레버리지 공식에 따르면 총 투자액 1천만 원 중 5백만 원이 자기 자본일 경우, 레버리지는 2배가 된다.
④ 투자의 기대수익률은 리스크가 없는 상태에서의 수익률인 무위험수익률과 리스크에 대한 보상으로 증가하는 기대수익률인 리스크 프리미엄을 합한 값과 같다.

> **해설** ② 분산투자를 통해서 위험을 줄일 수 있는 부분을 분산가능 위험 또는 비체계적 위험이라 하고, 분산투자로도 그 크기를 줄일 수 없는 부분은 분산불가능 위험 또는 체계적 위험이라고 한다.
>
> 답 ②

06 주식투자와 채권투자에 대한 설명으로 옳은 것은? ★★

① 유상증자는 기업의 자기 자본이 확대되기 때문에 기업의 재무구조를 개선하고 타인 자본에 대한 의존도를 낮춘다.
② 우선주는 배당이나 잔여재산분배에 있어 사채권자보다 우선순위가 높은 주식을 말하며 의결권이 제한되는 특징이 있다.
③ 교환사채는 회사채의 형태로 발행되지만 일정 기간이 경과된 후 보유자의 청구에 의하여 발행 회사의 주식으로 교환할 수 있다.
④ 주식 분할은 현금 대신 주식으로 배당을 실시하여 이익을 자본으로 전입하는 것을 의미하며 기업이 재무적으로 어렵거나 현금을 아껴야 할 필요가 있을 때 이루어진다.

> **해설** ② 우선주는 배당이나 잔여재산분배에 있어서 사채권자보다는 우선순위가 낮으며, 의결권이 제한되어 있다.
> ③ 교환사채는 회사채의 형태로 발행되지만 일정 기간이 경과된 후 보유자의 청구에 의하여 발행 회사가 보유 중인 다른 주식(타 회사의 주식)으로 교환할 수 있다.
> ④ 현금 대신 주식으로 배당을 실시하여 이익을 자본으로 전입하는 것은 주식 배당이며, 기업이 재무적으로 어려움에 처해 있거나 투자계획 등으로 현금을 아껴야 할 필요가 있을 때 많이 이루어진다.
>
> 답 ①

07 〈보기〉에서 우체국 금융의 업무 범위에 해당하는 것의 총 개수는? ★★

보기
ㄱ. 체크카드 　　　　ㄴ. 펀드판매 　　　　ㄷ. 증권계좌개설
ㄹ. 전자금융서비스 　　ㅁ. 우편환 · 대체 　　ㅂ. 신탁

① 2개 　　　　　　　　　　② 3개
③ 4개 　　　　　　　　　　④ 5개

 ④ 보기 중 우체국 금융의 업무 범위에 해당하는 것은 체크카드, 펀드판매, 증권계좌개설, 전자금융서비스, 우편환 · 대체로 총 5개이다.

우체국 금융의 업무 범위
우체국의 금융 업무는 「우정사업운영에 관한 특례법」에서 고시하는 우체국예금, 우체국보험, 우편환 · 대체, 외국환업무, 체크카드, 펀드판매, 전자금융서비스 등이 있다. 그러나 「우체국예금 · 보험에 관한 법률」 등 소관 특별법에 의해 운영되는 국영금융기관으로 대출, 신탁, 신용카드 등 일부 금융 업무에 제한을 받고 있다. 그밖에 전국 우체국 금융창구를 업무 제휴를 통해 민영금융기관에 개방하여 신용카드 발급, 증권계좌 개설, 결제대금 수납, 은행 입 · 출금서비스 제공, 노란우산 공제 판매대행, 건설근로자퇴직공제금 접수대행 등 타 금융기관 업무를 대리 수행하며 민영금융기관의 창구망 역할을 대행하고 있다.

답 ④

08 예금채권의 양도에 대한 설명으로 옳지 <u>않은</u> 것은? ★★

① 기명식예금은 지명채권이므로 원칙적으로 그 양도성이 인정된다.
② 예금주가 양도금지특약을 위반하여 예금을 다른 사람에게 양도한 경우, 그 양도는 무효이다.
③ 은행(우체국)양도승낙서는 예금채권에 대해 권리가 경합한 때 누가 우선하는가를 결정하는 기준이 된다.
④ 실무상 양도인인 예금주가 예금양도 통지만을 하는 경우, 당사자 사이에는 유효하나 그 양도로 은행(우체국)에 대항할 수는 없다.

 ③ 은행(우체국) 승낙서의 확정일자는 예금채권에 대해 권리가 경합한 때 누가 우선하는가를 결정하는 기준이 된다. 제3자와의 관계에서 확정일자를 받지 않았으면 채권의 양수로 대항할 수 없으며, 확정일자를 받았으면 대항요건을 갖춘 시기의 앞뒤에 따라 그 우열관계가 결정된다.

답 ③

09 〈보기〉에서 「금융실명거래 및 비밀보장에 관한 법률」에 대한 설명으로 옳은 것을 모두 고른 것은? ★★

> 보기
> ㄱ. 금융회사 등은 명의인의 서면상의 동의를 받아 명의인 외의 자에게 거래정보 등을 제공한 경우, 사용목적은 기록 · 관리해야 할 대상이 아니다.
> ㄴ. 금융회사 직원이 금융거래 비밀보장의무 위반행위를 한 경우, 3천만 원 이하의 과태료를 부과한다.
> ㄷ. 특정인의 금융거래 사실 또는 금융거래정보를 식별할 수 없는 자료라도 비밀보장 대상이 된다.
> ㄹ. 금융회사 업무 종사자는 본인이 취급하는 업무에 의하여 직접적 또는 간접적으로 금융거래 정보를 알게 된 경우에 비밀보장 의무가 있다.

① ㄱ, ㄷ
② ㄱ, ㄹ
③ ㄴ, ㄹ
④ ㄷ, ㄹ

> 해설
> ㄴ. 금융회사의 직원이 금융거래 비밀보장의무 위반행위를 한 경우에는 5년 이하의 징역 또는 5천만 원 이하의 벌금에 처한다.
> ㄷ. 특정인에 대한 금융거래정보를 식별할 수 없는 자료는 비밀보장의 대상에서 제외된다.
>
> 답 ②

10 제한능력자에 대한 설명으로 옳지 않은 것은? ★★

① 민법 제13조에 따르면 가정법원은 피한정후견인이 한정후견인의 동의를 받아야 하는 행위의 범위를 정할 수 있다.
② 4촌 이내의 친족도 피한정후견인이 한정후견인의 동의를 받아야만 할 수 있는 행위의 범위변경을 가정법원에 청구할 수 있다.
③ 피한정후견인은 질병, 노령, 장애 등의 사유로 인한 정신적 제약으로 사무를 처리할 능력이 부족하여 한정후견개시 심판을 받은 자이다.
④ 원칙적으로 행위능력이 없는 미성년자 · 피성년후견인 · 피한정후견인은 단독으로 유효한 법률 행위를 하는 것이 제한된 제한능력자이다.

> 해설
> ④ 제한능력자는 단독으로 유효한 법률행위를 하는 것이 제한되는 자로서 이에는 미성년자 · 피성년후견인 · 피한정후견인이 있다. 이때 미성년자 · 피성년후견인은 원칙적으로 행위능력이 없으나 피한정후견인은 원칙적으로 행위능력이 있다.
>
> 답 ④

11 자금세탁방지제도에 대한 설명으로 옳지 <u>않은</u> 것은?　★★★

① 이 제도는 「국제조세조정에 관한 법률」에 따라 금융거래 상대방의 금융정보 교환 의무, 인적 사항 확인 절차, 과태료 규정 등을 정의하고 있다.

② 의심거래보고(STR)를 허위로 하는 경우, 1년 이하의 징역 또는 1천만 원 이하의 벌금에 처한다.

③ 고객확인제도(CDD)는 금융회사가 고객과 거래 시 고객의 실지 명의(성명, 실명번호) 이외에 주소, 연락처, 실제 소유자 등을 확인하는 제도이다.

④ 강화된 고객확인제도(EDD)는 차등화된 고객 확인을 실시하여 고객의 실지명의(성명, 실명번호) 및 CDD 확인 이외에 금융거래 목적·거래자금의 원천 등까지 추가로 확인하는 제도이다.

 ① 자금세탁방지제도는 국내·국제적으로 이루어지는 불법자금의 세탁을 적발·예방하기 위한 법적·제도적 장치로서 사법제도, 금융제도, 국제협력을 연계하는 종합 관리시스템을 의미한다. 「국제조세조정에 관한 법률」에 따라 금융거래 상대방의 금융정보 교환 의무, 인적 사항 확인 절차, 과태료 규정 등을 정의하고 있는 것은 금융정보 자동교환을 위한 국내 규정에 대한 설명이다.

답 ①

12 다음 밑줄 친 내용에 대한 설명으로 옳은 것은?　★★

> 금융소비자보호법은 개별업법에서 일부 금융상품에 한정하여 적용하고 있는 <u>금융상품 6대 판매원칙</u>을 모든 금융상품으로 확대하여 적용하였다.

① 예금성 상품의 경우, 수익률 등 변동 가능성이 없는 상품에 한정하여 적합성의 원칙이 적용된다.

② 적정성의 원칙에 따르면 소비자에게 부적합한 금융상품 계약체결의 권유를 금지하여야 한다.

③ 소비자가 설명을 요청하는 경우뿐만 아니라 계약체결을 권유할 경우에도 상품의 중요사항을 설명하여야 한다.

④ 소비자가 오인할 우려가 있는 허위사실 등을 알리는 행위를 금지하는 것은 불공정 영업행위 금지에 해당한다.

 ① 예금성 상품의 경우, 수익률 등 변동 가능성이 있는 상품에 한정하여 적합성의 원칙이 적용된다.
② 적정성에 원칙에 따르면 소비자가 자발적으로 구매하려는 금융상품이 소비자의 재산상황, 투자 경험, 신용 및 변제 계획 등에 비추어 부적정할 경우 이를 고지하고 확인해야 한다.
④ 소비자가 오인할 우려가 있는 허위사실 등을 알리는 행위를 금지하는 것은 부당권유행위 금지에 해당한다.

답 ③

13 다음 우체국 금융직원 중 가장 적절히 예금업무 처리를 한 직원으로 옳은 것은? ★★★

① 연선: 고객이 방금 실수로 다른 계좌에 송금했다고 해서 즉시 예금보험공사에 반환지원 신청을 하시라고 안내했어.

② 승재: 고객이 대여금고를 약정하러 왔었는데 계속적 금융거래가 아니라서 고객확인제도(CDD)에서 말하는 고객 확인을 하지는 않았어.

③ 명은: 고객이 전화로 기업인터넷뱅킹서비스를 인터넷뱅킹으로 가입 가능한지 물어봤는데 무조건 우체국 방문신청해야 한다고 안내했어.

④ 민경: 대리인(乙)이 우체국에 와서 본인(甲)의 신분증 사본으로 계좌 개설이 가능한지 물어보길래 사본으로는 불가능하다고 했어.

해설

① 착오 송금 시 먼저 금융회사를 통해 수취인에게 반환을 요청하여야 하며, 미반환된 경우(금융회사의 반환청구절차 결과 '반환거절' 또는 '일부반환' 종결)에만 예금보험공사에 반환지원 신청이 가능하다.

② 대여금고 약정도 '계좌의 신규 개설'에 포함된다. 계좌 신규개설의 경우는 거래금액에 상관없이 고객확인의무를 수행하여야 한다.

④ 대리인을 통하여 계좌 개설을 할 경우 본인 및 대리인 모두의 실명확인증표와 첨부된 위임장의 진위 여부 확인을 위한 인감증명서 및 본인서명사실확인서를 제시받아 실명을 확인할 수 있다. 이 경우 본인의 실명확인증표는 사본으로도 가능하다.

답 ③

14 〈보기〉에서 「우체국 예금거래 기본약관」에 대한 설명으로 옳은 것의 총 개수는?　　　★★

<table>
<tr><td rowspan="1">보기</td><td>
ㄱ. 이 약관은 국민의 저축 의욕을 북돋우고 국민 경제생활의 안정과 공공복리의 증진에 이바지함을 목적으로 한다.
ㄴ. 예금이율을 변경할 때에는 예금이율 변경시행일 1개월 전에 그 내용을 우체국과 인터넷 홈페이지에 게시하여야 한다.
ㄷ. 법령의 개정이나 제도의 개선 등으로 긴급히 약관을 변경할 때에는 즉시 이를 게시 또는 공고하여야 한다.
ㄹ. 예금이율을 변경한 때에 거치식·적립식 예금은 계약 당시의 이율을 적용하되, 변동금리가 적용되는 예금은 금리를 변경한 다음 날로부터 변경이율을 적용한다.</td></tr>
</table>

① 1개　　　　　　　　　　② 2개
③ 3개　　　　　　　　　　④ 4개

ㄱ. 국민의 저축 의욕을 북돋우고 국민 경제생활의 안정과 공공복리의 증진에 이바지함을 목적으로 하는 것은 「우체국 예금·보험에 관한 법률」의 목적에 해당한다.
ㄴ. 우체국은 예금종류별 이율표를 창구 또는 인터넷 홈페이지에 비치·게시하고, 이율을 바꾼 때는 그 바꾼 내용을 창구 또는 인터넷 홈페이지에 1개월 동안 게시한다.
ㄹ. 예금이율을 변경한 때에 거치식·적립식 예금은 계약 당시의 이율을 적용함을 원칙으로 하되, 변동금리가 적용되는 예금은 금리를 바꾼 날로부터 바꾼 이율을 적용한다.

답 ①

---

15 우체국 적립식 예금에 대한 설명으로 옳지 <u>않은</u> 것은?　　　★

① 달달하이(high) 적금은 1개월 또는 2개월의 초단기로 가입하는 스마트뱅킹 전용 적립식 예금으로 가입대상은 실명의 개인이다.
② 우체국 마미든든 적금은 우체국 수시입출식 예금에서 월 30만 원 이상 이 적금으로 자동이체약정을 할 경우, 부가서비스로 우체국 쇼핑 할인쿠폰을 제공한다.
③ 우체국 아이LOVE적금은 가입 고객을 대상으로 우체국 주니어보험 무료가입, 통장명 자유 선정, 자동 재예치 등의 부가서비스를 제공한다.
④ 2040+α 자유적금은 여행 자금, 모임회비 등 목돈 마련을 위해 여럿이 함께 자유롭게 저축할수록 다양한 우대 서비스를 제공하는 적립식 예금이다.

④ 여행 자금, 모임회비 등 목돈 마련을 위해 여럿이 함께 저축할수록 우대혜택이 커지고 다양한 우대 서비스를 제공하는 적립식 예금은 '우체국 가치모아적금'이다.

답 ④

16 〈보기〉에서 우체국 예금상품에 대한 설명으로 옳은 것을 모두 고른 것은? ★

보기

ㄱ. 저축예금은 개인과 법인 고객을 대상으로 하는 입출금이 자유로운 예금이다.
ㄴ. 듬뿍우대저축예금은 개인고객을 대상으로 예치 금액별로 차등 금리를 적용하는 개인 MMDA 상품이다.
ㄷ. 우체국 청년미래든든통장은 가입대상이 18세부터 30세까지 실명의 개인이며 대학생 · 사회초년생 등에게 다양한 혜택을 제공한다.
ㄹ. 우체국 생활든든통장은 가입대상이 50세 이상 실명의 개인이며 시니어 특화예금이다.

① ㄱ, ㄴ
② ㄱ, ㄷ
③ ㄴ, ㄹ
④ ㄷ, ㄹ

해설
ㄱ. 개인고객을 대상으로 하는 입출금이 자유로운 예금이다.
ㄷ. 우체국 청년미래든든통장은 가입대상이 18세 이상 ~ 35세 이하 실명의 개인이며 대학생 · 취업준비생 · 사회초년생의 안정적인 사회 진출 지원을 위해 금리우대, 수수료 면제, 창구소포 할인쿠폰 등 다양한 혜택을 제공하는 입출금이 자유로운 예금이다.

답 ③

17 우체국 공익형 예금상품에 대한 설명으로 옳지 않은 것은? ★

① 우체국 새출발자유적금의 새출발 행복 패키지는 기초생활수급자, 근로장려금수급자, 장애수당수급자에게 우대금리를 제공하는 공익형 적립식 예금이다.
② 우체국 국민연금안심통장은 가입대상이 실명의 개인이며 국민연금 수급권자의 연금수급 권리를 보호하기 위한 압류 방지 전용 통장이다.
③ 우체국 건설하나로통장의 가입대상은 자격 확인 증빙서류를 통해 건설업 종사자임을 알 수 있는 실명의 개인 또는 개인사업자이다.
④ 우체국 장병내일준비적금은 국군 병사의 군 복무 중 목돈 마련을 지원하고 금융 실적에 따라 우대금리를 제공하는 적립식 예금이다.

해설
① 우체국 새출발자유적금은 새출발 희망 패키지와 새출발 행복 패키지로 구분된다. 이 중 새출발 희망 패키지가 기초생활수급자, 근로장려금수급자, 장애수당수급자에게 우대금리를 제공하는 공익형 적립식 예금이다.

우체국 새출발자유적금 패키지 구분

패키지 구분	새출발 희망	새출발 행복
가입 대상자	기초생활수급자, 근로장려금수급자, 장애인 연금 · 장애수당 · 장애아동수당수급자, 한부모가족지원보호대상자, 소년소녀가장, 북한이탈주민, 결혼이민자	헌혈자, 입양자, 장기 · 골수기증자, 다자녀가정, 부모봉양자, 농어촌 읍면단위 거주자, 개인신용 평점 상위 92% 초과 개인, 협동조합종사자, 소상공인

답 ①

18 〈보기〉에서 설명하는 우체국 거치식 예금을 바르게 짝지은 것은?　★

>
> (가) 가입기간(연, 월, 일 단위) 및 이자 지급방식(만기일시지급식, 월이자지급식)을 자유롭게 선택할 수 있는 고객맞춤형 정기예금이다.
> (나) 가입대상은 실명의 개인으로 인터넷뱅킹, 스마트뱅킹을 통해 가입이 가능한 온라인 전용 상품이며 온라인 예·적금 가입, 자동이체 약정, 체크카드 이용 실적에 따라 우대금리를 제공하는 정기예금이다.

　　　　　 (가)　　　　　　　　　　(나)
① 이웃사랑정기예금　　　　e-Postbank 정기예금
② 이웃사랑정기예금　　　　우체국 편리한 e정기예금
③ 챔피언정기예금　　　　　e-Postbank 정기예금
④ 챔피언정기예금　　　　　우체국 편리한 e정기예금

> 해설
> (가) 챔피언정기예금: 가입대상은 우체국 창구를 통해 가입하는 경우 가입대상에 제한이 없고, 인터넷뱅킹·스마트뱅킹을 통해 가입 경우에는 실명의 개인이며, 가입기간(연, 월, 일 단위 가입) 및 이자지급방식(만기일시지급식, 월이자지급식)을 자유롭게 선택할 수 있는 고객 맞춤형 정기예금이다.
> (나) e-Postbank 정기예금: 가입대상은 실명의 개인이며 인터넷뱅킹, 스마트뱅킹으로 가입이 가능한 온라인 전용 상품으로, 온라인 예·적금 가입, 자동이체 약정, 체크카드 이용 실적에 따라 우대금리를 제공하는 정기예금이다.
>
> 🗒 ③

19 우체국 체크카드에 대한 설명으로 옳은 것은?　★★

① 법인용 체크카드의 기본 사용한도는 일 1천만 원, 월 2천만 원이며, 최대 사용한도는 일 5천만 원, 월 3억 원이다.
② 법인용 체크카드의 발급대상은 일반법인, 개인사업자, 고유번호 또는 납세번호가 있는 단체(임의단체)이다.
③ 개이득 체크카드는 음식점·대형마트 5%, 약국·골프 10%, 영화·숙박 15% 할인 등 생활형 실속 혜택을 제공한다.
④ 행복한 체크카드는 환경부 인증 친환경 카드로 디지털콘텐츠 서비스 이용 시 최대 20% 캐시백 제공 등 다양한 혜택이 있다.

> 해설
> ① 법인용 체크카드의 기본 사용한도는 일 6백만 원, 월 2천만 원이며, 최대 사용한도는 일 1억 원, 월 3억 원이다.
> ③ 개이득 체크카드는 국내 전 가맹점 0.3%, OTT·패션·멤버십 30% 캐시백을 제공한다.
> ④ 행복한 체크카드는 의료 특화 카드로 병의원·약국·학원·대형마트·문화 10%, 우체국 최대 12% 캐시백 및 그린 서비스를 제공한다.
>
> 🗒 ②

20 우체국 금융의 제휴 서비스에 대한 설명으로 옳지 <u>않은</u> 것은? ★★

① 우체국은 신용카드사와 업무제휴를 통해 제휴 체크카드를 발급하고 있으며 심사기준으로 별도의 자격 기준을 부여하고 있다.

② 우체국은 증권 · 선물회사와 업무제휴 계약을 체결하여 전국 우체국창구에서 고객의 증권 · 선물 계좌개설을 대행하고 있다.

③ 우체국과 민간은행은 업무제휴를 맺어 제휴 은행 고객이 전국 우체국 창구에서 타행환 거래방식이 아닌 자행 거래방식으로 입 · 출금거래를 할 수 있다.

④ 우체국은 카드 · 캐피탈 회사 등과 개별 이용약정을 통해 전국 우체국에서 CMS 입금 업무를 대행한다.

해설 ① 우체국은 신용카드사와의 업무제휴를 통해 제휴 체크카드를 발급하고 있으며, 제휴 체크카드의 경우 별도의 자격 기준은 없다.

우체국 제휴 체크카드 및 신용카드 비교(2024년 12월 기준)

구분	제휴 체크카드	제휴 신용카드
발급대상	• 개인: 12세 이상 • 법인, 임의단체: 카드사별 심사	• 개인: 19세 이상 소득이 있는 자 • 법인, 임의단체: 카드사별 심사
심사기준	자격기준 없음(신용불량자 가능)	별도 자격기준 부여
이용범위	제휴카드사 가맹점에서 일시불로 이용(할부불가)	국내 · 외 가맹점 일시불/할부/현금서비스 이용
사용한도	우체국예금 결제계좌 잔액	개인별 신용한도액
연회비	연회비 없음	회원등급별 연회비 징수
제휴기관	신한카드	하나카드

답 ①

01 생명보험 상품의 종류에 대한 설명으로 옳지 <u>않은</u> 것은?　　　　　　★

① 종신보험은 보험기간을 미리 정해놓고 피보험자가 그 기간 내에 사망 시 보험금을 지급한다.

② 보장성보험은 만기 시 환급되는 금액이 없거나 이미 납입한 보험료보다 적거나 같다.

③ 생사혼합보험(양로보험)에는 사망보험의 보장기능과 생존보험의 저축기능이 결합되어 있다.

④ 변액보험은 보험계약자가 납입한 보험료로 특별계정을 통한 기금을 조성한 후 주식, 채권 등에 투자하여 발생한 이익을 보험금 또는 배당으로 지급한다.

 ①은 정기보험에 대한 설명이다.
- 정기보험(定期保險): 보험기간을 미리 정해놓고 피보험자가 그 기간 내에 사망했을 때 보험금이 지급되는 보험
- 종신보험(終身保險): 보험기간을 정하지 않고 피보험자가 일생을 통하여 언제든지 사망했을 때 보험금을 지급하는 보험

🔲 ①

02 보험료를 계산하는 방식에 대한 설명으로 옳지 <u>않은</u> 것은?　　　　　　★

① 3이원방식은 예정위험률, 예정이율, 예정사업비율을 기초로 하여 계산하는 방식이다.

② 현금흐름방식은 3이원방식을 포함한 다양한 가격 요소를 반영하여 보험료를 산출하는 방식이다.

③ 보험자는 적립보험료의 기대수익을 사전에 예상하여 일정 비율로 보험료를 할인해 주는데, 이 할인율이 높아지면 보험료는 올라간다.

④ 보험자는 보험사고가 발생할 확률을 대수의 법칙에 의해 미리 예측하여 보험료 계산에 적용하는데, 예정사망률이 높아지면 사망보험의 보험료는 올라간다.

 ③ 보험자(보험회사)는 적립보험료의 기대수익을 사전에 예상하여 일정 비율로 보험료를 할인해 주는데, 이 할인율을 예정이율이라고 하며, 예정이율이 높아지면 보험료는 내려간다.

🔲 ③

03 〈보기〉에서 언더라이팅(청약심사)의 수행 절차를 바르게 나열한 것은? ★

> 보기
> ㄱ. 계약적부 확인
> ㄴ. 사고 및 사망조사
> ㄷ. 모집조직에 의한 선택
> ㄹ. 건강진단에 의한 선택
> ㅁ. 언더라이팅 부서에 의한 선택

① ㄷ → ㄹ → ㅁ → ㄱ → ㄴ
② ㄷ → ㅁ → ㄹ → ㄴ → ㄱ
③ ㄹ → ㄷ → ㅁ → ㄱ → ㄴ
④ ㄹ → ㄷ → ㅁ → ㄴ → ㄱ

> **해설**
> **언더라이팅(청약심사)의 수행 절차**
> 모집조직에 의한 선택 → 건강진단에 의한 선택 → 언더라이팅 부서에 의한 선택 → 계약적부 확인 → 사고 및 사망
> 조사
>
> 답 ①

04 보험업법상 보험을 모집할 수 있는 자에 대한 설명으로 옳지 <u>않은</u> 것은? ★

① 보험중개사는 독립적으로 보험계약의 체결을 중개한다.
② 대표이사를 포함한 보험회사의 임직원은 보험모집이 가능하다.
③ 보험대리점은 보험회사를 위하여 보험계약의 체결을 대리한다.
④ 보험설계사는 보험회사, 보험대리점 또는 보험중개사에 소속되어 보험계약의 체결을 중개한다.

> **해설**
> ② 대표이사, 사외이사, 감사 및 감사위원 등 보험회사의 임직원은 제외된다.
>
> **보험모집의 자격**
> 「보험업법」상 보험을 모집할 수 있는 자격은 아래와 같이 제한된다.
> • 보험설계사: 보험회사, 보험대리점 또는 보험중개사에 소속되어 보험계약 체결을 중개하는 자
> • 보험대리점: 보험회사를 위하여 보험계약의 체결을 대리하는 자
> • 보험중개사: 독립적으로 보험계약의 체결을 중개하는 자
> • 보험회사의 임직원(대표이사, 사외이사, 감사 및 감사위원은 제외)
>
> 답 ②

05 제3보험에 대한 설명으로 옳은 것은? ★★

① 생명보험으로서 제3보험은 실손보상을 원칙으로 한다.
② 생명보험사가 제3보험업을 겸영하는 경우, 제3보험에 부가하는 질병사망 특약 보험금액 한도는 개인당 2억 원 이내이다.
③ 보험회사가 생명보험업에 해당하는 보험종목의 일부에 관하여 허가를 받은 경우에는 제3보험업에 대해서도 허가를 받은 것으로 본다.
④ 위험보장을 목적으로 사람의 질병·상해 또는 이에 따른 간병에 관하여 금전 및 그 밖의 급여를 지급할 것을 약속하고 대가를 수수하는 계약이다.

① 손해보험으로서 제3보험이 실손보상을 원칙으로 한다.
② 생명보험사가 제3보험업을 겸영하는 경우에는 보험금액에 제한이 없다. 그러나 손해보험사가 제3보험업을 겸영하는 경우, 질병사망 특약의 보험금액 한도는 개인당 2억 원 이내이다.
③ 보험회사가 생명보험업이나 손해보험업에 해당하는 전 종목에 관하여 허가를 받았을 때는 제3보험업에 대해서도 허가를 받은 것으로 본다.

정답 ④

06 보험계약에 대한 설명으로 옳은 것은? ★★★

① 보험계약의 실효는 계약이 처음에는 유효하게 성립되었으나 계약 이후 특정 원인이 발생하여 계약의 효력이 계약시점으로 소급되어 없어지는 것이다.
② 고지의무는 청약서에서 질문한 사항에 대해 보험자에게 사실대로 알리는 것으로, 계약 청약 시에만 이행하고 부활 시에는 이행하지 않는다.
③ 보험가입증서(보험증권)는 보험계약의 성립 및 그 내용에 관한 증거로서 보험가입증서(보험증권)의 교부는 보험계약의 성립요건이다.
④ 보험계약자 또는 피보험자나 보험수익자는 보험사고의 발생을 안 때에는 지체없이 이를 보험자에게 통지해야 한다.

① 보험계약의 실효는 계약이 처음에는 유효하게 성립되었으나 계약 이후 특정 원인이 발생하여 계약의 효력이 장래 소멸되는 것이다. 계약의 효력이 계약시점으로 소급되어 없어지는 것은 보험계약의 취소에 해당한다.
② 부활계약 청구 시에도 보험계약자는 중요한 사항에 대하여 고지의무를 부담하여야 한다.
③ 보험가입증서(보험증권)는 계약 성립한 후 보험계약 당사자 간의 계약 내용을 나타낼 뿐 계약의 성립요건은 아니다.

정답 ④

07 우체국보험과 민영보험에 대한 설명으로 옳은 것은? ★

① 우체국보험은 변액보험, 퇴직연금, 손해보험을 취급할 수 없다.
② 민영보험은 감사원, 금융위원회, 금융감독원의 관리 감독을 받는다.
③ 우체국보험과 민영보험은 보험 종류별 계약보험금 한도액에 제한이 없다.
④ 우체국보험과 민영보험은 예금자보호법에 따라 원금과 소정이자를 합산하여 가입자 1인당 최고 5천만 원까지 보호된다.

해설
② 민영보험은 금융위원회, 금융감독원의 관리 감독을 받는다.
③ 우체국보험의 경우 사망 4,000만 원, 연금 연 900만 원으로 가입한도액에 제한이 있다.
④ 우체국보험은 국가가 전액 보장하고, 민영보험은 동일 금융기관 내에서 1인당 최고 5천만 원까지 보호된다(예금보험공사 보증).

우체국보험과 민영보험의 비교

구분	우체국보험	민영보험
보험료	상대적으로 저렴하다	상대적 고액이다
가입한도액	• (사망) 4,000만 원 • (연금) 연 900만 원	제한 없음
지급보장	국가 전액 보장	동일 금융기관 내에서 1인당 최고 5천만 원(예금보험공사 보증)
운영방법	농어촌·서민 위주 전 국민 대상	도시 위주 전 국민 대상
사익추구	주주이익 없음(국영사업)	주주이익 추구
취급제한	변액보험, 퇴직연금, 손해보험 불가	제한 없음
감독기관	과학기술정보통신부, 감사원, 국회, 금융위원회 등	금융위원회, 금융감독원
적용법률	• 우체국예금·보험에 관한 법률, 우체국보험특별회계법 • 보험업법(일부), 상법(보험 분야)	• 보험업법 • 상법(보험 분야)

답 ①

08 우체국보험 공익사업에 대한 설명으로 옳은 것은? ★★

① 2000년 9월에 우체국공익재단을 설립하여 국영보험으로서 공익적 역할을 수행하고 있다.
② 공익사업의 범위와 그 재원 조성 등에 관하여 필요한 사항은 과학기술정보통신부령으로 정한다.
③ 우체국공익재단은 저소득 장애인 우체국 암보험 지원과 같이 보험가입자의 의료복지 증진에 한하여 공익사업을 발굴해 지원하고 있다.
④ 공익준비금은 전 회계연도 적립금 결산에 따른 이익잉여금의 0.05% 이내, 그린보너스저축보험 전년도 책임준비금의 5% 이내에서 재원을 마련하고 있다.

① 2013년 9월에 우체국공익재단을 설립하여 현재까지 다양한 공적역할을 수행하고 있다.
③ 우체국공익재단은 우정 인프라 기반 공적역할 강화, 복지 소외계층 지원, 미래세대 육성, 지속 가능 친환경의 분야에 다양한 세부사업을 발굴해 운영하고 있다.
④ 공익준비금은 전 회계연도 적립금 이익잉여금의 5% 이내, 그린보너스저축보험 전년도 책임준비금의 0.05% 이내(친환경사업 활용)에서 재원을 마련하고 있다.

답 ②

09 금융회사에서 발생할 수 있는 리스크(risk)의 종류 중 〈보기〉의 ( )에 들어갈 내용을 바르게 짝지은 것은? ★

> (가) ( )리스크는 예상하지 못한 손해율 증가 등으로 손실이 발생할 리스크이다.
> (나) ( )리스크는 주가, 이자율, 환율 등 시장가격의 변동에 따른 자산가치 변화로 손실이 발생할 리스크이다.
> (다) ( )리스크는 자금의 조달, 운영기간의 불일치, 예기치 않은 자금 유출 등으로 지급불능상태에 직면할 리스크이다.

	(가)	(나)	(다)
①	보험	시장	유동성
②	보험	금리	신용
③	운영	금리	유동성
④	운영	시장	신용

① (가)는 보험, (나)는 시장, (다)는 유동성이 들어가야 한다.

리스크의 종류

리스크 유형		내용
재무 리스크	시장리스크	시장가격(주가, 이자율, 환율 등)의 변동에 따른 자산가치 변화로 손실이 발생할 리스크
	신용리스크	채무자의 부도, 거래 상대방의 채무불이행 등으로 인하여 손실이 발생할 리스크
	금리리스크	금리 변동에 따른 순자가산가치의 하락 등으로 재무상태에 부정적인 영향을 미칠 리스크
	유동성리스크	자금의 조달, 운영기간의 불일치, 예기치 않은 자금 유출 등으로 지급불능상태에 직면할 리스크
	보험리스크	예상하지 못한 손해율 증가 등으로 손실이 발생할 리스크
비재무 리스크	운영리스크	부적절하거나 잘못된 내부의 업무 절차, 인력 및 시스템 또는 외부의 사건 등으로 인하여 손실이 발생할 리스크

답 ①

10 〈보기〉에서 우체국보험 모집자 자격요건에 대한 설명으로 옳은 것의 총 개수는? ★★

> ㄱ. 금융업무 담당자를 제외한 신규임용일로부터 3년 이하인 직원은 보험모집을 제한한다.
> ㄴ. 직원 중 보험모집을 희망하는 자는 우정인재개발원장이 실시하는 보험모집 희망자 사이버교육과정을 이수하고 우체국장이 실시하는 보험 관련 집합교육을 20시간 이상 이수할 경우, 보험모집 자격이 부여된다.
> ㄷ. 우체국FC(Financial Consultant)로 선정될 수 있는 국내 거주 외국인은 출입국관리법상 국내거주권(F-2) 또는 동반비자(F-3), 재외동포(F-4), 영주자격(F-5), 결혼이민(F-6)이 인정된 자이다.
> ㄹ. 「우체국예금·보험에 관한 법률」 및 보험업법에 따라 벌금 이상의 형을 선고받고 그 집행이 종료되거나 집행이 면제된 날부터 2년이 경과되지 아니한 자는 우체국FC 등록이 제한된다.

① 1개
② 2개
③ 3개
④ 4개

해설 ㄷ. 우체국FC(Financial Consultant)로 선정될 수 있는 국내 거주 외국인은 출입국관리법상 국내거주권(F-2) 또는 재외동포(F-4), 영주자격(F-5), 결혼이민(F-6)이 인정된 자이어야 한다. 동반비자(F-3)는 해당하지 않는다.

📖 ③

11 계속보험료 실시간이체에 대한 설명으로 옳지 <u>않은</u> 것은? ★★

① 계약 상태가 정상인 계약만 가능하다.
② 대상 보험료는 당월분 보험료, 1·2연체 보험료, 선납보험료이다.
③ 수금 방법이 자동이체인 계약은 실시간이체 출금계좌와 자동이체 약정계좌가 달라도 자동이체 할인이 적용된다.
④ 고객 요청 시 즉시 보험계약자의 계좌 또는 보험료 자동이체 계좌에서 현금을 인출하여 보험료를 납부하는 제도이다.

해설 ② 대상 보험료는 당월분 보험료, 1·2연체 보험료이며, 선납보험료는 납입이 불가하다.

📖 ②

12 〈보기〉에서 우체국보험 보험료의 할인 및 납입 면제에 대한 설명으로 옳은 것을 모두 고른 것은? ★★

ㄱ. 보험료 납입 면제 시 선납보험료는 해당 보험금에 합산하여 지급하고, 미경과 보험료는 해당 보험금에서 제외한 후 지급한다.
ㄴ. 납입 면제 사유가 발생한 날이 해당 월의 계약응당일 이후일 경우, 당월분 보험료는 납입해야 한다.
ㄷ. 실손의료비보험의 피보험자가 의료급여 수급권자 자격상실 시에는 자격을 상실한 날부터 할인되지 않은 영업보험료를 납입해야 한다.
ㄹ. 금리변동형 상품 및 (개인)연금저축 상품을 포함한 보험계약은 향후의 보험료를 3개월분(2021.9.12. 이전 계약은 1개월분) 이상 미리 납입하는 경우, 선납할인이 적용된다.

① ㄱ, ㄷ
② ㄱ, ㄹ
③ ㄴ, ㄷ
④ ㄴ, ㄹ

해설
ㄱ. 보험료 납입 면제 시 선납보험료 및 미경과 보험료가 있는 계약은 해당 보험금에 합산하여 지급하고, 미납보험료, 대출원리금이 있을 경우에는 이를 공제 후 지급한다.
ㄹ. 금리변동형 상품 및 (개인)연금저축 상품과 계약응당일 이후(당일 포함) 납입 시 차회분 보험료는 선납할인 적용에서 제외된다.

답 ③

13 무배당 우체국대한민국엄마보험 2309에 대한 설명으로 옳은 것은? ★

① 과학기술정보통신부장관이 보험료의 50%를 납입한다.
② 무배당 임신질환진단특약 2309는 임신 24주 이내 임신부가 가입 가능하다.
③ 무배당 임신질환진단특약 2309의 실제 보험기간은 계약일로부터 10개월이다.
④ 보험기간 중 계약 해지 등의 사유로 발생한 해약환급금은 과학기술정보통신부장관에게 귀속된다.

해설

① 보험료의 전부를 공동 보험계약자인 과학기술정보통신부장관이 납입한다.
② 무배당 임신질환진단특약 2309는 임신 22주 이내 임신부가 가입 가능하다.
③ 무배당 임신질환진단특약 2309의 실제 보험기간은 계약일부터 분만시까지(최대 10개월)이며, 이때 분만은 출산, 사산, 유산을 포함한다.

답 ④

14 〈보기〉의 내용을 모두 충족하는 보험상품으로 옳은 것은? ★

> • 주계약에 1종(해약환급금 50% 지급형)이 있다.
> • 주계약의 보험기간은 80세, 90세, 100세 만기이다.
> • '국민체력100' 체력 인증 시 보험료 지원 혜택이 있다.
> • 주계약은 비갱신형으로서 납입기간 동안 보험~ ~상이 없다

① 무배당 우체국통합건강보험 2109
② 무배당 우체국와이드건강보험 2112
③ 무배당 우체국New100세건강보험 2203
④ 무배당 우체국하나로OK건강종신보험 2402

해설

무배당 우체국New100세건강보험 2203의 주요 특징

• 뇌·심질환을 진단, 입원, 수술까지 종합적으로 보장하고, 비갱신형으로 설계하여 보험료 인상 없이 최대 100세까지 집중보장(주계약 및 특약(비갱신형)
• 다양한 특약을 추가하여 추가 진단비, 입원, 수술, 2대 질병통원, 후유장해까지 보장
• 해약환급금 50% 지급형 선택 시 표준형보다 저렴한 보험료로, 표준형과 동일한 보장혜택 제공
• 다양한 소비자 필요에 따라 특약을 갱신 및 비갱신으로 선택하여 가입 가능
• 주계약 및 특약(비갱신형)의 보험기간을 80·90·100세 만기로 다양화
• 납입면제: 보험료 납입 면제로 부담을 낮추고 안정적인 보장제공
• '국민체력100' 체력 인증 시 보험료 지원혜택 제공
• 세제혜택: 근로소득자는 납입보험료(연간 100만 원 한도)에 대하여 12% 세액공제

답 ③

15 〈보기〉의 (   )에 들어갈 내용을 바르게 짝지은 것은? ★★

> 보기
>
> (가) 무배당 우체국든든한종신보험 2109는 주계약 보험가입금액 4천만 원에 가입하는 경우, 주계약 보험료의 (   )%를 할인하여 준다.
> (나) 무배당 우체국치매간병보험 2109는 중증치매상태로 최종 진단 확정되고, 최종 진단 확정된 날을 최초로 하여 (   )년 동안 매년 최종 진단 확정일에 살아 있을 때 중증치매진단간병자금을 지급한다.
> (다) 무배당 우체국간병비보험 2309는 장기요양상태 보장개시일 이후에 최초로 장기요양 1등급 또는 2등급으로 진단 확정되고, 진단 확정된 날을 최초로 하여 (   )년 동안 매년 진단확정일에 살아 있을 때 장기요양(1~2등급)진단간병자금을 지급한다.

	(가)	(나)	(다)
①	2	10	15
②	3	15	10
③	2	15	10
④	3	10	15

해설

(가) 무배당 우체국든든한종신보험 2109는 주계약 보험가입금액 4천만 원에 가입하는 경우, 주계약 보험료의 3%를 할 인하여 준다.

주계약 보험가입금액	2천만 원 이상~3천만 원 미만	3천만 원 이상~4천만 원 미만	4천만 원
할인율	1.0%	2.0%	3.0%

(나) 무배당 우체국치매간병보험 2109는 "중증치매상태"로 최종 진단 확정되고, 최종 진단 확정된 날을 최초로 하여 15년 동안 매년 최종 진단 확정일에 살아 있을 때 중증치매진단간병자금을 지급한다(단, 최초 1회의 최종 진단 확정에 한함).

(다) 무배당 우체국간병비보험 2309는 장기요양상태 보장개시일 이후에 최초로 장기요양 1등급 또는 2등급으로 진단 확정되고, 진단 확정된 날을 최초로 하여 10년 동안 매년 진단확정일에 살아 있을 때 장기요양(1~2등급)진단간병 자금을 지급한다(무배당 장기요양간병비특약II 2309 가입 시, 최대 120개월 한도).

답 ②

16 우체국보험상품에 대한 설명으로 옳지 않은 것은? ★

① 무배당 우체국더든한자녀지킴이보험 2203 2종(든든형)은 최대 100세까지 보장이 가능하다.
② 무배당 우체국간편가입건강보험(갱신형) 2109는 건강 관련 3가지의 간편고지로 가입이 가능하다.
③ 무배당 win-win단체플랜보험 2109는 피보험자가 3인 이상 단체로 가입할 경우, 보험료 할인 혜택이 있다.
④ 무배당 우체국든든한종신보험 2109는 3대 질병 진단보험금 지급사유가 발생한 경우, 주계약 사망보험금 일부를 선지급한다.

③ 무배당 win-win단체플랜보험 2109는 단체별 피보험자 수에 따라 다음과 같이 보험료(특약보험료 포함) 할인을 적용한다.

피보험자 수	5인~20인	21인~100인	101인 이상
할인율	1%	1.5%	2.0%

目 ③

17 〈보기〉에서 우체국보험상품에 대한 설명으로 옳은 것의 총 개수는? ★★

> ㄱ. 무배당 어깨동무보험 2109는 장애인전용보장성보험료의 세액 공제 혜택이 있다.
> ㄴ. 무배당 그린보너스저축보험플러스 2203은 장애인전용보험 전환특약 2007을 부가할 수 있다.
> ㄷ. 무배당 우체국급여실손의료비보험(갱신형) 2109는 주계약의 경우, 질병형만 가입이 가능하다.
> ㄹ. 무배당 우체국와이드건강보험 2112는 주계약 보험가입금액이 2천만 원 이상인 경우, 주계약 보험료를 할인하여 준다.

① 1개
② 2개
③ 3개
④ 4개

ㄴ. 무배당 그린보너스저축보험플러스 2203은 장애인전용보험 전환특약 2007을 부가할 수 없다.
ㄷ. 무배당 우체국급여실손의료비보험(갱신형) 2109는 주계약의 경우, 종합형만 가입이 가능하다. 다만, 중복가입, 병력 등의 사유로 종합형 가입이 불가능한 경우에는 예외로 하며, 이 경우에도 주계약 상해형과 비급여특약 상해형, 주계약 질병형과 비급여특약 질병형은 함께 가입하여야 한다.

目 ②

18 우체국 저축성보험상품에 대한 설명으로 옳은 것은? ★★

① 무배당 파워적립보험 2109는 주계약 상품유형에 일반형과 비과세종합저축이 있다.
② 무배당 알찬전환특약 2109는 납입기간이 일시납으로 보험기간은 3년부터이다.
③ 무배당 그린보너스저축보험플러스 2203은 만기 유지 시 전체 보험 기간 동안 보너스금리를 제공한다.
④ 무배당 우체국온라인저축보험 2109는 가입 1개월 유지 후 언제든지 해약해도 해약환급금이 납입 보험료의 100% 이상이다.

① 무배당 파워적립보험 2109는 주계약 상품유형에 1종(만기목돈형)과 2종(이자지급형)이 있다.
② 무배당 알찬전환특약 2109는 납입기간은 일시납이고 보험기간은 2, 3, 4, 5, 7, 10년으로 다양화할 수 있다.
③ 무배당 그린보너스저축보험플러스 2203은 만기 유지 시 계약일부터 최초 1년간 보너스금리를 추가 제공한다.

정답 ④

19 우체국 연금보험상품에 대한 설명으로 옳은 것은? ★★

① 어깨동무연금보험 2109는 30세부터 연금수령이 가능하다.
② 우체국연금저축보험 2109는 납입주기를 월납과 일시납 중에서 선택할 수 있다.
③ 무배당 우체국온라인연금저축보험 2109는 계약일 이후 1년이 지난 후부터 '연금개시나이-1세'까지 추가납입이 가능하다.
④ 무배당 우체국연금저축보험(이전형) 2109는 납입주기가 월납인 경우, 보험료를 추가로 납입할 수 있는 제도가 있다.

 ① 어깨동무연금보험 2109는 20세부터 연금수령이 가능하다.
② 우체국연금저축보험 2109는 납입주기를 월납으로 한다.
③ 무배당 우체국온라인연금저축보험 2109는 계약일 이후 1개월이 지난 후부터 '연금개시나이-1세' 계약해당일까지 추가납입이 가능하다.

정답 ④

20 우체국연금보험 2312에 대한 설명으로 옳지 <u>않은</u> 것은? ★★

① 가입나이는 0세부터 '연금개시나이-5세'까지이다.
② 연금지급 형태에는 종신연금형, 확정기간연금형, 더블연금형이 있다.
③ 관련 세법에서 정하는 요건에 부합하는 경우, 이자소득 비과세 혜택을 받을 수 있다.
④ 월납 계약으로 기본보험료가 30만 원을 초과하는 경우, 초과금액에 대해서는 고액계약 적립금액을 받을 수 있다.

 ② 우체국연금보험 2312의 연금지급 형태에는 종신연금형, 확정기간연금형이 있다.

정답 ②

01 다음 워크시트에서 D셀에 수식 '=IF(OR(B3〈1%,C3)=500), "합격","재작업")'을 삽입하고 D4셀과 D5셀에 D3셀 채우기 핸들을 이용하여 드래그했을 때 D3:D5셀의 출력 결괏값은? ★★

	A	B	C	D
1	공정별 작업 현황			
2	공정	오차율	생산량	판정
3	A	1.05%	495	
4	B	1.10%	510	
5	C	0.90%	537	

① 합격, 재작업, 합격
② 재작업, 합격, 합격
③ 재작업, 재작업, 합격
④ 합격, 재작업, 재작업

해설 (1) 수식의 의미를 알아보면,
B3〈1%: B3의 값이 1% 미만이면 조건을 충족하고, C3)=500: C3의 값이 500 이상이면 조건을 충족한다.
위 두 조건 중 하나라도 만족하면(if) "합격"을 출력하고, 두 조건 모두 불만족하면 "재작업"을 출력한다.
(2) 채우기 핸들을 적용하면, D3에 입력한 수식이 D4, D5에 복사되면서 상대 참조(B3 → B4, C3 → C4) 방식으로 적용된다.
그러므로, D4는 재작업, D4는 합격, D5는 합격이 된다.

답 ②

02 〈보기〉에서 블랙박스 테스트의 종류로 옳은 것을 모두 고른 것은? ★

보기
- ㄱ. 비교검사(comparison testing)
- ㄴ. 조건 커버리지(condition coverage)
- ㄷ. 문장 커버리지(state coverage)
- ㄹ. 경갯값 분석(boundary value analysis)

① ㄱ, ㄴ   ② ㄱ, ㄷ
③ ㄱ, ㄹ   ④ ㄴ, ㄹ

해설

③ 블랙박스 테스트는 소프트웨어의 내부 구조나 동작 원리를 알지 못한 상태에서 외부 입력과 출력만을 기반으로 수행하는 테스트로 종류로는 비교검사와 경갯값 분석이 있다.

블랙박스 테스트의 종류
- 비교검사: 동일한 입력에 대해 서로 다른 구현체나 이전 버전과 결과를 비교하여 차이를 확인하는 방법이다.
- 경갯값 분석: 경계값(최대값, 최소값, 그 경계를 포함하거나 제외하는 값)을 테스트하여 오류를 찾아내는 방법이다.

화이트박스 테스트의 종류
- 조건 커버리지: 소스 코드 내 조건문이 true/false로 평가되는 경우를 모두 테스트하는 기법이다.
- 문장 커버리지: 소스 코드의 모든 문장이 최소한 한 번 실행되도록 테스트하는 기법이다.

답 ③

03 트랜잭션의 특성(ACID)에 대한 설명으로 옳지 <u>않은</u> 것은? ★★

① 지속성(durability): 트랜잭션이 실행을 성공적으로 완료하면 결과는 영속적이다.
② 일관성(consistency): 트랜잭션이 실행을 성공적으로 완료하면 언제나 일관성 있는 데이터베이스 상태로 변환한다.
③ 원자성(atomicity): 트랜잭션은 전체 또는 일부 실행만으로도 트랜잭션의 기능을 갖는다.
④ 고립성(isolation): 트랜잭션 실행 중에 있는 연산의 중간 결과는 다른 트랜잭션이 접근할 수 없다.

해설

③은 원자성의 정의이므로, 틀린 설명이다.

트랜잭션의 ACID 특성
- 원자성: 트랜잭션의 모든 작업은 전부 실행되거나 전혀 실행되지 않아야 한다.
- 일관성: 트랜잭션이 실행을 완료하면 데이터베이스는 항상 일관성 있는 상태로 유지되어야 한다. **예** 은행 계좌 간의 이체에서, 하나의 계좌가 감소하면 다른 계좌가 같은 금액만큼 증가해야 한다.
- 고립성: 한 트랜잭션이 실행 중일 때, 다른 트랜잭션이 해당 작업의 중간 상태를 볼 수 없도록 보호된다. 고립성을 유지하면 트랜잭션 간 간섭이 방지된다.
- 지속성: 트랜잭션이 성공적으로 완료된 이후에는 그 결과가 시스템 장애와 관계없이 항상 보존되어야 한다.

답 ③

04 ⟨보기⟩에서 전자우편에 대한 설명으로 옳은 것을 모두 고른 것은? ★★

 보기
ㄱ. 전자우편을 보낼 때 사용되는 일반적인 프로토콜은 POP3이다.
ㄴ. SMTP 프로토콜은 TCP/IP 계층의 네트워크 계층에 포함된다.
ㄷ. 전자우편을 보낼 때 사용되는 일반적인 프로토콜은 SMTP(Simple Mail Transfer Protocol)이다.
ㄹ. 전자우편은 Web 기반 전자우편과 POP3(Post Office Protocol)를 사용하는 전자우편으로 나눌 수 있다.

① ㄱ, ㄴ
② ㄱ, ㄹ
③ ㄴ, ㄷ
④ ㄷ, ㄹ

해설
ㄱ. 전자우편을 보낼 때 사용되는 일반적인 프로토콜은 SMTP이다.
ㄴ. SMTP 프로토콜은 TCP/IP 계층의 응용 계층에 포함된다.

답 ④

05 〈보기〉의 테이블(COURSE, STUDENT, ENROLL)을 참조하여 과목 번호 'C413'에 등록하지 않은 학생의 이름을 검색하려고 한다. 〈SQL문 결괏값〉을 도출하기 위한 SQL문으로 옳은 것은? ★★★

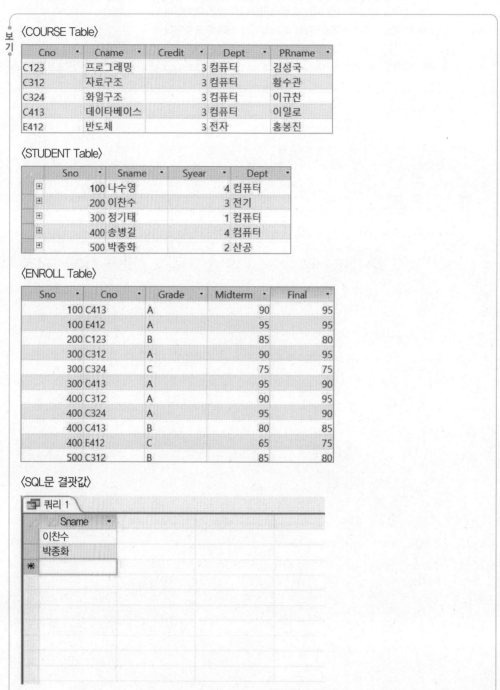

〈COURSE Table〉

Cno	Cname	Credit	Dept	PRname
C123	프로그래밍	3	컴퓨터	김성국
C312	자료구조	3	컴퓨터	황수관
C324	화일구조	3	컴퓨터	이규찬
C413	데이타베이스	3	컴퓨터	이일로
E412	반도체	3	전자	홍봉진

〈STUDENT Table〉

Sno	Sname	Syear	Dept
100	나수영	4	컴퓨터
200	이찬수	3	전기
300	정기태	1	컴퓨터
400	송병길	4	컴퓨터
500	박종화	2	산공

〈ENROLL Table〉

Sno	Cno	Grade	Midterm	Final
100	C413	A	90	95
100	E412	A	95	95
200	C123	B	85	80
300	C312	A	90	95
300	C324	C	75	75
300	C413	A	95	90
400	C312	A	90	95
400	C324	A	95	90
400	C413	B	80	85
400	E412	C	65	75
500	C312	B	85	80

〈SQL문 결괏값〉

쿼리 1

Sname
이찬수
박종화

① SELECT Sname
　FROM STUDENT
　WHERE Sno NOT IN
　　　(SELECT Sno
　　　FROM ENROLL
　　　WHERE Cno = 'C413');

② SELECT Sname
　FROM STUDENT
　WHERE Sno NOT IN
　　　(SELECT Cno
　　　FROM ENROLL
　　　WHERE Cno = 'C413');

③ SELECT Sname
　FROM STUDENT
　WHERE Sno NOT EXISTS
　　　(SELECT Sno
　　　FROM ENROLL
　　　WHERE Cno = 'C413');

④ SELECT Sname
　FROM STUDENT
　WHERE Sno NOT EXISTS
　　　(SELECT Cno
　　　FROM ENROLL
　　　WHERE Cno = 'C413');

해설

(1) INNER QUERY(서브쿼리)를 해석하면 SELECT Sno FROM ENROLL WHERE Cno = 'C413'이다. 과목 번호(Cno)가 'C413'에 등록된 학생 번호(Sno)를 추출한다.

(2) OUTER QUERY를 해석해 보면 WHERE Sno NOT IN (...)
　　학생 테이블(STUDENT)에서 서브쿼리에서 반환된 학생 번호(Sno)에 속하지 않는 학생들의 이름(Sname)을 검색한다.

(3) 결괏값
　　'C413'에 등록되지 않은 학생 번호는 200(이찬수)와 500(박종화)이며, 해당 학생들의 이름만 출력된다.

정답 ①

06 〈보기〉에서 소프트웨어 생명 주기 모형에 대한 설명으로 옳은 것의 총 개수는? ★

보기
ㄱ. 폭포수 모형은 각 단계를 완전히 수행한 뒤 다음 단계로 진행하는 방식으로, 개발 적용 사례가 많다.
ㄴ. 프로토타입 모형은 실제 개발될 소프트웨어 일부분을 개발하여 사용자의 요구사항을 미리 파악하기 위한 모형이다.
ㄷ. 나선형 모형은 폭포수 모형과 프로토타입 모형의 장점을 수용하여 위험 분석 단계를 추가한 진화적 개발 모형이다.
ㄹ. 애자일 모형은 프로세스와 도구 중심이 아닌 개발과정의 소통을 중요하게 생각하는 소프트웨어 개발 방법론으로 반복적인 개발을 통한 잦은 출시를 목표로 한다.

① 1개　　　　　　　② 2개
③ 3개　　　　　　　④ 4개

ㄱ. 폭포수 모형: 각 단계를 순차적으로 진행하며, 한 단계가 끝난 후에만 다음 단계로 넘어갈 수 있다. 과거에 소프트웨어 개발 초기에 널리 사용된 모형으로, 명확한 요구사항이 주어진 경우에 적합하다. 옳은 설명이다.
ㄴ. 프로토타입 모형: 사용자 요구사항을 정확히 파악하기 위해 소프트웨어의 일부 기능을 빠르게 개발해 보는 방법으로, 사용자와 개발자 간의 이해를 돕고, 이후 단계에서의 수정 비용을 줄일 수 있다. 옳은 설명이다.
ㄷ. 나선형 모형: 폭포수 모형과 프로토타입 모형의 장점을 결합하여 개발하며, 위험 분석 단계를 추가하여 프로젝트 실패 확률을 줄이기 위한 방법으로 옳은 설명이다.
ㄹ. 애자일 모형: 개발 과정에서 팀 간 소통과 협업을 중시하며, 짧은 주기로 반복적이고 점진적으로 개발하고, 고객의 요구사항 변화에 빠르게 대응하며, 잦은 배포를 통해 품질을 높이는 것을 목표로 한다. 옳은 설명이다.

정답 ④

07 〈보기〉에서 인터럽트의 우선순위를 바르게 나열한 것은? ★

보기
> ㄱ. 외부 신호
> ㄴ. 전원 이상
> ㄷ. 기계 착오
> ㄹ. 입출력
> ㅁ. 명령의 잘못 사용
> ㅂ. 슈퍼 바이저 호출(SVC)

① ㄱ → ㄴ → ㄷ → ㄹ → ㅂ → ㅁ
② ㄱ → ㄷ → ㄴ → ㅁ → ㄹ → ㅂ
③ ㄴ → ㄱ → ㄷ → ㄹ → ㅂ → ㅁ
④ ㄴ → ㄷ → ㄱ → ㄹ → ㅁ → ㅂ

 ④ 주어진 인터럽트를 우선순위대로 나열하면 ㄴ(전원 이상) → ㄷ(기계 착오) → ㄱ(외부 신호) → ㄹ(입출력) → ㅁ(명령의 잘못 사용) → ㅂ(SVC)이다.
인터럽트의 우선순위는 시스템의 안정성과 실행 중인 작업의 중요성을 기준으로 설정되며, 아래 보기는 일반적으로 적용되는 우선순위의 기준이다.
ㄴ. 전원 이상: 최우선 처리가 필요한 상황으로, 전원 문제 발생 시 시스템 손상을 막기 위해 즉각적으로 대응한다.
ㄷ. 기계 착오: 하드웨어 오류나 시스템 고장으로 인해 발생하며, 시스템의 정상 동작을 유지하기 위해 중요한 우선순위를 가진다.
ㄱ. 외부 신호: 외부에서 입력되는 인터럽트로, 예를 들어 타이머 신호나 외부 장치의 요청 등이 포함된다.
ㄹ. 입출력: CPU와 입출력 장치 간의 작업 요청에 따른 인터럽트로, 상대적으로 중요한 처리이지만 상대적인 우선순위는 기계적인 오류나 전원 이상보다는 낮다.
ㅁ. 명령의 잘못 사용: CPU 명령어 실행 중 잘못된 명령이 사용되었을 때 발생하는 인터럽트로, 우선순위가 비교적 낮다.
ㅂ. 슈퍼 바이저 호출(SVC): 사용자 프로그램에서 운영체제의 서비스 요청 시 발생하며, 상대적으로 낮은 우선순위를 가진다.

정답 ④

08 클라우드 서비스 모델 중 설명이 옳지 <u>않은</u> 것은? ★★

① SaaS(Software as a Service)는 클라우드에 구성된 소프트웨어를 이용하는 서비스로 사용자는 인프라와 플랫폼상에서 개발 작업을 수행하고 사용해야 한다.

② Iaas(Infrastructure as a Service)는 네트워크, 서버와 같은 자원을 이용해 사용자 스스로 미들웨어, 소프트웨어 등을 설치해서 이용하는 서비스이다.

③ CaaS(Container as a Service)는 사용자가 컨테이너 및 클러스터를 구동하기 위한 IT 리소스 기술로 애플리케이션 실행에 필요한 라이브러리, 바이너리, 구성 파일 등의 환경을 제공하는 서비스이다.

④ PaaS(Platform as a Service)는 클라우드의 미들웨어를 이용해 소프트웨어 개발 환경을 구성할 수 있는 방식으로 플랫폼의 라이선스, 자원관리, 보안 이슈, 버전 업그레이드 등의 서비스를 제공받을 수 있다.

해설 ① SaaS는 사용자가 클라우드에 구성된 소프트웨어를 직접 이용하는 서비스로, 사용자가 인프라와 플랫폼에서 개발 작업을 수행할 필요가 없다. Google Drive, Microsoft 365, Dropbox 같은 서비스가 이에 해당한다.

답 ①

09 운영체제 유형에 대한 설명으로 옳지 <u>않은</u> 것은? ★

① 다중 프로그래밍은 여러 개의 프로그램을 주기억장치에 동시에 저장하고 하나의 CPU로 실행하는 방식이다.

② 분산 처리 시스템은 여러 사용자가 하나의 컴퓨터를 동시에 이용할 수 있도록 하기 위해 CPU 운영 시간을 잘게 쪼개어서 처리 시간을 여러 사용자에게 공평하게 제공하는 방식이다.

③ 실시간 시스템은 정해진 시간 내에 응답하는 시스템 방식으로 예약 시스템, 은행 업무 처리 서비스 등에 활용하는 방식이다.

④ 대화 처리 시스템은 여러 사용자가 컴퓨터와 직접 대화하면서 처리하는 방식으로 사용자 위주의 처리 방식이다.

해설 ② 분산 처리 시스템이란 여러 개의 독립된 컴퓨터(노드)가 네트워크를 통해 연결되어 하나의 시스템처럼 동작하는 방식으로, CPU 운영 시간을 쪼개는 것이 아니라 여러 대의 컴퓨터를 사용해 작업을 나눠 처리하는 것이 핵심이다. 여러 사용자가 하나의 컴퓨터를 동시에 사용하는 방식은 시분할 시스템(Time-Sharing System, TSS)에 대한 설명이다.

답 ②

10 현재 운영되고 있는 정보보호 및 개인정보보호 관리체계(Personal Information & Information Security Management System)에 대한 설명으로 옳지 <u>않은</u> 것은? ★★

① 한국인터넷진흥원에서 제도운영 및 인증품질 관리, 인증심사원 양성, 금융 분야를 포함하여 인증 심사를 진행하고 있다.

② 보호대책 요구사항은 인적 보안, 외부자 보안, 물리보안, 접근통제, 암호화 적용, 사고예방 및 대응 등의 내용으로 구성되어 있다.

③ ISMS-P 인증 심사를 받는 기관은 기관의 개인정보를 취급하는 모든 서비스에 대해 개인정보를 식별하고 흐름도 또는 흐름표를 작성해야 한다.

④ 정보보호 및 개인정보보호 관리체계는 침해위협에 효과적으로 대응하고 기관의 부담을 최소화하기 위하여 ISMS-P로 통합해 운영하고 있다.

> **해설**
> ① 한국인터넷진흥원(KISA)은 ISMS-P(정보보호 및 개인정보보호 관리체계) 인증제도를 운영하고 있으며, 제도운영 및 인증품질 관리, 인증심사원 양성 등을 담당하지만 금융 분야의 인증 심사는 KISA가 직접 수행하지 않으며, 금융보안원이 이를 담당한다.
>
> 답 ①

11 〈보기〉에서 블록체인과 관련한 설명으로 옳은 것의 총 개수는? ★

> **보기**
> ㄱ. 비트코인 반감기는 5년이다.
> ㄴ. 블록체인의 첫 번째 블록은 제네시스 블록(genesis block)이다.
> ㄷ. 작업증명(Proof of Work)은 계산 능력으로 해결해야 하는 문제를 의미한다.
> ㄹ. 하드포크는 채굴 소프트웨어를 업그레이드하여 네트워크를 바꾸는 것으로 블록체인의 대표 기업이 결정한다.

① 1개
② 2개
③ 3개
④ 4개

> **해설**
> ㄱ. 비트코인의 반감기(halving)는 4년마다 발생한다. 마지막 반감기는 2020년 5월에 발생했으며, 다음 반감기는 2024년 4월이다. 반감기는 블록 210,000개마다 발생하며, 블록당 채굴 보상이 절반으로 감소한다.
> ㄹ. 하드포크(hard fork)는 블록체인의 기존 규칙과 호환되지 않는 새로운 규칙을 적용하는 과정으로, 블록체인 기업이 아니라 네트워크의 노드(참여자)와 개발자들이 합의하여 결정한다.
>
> 답 ②

12 플래시 메모리(Flash Memory)에 대한 설명으로 옳지 <u>않은</u> 것은? ★

① 자기디스크(magnetic disk)보다 읽기 속도가 빠르다.
② 메모리 어드레싱이 아닌 섹터 어드레싱을 한다.
③ 메모리 셀을 NAND 플래시는 수평으로, NOR 플래시는 수직으로 배열한다.
④ 메모리 칩의 정보를 유지하는 데 전력이 필요 없는 비휘발성 메모리이다.

 ③ NAND 플래시는 직렬(연속적인 연결) 구조를 가지며, 빠른 쓰기 · 삭제 속도와 높은 저장 밀도를 제공하고, NOR 플래시는 병렬 연결 구조로, 개별적인 주소 접근이 가능하여 빠른 읽기 속도와 직접 실행 기능을 지원한다.

답 ③

13 침입탐지시스템(Intrusiob Detection System)의 동작 단계에 대한 설명으로 옳지 <u>않은</u> 것은? ★★

① 데이터 필터링과 축약 단계에서는 효과적인 필터링을 위해 데이터 수집 규칙을 설정하는 작업이 필요하다.
② 데이터 수집 단계에서는 데이터의 소스에 따라서 호스트 기반 IDS와 네트워크 기반 IDS로 나뉘며 상호 보완적으로 사용된다.
③ 보고 및 대응 단계에서는 침입자의 공격에 대응하여 역추적하기도 하고, 침입자가 시스템이나 네트워크를 사용하지 못하도록 하는 능동적인 기능이 추가되기도 한다.
④ 침입탐지 단계에서는 다양한 탐지 방법이 있는데 이상탐지(anomaly detection)는 이미 발견된 공격 패턴을 미리 입력해두었다가 매칭되는 패턴이 발견되면 공격적으로 판단하는 기법이다.

 ④ 이상탐지(anomaly detection)는 정상적인 행동 패턴을 모델링한 후, 이와 다른 비정상적인 행동을 탐지하는 기법으로, 미리 입력된 공격 패턴을 매칭하는 것이 아니라, 통계적 기법이나 머신러닝 등을 이용하여 정상 패턴과 다른 이상 행동을 탐지하는 방식이다. 새로운 공격 패턴도 탐지할 수 있지만, 오탐(False Positive) 확률을 높일 수 있다.

답 ④

> A: Excuse me. I'd like to send this parcel to Los Angeles, USA.
> B: Okay. What's in it?
> A: Just some clothes and snacks.
> B: Did you put any fragile items in it?
> A: No. How long will it take to LA?
> B: The airmail usually takes about 5-7 days, and it takes about two weeks by ship. _____
> A: Then I'll go with the second one.

① What's the recipient's name?
② How much does it weigh?
③ Which one do you prefer?
④ What's your mailing address?

주어진 대화는 우체국에서 미국 LA로 소포를 보내면서 나누는 대화이다. 빈칸 앞에서 B가 항공 우편은 보통 5~7일 정도 걸리고, 배로는 2주 정도 걸린다고 하자, 빈칸 다음에서 A가 'Then I'll go with the second one(그럼 두 번째 것으로 할게요).'이라고 했으므로, 빈칸에 들어갈 말로 가장 적절한 것은 ③ 'Which one do you prefer(어느 편이 더 좋으세요)?'이다.
① 수령인의 이름이 무엇인가요?
② 무게가 얼마나 되나요?
④ 우편 주소는 무엇인가요?

[해석]
A: 실례합니다. 이 소포를 미국 로스앤젤레스로 보내고 싶어요.
B: 알겠습니다. 그 안에 뭐가 들어 있나요?
A: 옷 몇 벌과 간식이에요.
B: 깨지기 쉬운 물건을 넣었나요?
A: 아니요. LA까지 얼마나 걸릴까요?
B: 항공 우편은 보통 5~7일 정도 걸리고, 배로는 2주 정도 걸립니다. <u>어느 편이 더 좋으세요?</u>
A: 그럼 두 번째 것으로 할게요.

[어휘]
parcel: 소포
fragile: 부서지기[깨지기, 부러지기] 쉬운
item: 물품, 물건
prefer: (~보다)~을 좋아하다, 택하다
go with: (계획·제의 등을) 받아들이다

目 ③

15 다음 대화에서 빈칸에 들어갈 말로 가장 적절한 것은? ★

> A: Good morning. How can I help you today?
> B: Hi. I received a notification saying that I have a registered mail waiting for me.
> A: I see. _____
> B: Here's my driver's license.
> A: Okay. Bear with me while I look for your mail. I'll be right back.
> B: Sure. No problem.

① Can I wait in line?

② May I see your identification?

③ Should I send a registered mail?

④ Why don't you send the notification?

 주어진 대화에서 B가 빈칸 앞에서 등기우편이 왔다는 알림을 받았다고 했고, 빈칸 다음에서 'Here's my driver's license(여기 운전면허증이에요).'라고 했으므로, 빈칸에 들어갈 말로 가장 적절한 것은 ② 'May I see your identification(신분증을 보여주시겠어요)?'이다.

① 줄 서서 기다릴 수 있나요?

③ 등기우편으로 보내야 하나요?

④ 왜 알림을 보내지 않나요?

[해석]

A: 좋은 아침입니다. 오늘 무엇을 도와드릴까요?

B: 안녕하세요. 등기우편이 왔다는 알림을 받았습니다.

A: 알겠습니다. 신분증을 보여주시겠어요?

B: 여기 운전면허증이에요.

A: 알겠습니다. 우편물을 찾는 동안 잠시만 기다려 주세요. 금방 돌아올게요.

B: 물론이에요. 문제없습니다.

[어휘]

receive: [정보·지시 등을] 받다, 알게 되다

notification: 알림, 통지

registered mail: 등기우편

identification: 신분증

Bear with me while ~: ~하는 동안 잠시만 기다려 주세요.

look for: 찾다

답 ②

16 빈칸에 들어갈 말로 적절하지 않은 것은? ★

> I'm glad to announce that we are releasing a new stamp to _____ the first president of the Korea Post, Yeongsik Hong.

① look down at
② bring to light
③ pay tribute to
④ honor the memory of

해설

주어진 문장은 우정사업본부 초대 사장인 홍영식 사장을 기념하는 새로운 우표 발행에 대한 내용이므로, 빈칸에 들어갈 말로 적절하지 않은 것은 ① 'look down at(~을 얕보다)'이다.
② 드러내다[밝히다]
③ ~에게 경의를 표하다
④ ~을 기리다

해석
홍영식 우정사업본부 초대 사장님을 조명하는[에게 경의를 표하는/을 기리는] 새로운 우표발매를 발표하게 되어 기쁩니다.

어휘
announce: 발표하다, 알리다
release: 발매하다
stamp: 우표

답 ①

17 빈칸에 들어갈 말로 가장 적절한 것은? ★

Perishable items are materials that can deteriorate in the mail such as food, plants, etc. Permissible perishable items are sent at the mailer's own risk. These items must be specially packaged and delivered before they begin to _____.

① turn out
② build up
③ put away
④ waste away

 주어진 글은 변질되기 쉬운 우편물의 포장과 배달에 대한 내용이다. 빈칸 앞에서 이러한 품목들은 그것들이 ~하는 것을 시작하기 전 특별히 포장하여 배송해야 한다고 했으므로, 문맥상 빈칸에 들어갈 말로 적절한 것은 ④ 'waste away(쇠약해지다)'이다.
① […임이] 판명되다, 드러나다
② 보강하다
③ 치우다, 정리하다

해석
부패하기 쉬운 품목들은 식품, 식물 등과 같이 우편물에서 상태가 나빠질 수 있는 재료들이다. 허용되는 부패하기 쉬운 품목들은 우편물 발송자의 책임으로 발송된다. 이러한 품목들은 그것들이 쇠약해지기 시작하기 전에 특별히 포장하여 배송해야 한다.

어휘
perishable: 잘 상하는[썩는]
material: 재료
deteriorate: 악화되다, 더 나빠지다
permissible: 허용되는
at one's own risk: 자기 책임[부담]으로
mailer: 우편물 발송자
package: 포장하다
deliver: 배달하다

답 ④

Dear Valued Customer,

We regret to inform you of the temporary closure of the Bluff Park branch of the U.S. bank at 762 Shades Mountain Plaza, effective from August 3 to September 1. This decision stems from the safety concern regarding a pervasive leakage problem in that building. Customers who use the Bluff Park branch are being directed to the branch at 1809 Riverchase Drive instead. Hours there are 9 a.m. to 6 p.m. Monday through Friday. Customers may call 1-800-ASK-BANK or visit the website - www.usbank.com - for locations of additional nearby branches and approved banking service providers.

Thank you for your continued support and patronage.

Warm regards,

① 은행 상품을 홍보하려고
② 새로운 은행 지점을 소개하려고
③ 은행 홈페이지 주소를 안내하려고
④ 은행 지점의 일시적 이용 중지를 공지하려고

 해설

첫 번째 문장에서 8월 3일부터 9월 1일까지 US 은행의 Bluff Park 지점이 일시적으로 폐쇄된다고 했고, 두 번째 문장에서 이 결정은 해당 건물의 만연한 누출 문제에 대한 안전 문제로 인한 것이라고 그 이유를 설명했으므로, 글의 목적으로 적절한 것은 ④ '은행 지점의 일시적 이용 중지를 공지하려고'이다.

해석

친애하는 고객님.
8월 3일부터 9월 1일까지 Shades Mountain Plaza 762에 위치한 U.S. 은행의 Bluff Park 지점의 일시적 폐쇄를 알려드리게 되어 유감입니다. 이 결정은 해당 건물의 만연한 누출 문제에 대한 안전 우려로 인한 것입니다. Bluff Park 지점을 이용하는 고객은 Riverchase Drive 1809 지점으로 안내됩니다. 영업시간은 월요일부터 금요일까지 오전 9시부터 오후 6시까지입니다. 고객은 인근 지점 및 승인된 은행 서비스 제공업체의 위치를 확인하기 위해 1-800-ASK-BANK로 전화하거나 웹사이트(www.usbank.com)를 방문할 수 있습니다.
지속적인 지원과 이용에 감사드립니다.
따뜻한 안부를 전하며,

어휘

regret to inform ~ of: ~을 알려드리게 되어 유감입니다
temporary: 일시적인, 임시의
closure: 폐쇄
branch: 지사, 분점
effective: 시행[발효]되는
stem from: ~에 기인하다, ~에 유래하다
pervasive: 만연하는
leakage: 누출, 새어나감
additional: 추가의
patronage: 애용[후원]

답 ④

19 밑줄 친 부분이 문법상 옳지 <u>않은</u> 것은? ★

> The Korea Post announced that phishing emails impersonating the post office ① <u>are increasing</u> rapidly, and caution is needed. According to the analysis data, most phishing emails are related to parcel delivery, and induce users ② <u>to make</u> payments in the name of shipping fees, storage fees, fines, etc. through links included in emails. However, the post office never asks for payment through email. In the case of cash on delivery parcels, the recipient pays in advance through the post office app or the Internet post office website or pays a cash on delivery fee ③ <u>who</u> the postman delivers the mail. The Korea Post advised that you ④ <u>should</u> never respond to requests in the name of payment of shipping or return fees.

해설

③ who 바로 앞과 다음 문장이 완전한 문장이므로 밑줄 친 who는 바로 앞의 명사를 수식하는 관계대명사임을 알 수 있다. 그러나 'a cash on delivery fee'가 무생물이므로, 문법상 관계대명사 who가 아닌 which가 들어가야 한다.

해석

우정사업본부는 우체국을 사칭한 피싱 이메일이 급증하고 있어 주의가 필요하다고 공지했습니다. 분석 자료에 따르면, 대부분의 피싱 이메일은 택배 배송과 관련 있으며, 이메일에 포함된 링크를 통해 배송비, 보관료, 과태료 등의 명목으로 결제를 유도하고 있습니다. 하지만 우체국은 이메일을 통해 결제를 요청하지 않습니다. 대금 상환 인도 소포의 경우 수취인이 우체국 앱이나 인터넷 우체국 홈페이지를 통해 선불로 결제하거나 우편배달부가 우편물을 전달할 때 배송비를 현금으로 지불합니다. 우정사업본부는 배송비 또는 반품비 명목의 결제 요청에 대응하지 말 것을 당부했습니다.

어휘

announce: 발표하다, 알리다
impersonate: (남을 속이기 위해 다른 사람인 척) 가장하다
caution: 경고[주의]
be related to: ~와 관계가 있다
parcel delivery: 소포 배달
induce: 유도하다
make payments: 지불하다, 납부하다
in the name of: ~라는 명목으로
shipping fee: 운송료
cash on delivery: 대금 상환 인도
recipient: 수령[수취]인
delivery fee: 배달료
postman: 우편집배원, 우체부
advise: 조언하다, 충고하다, 권고하다
respond to: ~에 대응하다
shipping fee: 운송료

目 ③

20 밑줄 친 (A), (B)에 들어갈 말로 가장 적절한 것은? ★★★

In order to modify the revenue structure for postal business, the outdated financial system has been completely   (A) , and an advanced system using emerging technologies such as big data and AI were instituted in its place. This allows customers to manage MyData-based asset and get consultation and sign-up both in person and online, improving customer service. In addition, user-friendly service screen and content, 24-hour chatbot service, etc. are provided. Offering integrated customer information service, big data- and AI-based product recommendations and insurance reviews, paperless digital services, and various functions of financial terminals has been proven to be beneficial for the users. The new scalable Cloud-based infrastructure allows around-the-clock all year around 24/7 support system which   (B)   business interruptions, and it is expected to ultimately increase efficiency and convenience in the long run.

	(A)	(B)
①	overhauled	minimizes
②	subsided	disregards
③	overhauled	underrates
④	subsided	exaggerates

 해설

주어진 글의 첫 문장이 '우편 사업의 수익 구조를 개편하기 위해(In order to modify the revenue structure for postal business)'로 시작하며, 밑줄 친 (A) 앞에서 'the outdated financial system has been completely~(구식인 금융 시스템이 완전히 ~되었고)'라고 했고, (A) 다음에서 그 자리에 빅데이터, AI 등 신흥 기술을 활용한 첨단 시스템이 도입되었다고 했으므로, 문맥상 (A)에 들어갈 말로 적절한 것은 'overhauled(정비했다)'이다. 밑줄 친 (B) 앞의 'around-the-clock all year around 24/7 support system which(연중 무휴 24시간 지원 시스템)'이 있고, (B) 다음의 'business interruptions(업무 중단)'로 미루어 문맥상 (B)에 들어가기 적절한 것은 'minimizes(최소화하다)'이다.

해석

우편 사업의 수익 구조를 개편하기 위해 구식인 금융 시스템이 완전히 (A) 정비되었고, 그 자리에 빅데이터, AI 등 신흥 기술을 활용한 첨단 시스템이 도입되었다. 이것은 고객들에게 마이데이터 기반 자산을 관리하고 대면 및 온라인 상담과 가입을 허용했으며, 고객 서비스가 개선되었다. 또한 사용자 친화적인 서비스 화면 및 콘텐츠, 24시간 챗봇 서비스 등이 제공된다. 통합 고객정보 서비스, 빅데이터와 AI 기반 상품 추천 및 보험 리뷰 제공, 종이 없는 디지털 서비스, 금융 단말기의 다양한 기능 등이 이용자에게 유익한 것으로 입증되었다. 확장 가능한 새로운 클라우드 기반 인프라는 업무 중단을 (B) 최소화하는 연중무휴 24시간 지원 시스템을 통해 궁극적으로 효율성과 편의성을 높일 수 있을 것으로 기대된다.

어휘

modify: 수정[변경]하다, 바꾸다	revenue: 수익[수입/세입]
institute: (제도·정책 등을) 도입하다	consultation: 협의, 상의
user-friendly: 사용하기 쉬운	offer: 내놓다[제공하다]
integrated: 통합적인	recommendation: 권고, 추천
beneficial: 유익한, 이로운	allow: 허락[허용]하다
around-the-clock: 24시간[밤낮없이] 계속되는	ultimately: 궁극적으로, 결국
increase: 증가[인상]시키다, 늘리다	efficiency: 효율(성), 능률

답 ①

PART 02

2023년 기출문제

※ 2024년도 시험부터 과목명이 '우편상식'에서 '우편일반'으로 변경되었습니다.

01 국내 요금수취인부담 우편물에 대한 설명으로 옳지 <u>않은</u> 것은? ★★

① 요금수취인부담 이용계약의 해지 이후 발송 유효기간 내에 발송된 우편물은 발송인에게 반환한다.
② 우편요금은 부가취급 수수료를 포함한 금액의 110%이며, 합계금액에 원 단위가 있을 경우에는 절사한다.
③ 국가기관, 지방자치단체 또는 정부투자기관은 계약일로부터 2년을 초과하여 발송 유효기간을 정할 수 있다.
④ 배달우체국장(계약등기와 등기소포는 접수우체국장)과의 계약을 통해 그 우편요금을 발송인에게 부담시키지 않고 수취인 자신이 부담하는 제도이다.

> 해설 ① 요금수취인부담 이용계약의 해지 이후 발송 유효기간 내에 발송된 우편물은 수취인에게 배달한다.
>
> 답 ①

02 국내통상우편물의 규격요건 및 외부표시(기재) 사항에 대한 설명으로 옳은 것은? ★

① 여섯자리 우편번호 작성란이 인쇄된 봉투를 이용한 통상우편물은 모두 규격외로 취급한다.
② 무게가 50g이고 누르지 않은 자연 상태에서 두께가 10mm인 경우에는 규격외로 취급한다.
③ 봉투의 세로 크기가 최소 140mm, 최대 235mm(허용오차 ±5mm)인 경우에는 규격으로 취급한다.
④ 봉투의 모양이 직사각형 형태로 재질은 종이이며 색깔이 검은색인 경우에는 규격외로 취급한다.

> 해설 ① 여섯자리 우편번호 작성란이 인쇄(2019년 10월 이전)된 봉투를 이용한 통상우편물은 우편번호 숫자를 왼쪽 칸부터 한 칸에 하나씩 차례대로 기입하고 마지막 칸은 공란으로 둘 경우에 규격으로 취급한다.
> ③ 봉투의 세로 크기가 최소 90mm, 최대 130mm(허용오차 ±5mm)인 경우에 규격으로 취급한다.
> ④ 봉투의 모양이 직사각형 형태로 재질이 종이인 경우 규격으로 취급하며, 색깔은 규격요건 사항에 포함되지 않는다.
>
> 답 ②

03 민원우편 서비스에 대한 설명으로 옳지 <u>않은</u> 것은? ★★

① 우정사업본부에서 발행한 민원우편 취급용 봉투(발송용, 회송용)를 사용하여야 한다.
② 회송용 민원우편물은 우체국 취급담당자가 인장 또는 자필서명하여 봉함하여야 한다.
③ 민원발급 수수료와 회송할 때의 민원발급 수수료 잔액을 현금으로 우편물에 봉입하여 발송할 수 있다.
④ 발송인은 민원우편 회송용 취급요금(50g 규격요금+등기취급수수료+익일특급수수료)을 접수 시에 선납하여야 한다.

② 회송용 민원우편물은 민원발급기관의 취급담당자(우체국 취급담당자가 아님)가 인장(지장) 또는 서명(자필)을 날인하여 봉함하여야 한다.

 ②

04 〈보기〉에서 국내우편물 배달기한에 대한 설명으로 옳은 것을 모두 고른 것은? ★★

> **보기**
> ㄱ. 익일특급우편물의 배달기한은 접수한 다음날까지이다.
> ㄴ. 관보규정에 따른 관보는 배달기한 적용의 예외 대상이다.
> ㄷ. 등기통상과 등기소포우편물의 배달기한은 접수한 다음날까지이다.
> ㄹ. 교통 여건 등으로 인해 우편물 운송이 특별히 어려운 곳은 관할우편집중국장이 별도로 배달기한을 정하여 공고한다.

① ㄱ, ㄴ
② ㄷ, ㄹ
③ ㄱ, ㄴ, ㄷ
④ ㄱ, ㄴ, ㄹ

ㄷ. 등기소포우편물의 배달기한은 접수한 다음날까지이지만, 등기통상우편물의 배달기한은 접수한 다음날부터 3일 이내이다.
ㄹ. 교통 여건 등으로 인해 우편물 운송이 특별히 어려운 곳은 관할지방우정청장이 별도로 배달기한을 정하여 공고한다.

 ①

05 국내소포우편물에 대한 설명으로 옳은 것은? ★★

① 가로, 세로, 높이를 합하여 35cm 미만인 소형포장우편물은 소포우편물로 구분하여 취급한다.

② 일반소포우편물은 우표납부로 우편요금 결제가 가능하며 반송 시 반송수수료를 징수하지 않는다.

③ 최소용적은 평면의 크기가 길이 14cm, 너비 9cm 이상, 원통형으로 된 것은 직경의 2배와 길이를 합하여 23cm이다.

④ 고객이 등기소포우편물 1개의 접수정보를 사전에 제공하고 우체국창구에서 요금즉납으로 결제한 경우, 우편요금의 3%를 감액받는다.

① 소포우편물의 최소용적은 가로, 세로, 높이를 합하여 35cm이므로, 가로, 세로, 높이를 합하여 35cm 미만인 소형포장우편물은 통상우편물로 구분하여 취급한다.
② 일반소포우편물은 현금, 우표, 신용카드 결제로 우편요금 결제가 가능하며, 반송 시 반송수수료를 징수하지 않는다.
③ 최소용적은 평면의 크기가 가로는 17cm 이상, 세로는 12cm 이상, 원통형으로 된 것은 지름(직경)의 2배와 길이를 합하여 35cm이다.

답 ④

06 〈보기〉에서 보험취급우편물에 대한 설명으로 옳은 것을 모두 고른 것은? ★★

보기

ㄱ. 통화등기로 취급할 수 있는 대상은 강제 통용력이 있는 국내통화에 한정한다.

ㄴ. 외화등기는 전국 우체국에서 익일특급 배달 불가능 지역을 제외하고 접수가 가능하다.

ㄷ. 물품등기의 물품 가액은 발송인이 정하며, 취급 담당자는 가액판단에 관여할 필요가 없다.

ㄹ. 안심소포의 가액은 300만 원 이하의 물건에 한정하여 취급하며, 취급한도액을 초과하는 물품은 어떤 경우에도 취급할 수 없다.

ㅁ. 사용된 유가증권류, 기프트카드 등에 대하여 보험취급을 원하는 경우, 유가증권등기로 취급할 수 없으나 물품등기로는 접수가 가능하다.

① ㄱ, ㄴ, ㄷ

② ㄴ, ㄹ, ㅁ

③ ㄱ, ㄷ, ㄹ

④ ㄱ, ㄷ, ㅁ

ㄴ. 외화등기는 계약에 따라 지정된 우체국에서 접수가 가능하며, 전국 우체국에서 익일특급 배달 불가능 지역을 제외하고 배달이 가능하다.
ㄹ. 안심소포의 가액은 300만 원 이하의 물건에 한정하여 취급하며, 취급한도액을 초과한 것은 취급할 수 없으나 발송인이 취급한도액까지만 기록하기로 하고 취급을 요구할 때에는 취급할 수 있다.

답 ④

07 국내우편요금 감액제도 중 반환불필요 감액을 받기 위한 1회 발송 최소 우편물 수량으로 옳지 <u>않은</u> 것은? 〈변형〉　★★

① 요금별납 서적우편물 2천통
② 요금후납 다량우편물 1천통
③ 요금별납 상품광고우편물 2천통
④ 요금후납 상품광고우편물 1천통

 ① 서적우편물의 경우 반환불필요 감액이 적용되지 않으며, 요금별납 서적우편물 2천통의 경우 구분 감액을 받을 수 있다.

目 ①

08 국내우편물의 지연배달에 따른 손해배상 범위 및 금액으로 옳은 것은?　★

① 준등기: D+3일 배달분부터 우편요금
② 등기통상: D+5일 배달분부터 우편요금과 등기취급수수료
③ 등기소포: D+3일 배달분부터 우편요금
④ 익일특급: D+1일 배달분부터 우편요금과 국내특급수수료

 ① 준등기: 없음
③ 등기소포: D+3일 배달분부터 우편요금 및 등기취급수수료
④ 익일특급: D+3일 배달분부터 우편요금 및 국내특급수수료

目 ②

09 국내 계약등기우편물의 부가취급 서비스에 대한 설명으로 옳지 <u>않은</u> 것은? 〈변형〉 ★★

① 우편주소 정보제공은 수취인의 동의를 받아 발송인에게 바뀐 우편주소 정보를 제공하는 서비스로 부가취급수수료는 1,000원이다.

② 착불배달 맞춤형 계약등기우편물이 반송되는 경우, 착불수수료 제외한 우편요금(등기취급수수료 포함)과 반송수수료를 징수한다.

③ 회신우편의 취급대상은 발송인이 사전에 배달과 회신에 대한 사항을 계약관서와 협의하여 정한 계약등기우편물로 부가취급수수료는 1,500원이다.

④ 반송수수료 사전납부 우편물 접수 시 우편요금 반송률(최초 1년은 등기우편물 반환율에 0.5% 가산)을 적용한 반송수수료를 합산하여 납부한다.

> **해설**
> ② 착불배달 계약등기우편물이 반송되는 경우, 착불수수료를 제외한 우편요금(등기취급수수료 포함)과 반송수수료를 징수하되, 맞춤형 계약등기 우편물은 착불수수료를 제외한 우편요금(등기취급수수료 포함)만 징수한다.
>
> 답 ②

10 운송용기(운반차)에 적재할 우편물이 여러 종류일 경우, 순서에 맞게 나열한 것은? ★★

① 일반소포 → 일반통상 → 등기소포 → 등기통상 → 중계우편물

② 일반소포 → 등기소포 → 일반통상 → 등기통상 → 중계우편물

③ 중계우편물 → 일반소포 → 일반통상 → 등기소포 → 등기통상

④ 중계우편물 → 일반소포 → 등기소포 → 일반통상 → 등기통상

> **해설**
> ② 여러 형태의 우편물을 함께 넣을 때에는 작업을 쉽게 하기 위하여 '일반소포 → 등기소포 → 일반통상 → 등기통상 → 중계우편물'의 순으로 적재한다.
>
> 답 ②

11 우편물을 기계구분 우편물과 수구분 우편물로 분류할 경우, 기계구분할 수 <u>없는</u> 우편물은? ★★

① 우편번호 앞쪽에 '(우)'라고 표시한 경우
② 주소와 우편번호를 적정한 위치에 선명하게 인쇄한 경우
③ 봉함된 상태이고 내용물의 글씨가 봉투에 비치지 않는 경우
④ 봉투 색상이 흰색이고 표면이 울퉁불퉁하지 않고 균일한 경우

 ① 주소와 우편번호 주위에 다른 문자가 표시된 우편물은 기계구분할 수 없다.

기계구분 불가능 우편물
- 주소와 우편번호를 기재하지 않은 우편물
- 주소와 우편번호의 기록위치가 적정하지 않은 우편물
- 주소와 우편번호를 손 글씨로 흘려 쓴 우편물
- 주소와 우편번호 주위에 다른 문자가 표시된 우편물
- 주소와 우편번호 문자 선명도가 낮은 우편물
- 우편물 표면이 균일하지 아니한 우편물(도장, 동전, 병 덮개 등을 넣은 우편물)
- 봉투색상이 짙은 우편물
- 봉투의 끝부분이 접혀있거나 봉함되지 아니한 우편물
- 스테이플러, 핀 등으로 봉투를 봉함한 우편물
- 내용물의 글씨가 봉투에 비치는 우편물
- 둥근 소포, 쌀자루 및 취약소포 등

답 ①

12 운송용기의 개봉작업에 대한 설명으로 옳지 <u>않은</u> 것은? ★★

① 인계 · 인수가 끝난 우편물은 등기우편, 익일특급 순으로 개봉하여 처리해야 한다.
② 부가취급 우편물을 담은 운송용기를 개봉할 때 책임자나 책임자가 지정하는 사람이 참관해야 한다.
③ 부가취급 우편물을 담은 운송용기를 개봉할 때 담당자는 송달증의 기록명세와 우편물의 등기번호 및 통수에 이상이 없는지 확인해야 한다.
④ 개봉이 끝난 운송용기는 운송용기 관리지침에 따르고, 우편자루는 뒤집어서 남은 우편물이 없는지 확인해야 한다.

 ① 인계 · 인수가 끝난 우편물은 익일특급, 등기우편 순으로 개봉하여 처리해야 한다.

답 ①

13 〈보기〉에서 등기취급 우편물의 정당 수령인을 모두 고른 것은? ★★

> **보기**
> ㄱ. 우편물 표면에 기재된 주소지에서 만난 동거인
> ㄴ. 대리수령인으로 지정되어 우편관서에 등록된 사람
> ㄷ. 우편물 표면에 기재된 주소지(회사)에서 만난 같은 직장 근무자
> ㄹ. 수취인과 같은 집배구에 있고 발송인의 배달동의를 받은 무인 우편물 보관함

① ㄱ, ㄷ
② ㄱ, ㄹ
③ ㄱ, ㄴ, ㄷ
④ ㄴ, ㄷ, ㄹ

 ㄹ. 수취인과 같은 집배구에 있고 수취인의 배달동의를 받은 무인 우편물 보관함

등기취급 우편물의 정당 수령인
- 우편물 표면에 기재된 주소지의 수취인이나 동거인(같은 직장 근무자 포함)
- 같은 건축물 및 같은 구내의 관리사무소, 접수처, 관리인
- 대리수령인으로 지정되어 우편관서에 등록된 사람
- 수취인과 같은 집배구에 있고 수취인의 배달동의를 받은 무인 우편물 보관함

답 ③

14 〈보기〉의 조건을 모두 충족하는 국제우편물 취급우체국은? ★★

> **보기**
> ㄱ. 국제우편물의 접수와 배달 업무를 수행
> ㄴ. 국제우편물을 직접 외국으로 발송하고, 외국에서 오는 우편물을 받는 업무를 수행
> ㄷ. 관세청장이 지정한 우체국으로 세관공무원이 주재하거나 파견되어 국제우편물의 수출입에 관한 세관 검사를 실시

① 중부권광역우편물류센터
② 인천해상교환우체국
③ 부산국제우편물류센터
④ 국제우편물류센터

 보기의 조건을 모두 충족하는 국제우편물 취급우체국에는 국제우편물류센터와 부산국제우체국이 있다. 따라서 정답은 ④이다.

국제우편물 취급우체국의 구분
- 교환국(국제우편물을 직접 외국으로 발송하고, 외국에서 오는 우편물을 받는 업무를 수행): 국제우편물류센터, 부산 국제우체국, 인천해상교환우체국
- 통관국(관세청장이 지정한 우체국으로 세관공무원이 주재하거나 파견되어 국제우편물의 수출입에 관한 세관검사를 실시): 국제우편물류센터, 부산국제우체국, 인천해상교환우체국
- 통상국(국제우편물의 접수와 배달 업무를 수행): 국제우편물류센터, 부산국제우체국

답 ④

15 〈보기〉에서 국제우편 인쇄물로 접수가 가능한 것의 총 개수는? ★★

보기

ㄱ. 서적 ㄴ. 정기간행물 ㄷ. CD
ㄹ. 비디오테이프 ㅁ. OCR ㅂ. 포장박스
ㅅ. 봉인한 서류 ㅇ. 홍보용 팸플릿 ㅈ. 잡지
ㅊ. 상업광고물 ㅋ. 달력

① 4개
② 5개
③ 6개
④ 7개

> **해설**
>
> ㄱ, ㄴ, ㅇ, ㅈ, ㅊ, ㅋ이 가능하므로 모두 6개이다.
>
> **인쇄물 접수 물품**
> • 국제우편 인쇄물 접수가 가능한 물품: 서적, 정기간행물, 홍보용 팸플릿, 잡지, 상업광고물, 달력, 사진, 명함, 도면 등
> • 국제우편 인쇄물 접수가 불가한 물품: CD, 비디오테이프, OCR, 포장박스, 봉인한 서류
> ※ 종이, 판지 등의 인쇄물 형태로 정보 전달의 내용이 포함된 인쇄물에 한함
> ※ 종이류로 제작된 포토카드는 인쇄물로 취급이 가능하나 플라스틱, 알루미늄 등을 활용하여 제작한 것은 인쇄물에 적용 불가
>
> 답 ③

16 국제우편 소형포장물에 대한 설명으로 옳지 <u>않은</u> 것은? ★★

① 내용품 검사를 위해 쉽게 열어볼 수 있도록 봉하여야 한다.
② 우편물의 내부 또는 외부에 상품송장(Invoice)을 첨부할 수 있다.
③ 내용품 가격이 300SDR 이하인 경우 CN22, 300SDR을 초과할 경우에는 CN23을 첨부한다.
④ 국제통상우편물에 속하며, 과학기술정보통신부장관이 필요하다고 인정하여 고시하는 우편물이다.

> **해설**
>
> ④ 소형포장물은 국제통상우편물에 속하며, 과학기술정보통신부장관이 필요하다고 인정하여 고시하는 우편물에 해당하지 않는다.
>
> 답 ④

17 〈보기〉에서 사전통관정보제공에 따른 필수 통관정보 항목의 총 개수는? ★★

> 보기
>
> ㄱ. 발송인 성명, 상세주소, 우편번호
> ㄴ. 발송인 전화번호
> ㄷ. 발송인 이메일
> ㄹ. 수취인 성명, 상세주소, 우편번호
> ㅁ. 수취인 전화번호
> ㅂ. 수취인 이메일
> ㅅ. 내용품유형
> ㅇ. 내용품명
> ㅈ. HS Code
> ㅊ. 순중량
> ㅋ. 개수
> ㅌ. 생산지
> ㅍ. 가격

① 9개
② 10개
③ 11개
④ 12개

해설

ㄱ, ㄴ, ㄹ, ㅅ, ㅇ, ㅈ, ㅊ, ㅋ, ㅌ, ㅍ 총 10개가 필수 통관정보 항목에 해당한다.

통관정보 제공 데이터 항목

발송인	등록구분	수취인	등록구분	내용품	등록구분
성명	필수	성명	필수	내용품유형	필수
상세주소	필수	상세주소	필수	내용품명	필수
우편번호	필수	우편번호	필수	순중량	필수
전화번호	필수	전화번호	선택	생산지	필수
Email	선택	Email	선택	HS Code	필수
				개수	필수
				가격	필수

답 ②

18 〈보기〉의 국제특급우편물(EMS) 보험취급 수수료 계산으로 옳은 것은? ★★

> 보기
> ㄱ. 도착국: 일본
> ㄷ. 우편요금: 67,000원
> ㄴ. 중량: 12kg
> ㄹ. 물품가(보험가): 120,000원

① 최초 114,300원까지 2,800원+500원
② 최초 114,500원까지 2,800원+500원
③ 최초 114,300원까지 2,800원+550원
④ 최초 114,500원까지 2,800원+550원

> 해설 국제특급우편물(EMS) 보험취급 수수료는 보험가액 최초 65.34 SDR 또는 최초 114,300원까지 2,800원을 적용하고, 보험가액 65.34 SDR 또는 114,300원 추가마다 550원을 추가한다. 따라서 〈보기〉의 보험취급 수수료를 계산하면 최초 114,300원까지의 2,800원에 550원이 추가되므로, 옳은 수수료 계산은 ③이다.
>
> 답 ③

19 〈보기〉의 국제우편물이 일부 훼손된 경우, 손해배상 금액 계산으로 옳은 것은? ★★

> 보기
> ㄱ. 보통소포우편물(항공)
> ㄷ. 우편요금: 52,000원
> ㄴ. 중량: 10kg
> ㄹ. 물품가: 300,000원

① 52,500원+70,800원 금액 범위 내(123,300원)의 실손해액
② 52,500원+78,700원 금액 범위 내(131,200원)의 실손해액
③ 70,000원+70,800원 금액 범위 내(140,800원)의 실손해액
④ 70,000원+78,700원 금액 범위 내(148,700원)의 실손해액

> 해설 ④ 국제우편물 중 보통소포우편물이 일부 분실, 도난 또는 일부 훼손된 경우, 70,000원에 1kg당 78,700원을 합산한 금액 범위 내의 실손해액을 배상금액으로 하고 있다. 따라서 〈보기〉의 경우, 70,000원+78,700원 금액 범위 내 (148,700원)의 실손해액이 발생한다.
>
> 답 ④

20 국제우편 요금감액제도에 대한 설명으로 옳지 <u>않은</u> 것은? ★★

① 국제특급 요금감액은 계약특급, 수시특급, 일괄특급으로 나눌 수 있다.

② 특별감액의 장기이용고객 조건에 해당할 경우, 3%의 요금감액률을 적용한다.

③ 계약국제특급의 18% 이상 감액률은 우정사업본부장의 승인 후 적용한다.

④ 발송비용절감 요금감액은 EMS, EMS프리미엄, K-Packet, 소형 포장물, 한·중해상특송우편물에 대해서 적용한다.

 ② 특별감액의 장기이용고객 조건에 해당하는 경우, 1% 이하 또는 2% 이하의 요금감액률을 적용한다.

특별감액

구분	감액요건	감액률	대상
장기이용	계약기간이 1년을 초과하고 직전 계약기간 동안의 이용금액이 600만 원 이상인 경우	1%p 이하	EMS, EMS프리미엄, K-Packet, 등기소형포장물, 한·중 해상특송
	계약기간이 3년을 초과하고 직전 계약기간 동안의 이용금액이 1억 원 이상인 경우 ※ 감액조건의 금액은 고시된 요금(EMS 프리미엄은 요금표) 기준이며, 일괄계약 이용고객은 제외 ※ 직전 계약기간 중 6월 이상 이용실적이 있는 경우에 적용	2%p 이하	

답 ②

※ 2024년도 시험부터 과목 '금융상식'은 '예금일반'과 '보험일반'으로 분리하여 출제합니다.

01 다음 (가)~(다)는 「우체국예금 · 보험에 관한 법률」 및 동법 시행규칙에 대한 설명이다. 밑줄 친 ( ) 안에 들어갈 내용으로 옳은 것은?　★★

> (가) 잔액이 1만 원 미만으로서 1년 이상 계속하여 거래가 없을 때 거래중지계좌에 편입할 수 있으며, 거래중지계좌에의 편입은 매년 ( )회 한다.
> (나) 저축성예금의 예금자로서 우정사업본부장이 정하는 기간 이상 월부금을 납입하거나 우정사업본부장이 정하는 기간 이상 예치한 자는 예입액의 ( )퍼센트의 범위에서 만기 전에 지급을 청구할 수 있다.
> (다) 체신관서는 예금자가 ( )년간 예금을 하지 아니하거나 예금의 지급, 이자의 기입, 인감 변경, 예금통장(예금증서를 포함한다)의 재발급신청 등을 하지 아니한 경우에는 과학기술정보통신부령으로 정하는 바에 따라 그 예금의 지급청구나 그 밖에 예금의 처분에 필요한 신청을 할 것을 최고(催告)하여야 한다.

	(가)	(나)	(다)
①	1	80	5
②	2	90	5
③	1	80	10
④	2	90	10

(가) 잔액이 1만 원 미만으로서 1년 이상 계속하여 거래가 없을 때 거래중지계좌에 편입할 수 있으며, 거래중지계좌에의 편입은 매년 2회 한다(「우체국예금 · 보험에 관한 법률 시행규칙」 제20조 제1항 제1호 및 제2항).

(나) 저축성예금의 예금자로서 우정사업본부장이 정하는 기간 이상 월부금을 납입하거나 우정사업본부장이 정하는 기간 이상 예치한 자는 예입액의 90퍼센트의 범위에서 만기 전에 지급을 청구할 수 있다(「우체국예금 · 보험에 관한 법률 시행규칙」 제28조 제1항).

(다) 체신관서는 예금자가 10년간 예금을 하지 아니하거나 예금의 지급, 이자의 기입, 인감 변경, 예금통장(예금증서를 포함한다)의 재발급신청 등을 하지 아니한 경우에는 과학기술정보통신부령으로 정하는 바에 따라 그 예금의 지급청구나 그 밖에 예금의 처분에 필요한 신청을 할 것을 최고(催告)하여야 한다(「우체국예금 · 보험에 관한 법률」 제24조 제1항).

답 ④

02 예금의 입금과 지급에 대한 설명으로 옳지 않은 것은? ★★

① 금융회사는 예금청구서의 금액·비밀번호·청구일자 등이 정정된 경우, 반드시 정정인을 받거나 새로운 전표를 작성하도록 하여야 한다.

② 직원이 입금조작을 잘못하여 착오계좌에 입금한 경우, 금융회사는 착오계좌 예금주의 동의와 관계 없이 취소 처리하고 정당계좌에 입금할 수 있다.

③ 금융회사는 실제로 받은 금액보다 과다한 금액으로 통장 등을 발행한 경우, 실제로 입금한 금액에 한하여 예금계약이 성립하므로 예금주의 계좌에서 초과입금액을 인출하면 된다.

④ 송금인이 착오송금한 경우, 송금인은 금융회사를 통해 수취인에게 반환요청할 수 있고, 반환이 거절된 경우에는 반환거절일로부터 1년 이내 예금보험공사에 반환지원 신청을 할 수 있다.

해설 ④ 송금인이 착오송금한 경우, 송금인은 금융회사를 통해 수취인에게 반환요청할 수 있고, 반환이 거절된 경우에는 착오송금일로부터 1년 이내 예금보험공사에 반환지원 신청을 할 수 있다.

착오송금 반환지원제도 개요

구분	주요내용
신청대상	• '21. 7. 6 이후 발생한 5만 원 이상 1천만 원 이하 착오송금 • '23. 12. 31 이후 발생한 5만 원 이상 5천만 원 이하 착오송금
대상조건	착오송금 시 먼저 금융회사를 통해 수취인에게 반환을 요청하여야 하며, 미반환된 경우(금융회사의 반환청구절차 결과 '반환거절' 또는 '일부반환' 종결)에만 예금보험공사에 반환지원 신청 가능
신청가능기간	착오송금일로부터 1년 이내 신청(통상 접수일로부터 약 2개월 내외 반환 예상)
반환지원 신청절차	예금보험공사 홈페이지 내 착오송금 반환지원 사이트 접속 온라인 신청 또는 예금보험공사 본사 상담센터 방문 신청

정답 ④

03 다음은 상속 가계도를 나타낸 것이다. C의 사망(그 외는 생존하고 있는 것으로 본다)으로 인한 상속에 대한 설명으로 옳은 것은? ★★★

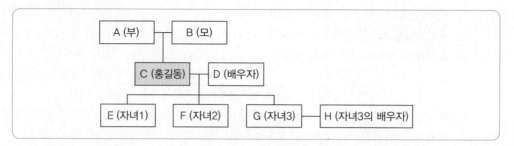

① C의 사망 당시 G가 상속결격자였다면 상속인은 총 3명이다.
② C가 정기적금 적립기간 중에 사망한 경우, E는 F와 G의 동의만으로도 C의 적금계약을 승계할 수 있다.
③ C가 사망 당시 유언으로 전 재산 9억 원을 사회단체에 기부하여 공동상속인 모두가 유류분 반환 청구를 한다면 E의 유류분 금액은 1억 원이다.
④ 합유설에 의하면 C의 사망 당시 F가 행방불명인 경우 F의 상속분을 제외한 나머지 상속분은 각 공동상속인 요청에 따라 분할하여 지급할 수 있다.

해설

③ 유류분 반환 청구를 할 수 있는 금액은 법정 상속 금액의 1/2에 해당하므로 E의 유류분 금액은 법정 상속 금액 2억 원(C의 전 재산 9억 원의 1/4.5) 중 절반인 1억 원이다.
① C의 사망 당시 G가 상속결격자였다면 배우자 상호 간 대습상속을 고려할 때, G의 배우자인 H가 상속자에 포함된다. 따라서 상속자는 직계비속 E, F와 배우자 D, 그리고 H를 포함하여 총 4명이다.
② C가 정기적금 적립기간 중에 사망한 경우, E가 C의 적금계약을 승계하려면 상속인 전원의 동의가 필요하므로 배우자 D도 고려해야 한다.
④ 공유설에 의했을 때, C의 사망 당시 F가 행방불명인 경우 F의 상속분을 제외한 나머지 상속분은 각 공동상속인 요청에 따라 분할하여 지급할 수 있다.

답 ③

04 채권에 대한 설명으로 옳지 <u>않은</u> 것은? ★★

① 채권은 정부, 지방자치단체, 금융회사 또는 신용도가 높은 주식회사 등이 발행하므로 채무 불이행 위험이 상대적으로 낮다.

② 전환사채는 발행회사가 보유 중인 타 회사의 주식을 보유하게 되는 반면 교환사채는 발행회사의 주식을 보유하게 된다는 점에서 차이가 있다.

③ 우리나라에서 주로 발행되는 주가지수연계채권(원금보장형)은 투자금액의 대부분을 일반 채권에 투자하고 나머지를 파생상품(주로 옵션)에 투자하는 방식으로 운용된다.

④ 첨가소화채권은 주택 또는 자동차를 구입하거나 부동산을 담보로 대출을 받을 때 의무적으로 매수해야 하는 채권으로 정부나 지방자치단체 등이 공공사업추진을 위한 재원을 조달하려는 목적으로 발행하는 채권이다.

> 해설
> ② 전환사채의 경우에는 전환을 통해 발행회사의 주식을 보유하게 되는 반면 교환사채의 경우는 발행회사가 보유 중인 타 회사의 주식을 보유하게 된다는 점에서 차이가 있다.
>
> 답 ②

05 〈보기〉에서 CD/ATM 서비스에 대한 설명으로 옳은 것을 모두 고른 것은? ★★

> 보기
> ㄱ. "우체국 스마트 ATM"은 기존 ATM 서비스뿐만 아니라 계좌개설, 체크카드 및 보안매체 발급, 비밀번호 변경 등이 가능하다.
> ㄴ. CD/ATM 계좌이체는 최근 1년간 영업점 창구를 통한 현금 입·출금 실적이 없는 고객에 한하여 1일 및 1회 이체한도를 각각 70만 원으로 축소하고 있다.
> ㄷ. CD/ATM 서비스를 이용하기 위해서는 현금카드나 신용·체크카드 등이 있어야 하지만 최근 기술 발달로 휴대폰, 바코드, 생체인식으로도 이용할 수 있으며 이용매체가 없어도 CD/ATM 서비스 이용이 가능하다.
> ㄹ. 보이스피싱 피해 방지를 위해 수취계좌 기준 1회 100만 원 이상 이체금액에 대해 CD/ATM에서 인출 시 입금된 시점부터 10분 후 인출 및 이체가 가능하도록 하는 지연인출제도가 시행되고 있다.

① ㄱ, ㄷ   ② ㄴ, ㄹ
③ ㄱ, ㄴ, ㄷ   ④ ㄱ, ㄷ, ㄹ

> 해설
> ㄴ. CD/ATM의 계좌이체 기능을 이용한 전화금융사기(일명 '보이스피싱') 사건의 증가로 인한 피해를 최소화하기 위하여 최근 1년간 CD/ATM을 통한 계좌이체 실적이 없는 고객에 한하여 1일 및 1회 이체한도를 각각 70만 원으로 축소하고 있다.
> ㄹ. 보이스피싱 피해 방지를 위해 수취계좌 기준 1회 100만 원 이상 이체금액에 대해 CD/ATM에서 인출 시 입금된 시점부터 30분 후 인출 및 이체가 가능하도록 하는 지연인출제도가 시행되고 있다.
>
> 답 ①

06 우체국예금 상품에 대한 설명으로 옳은 것은? ★★

① 우체국 생활든든통장은 산업재해 보험급여 수급권자의 보험급여에 한해 입금이 가능한 수시입출식 예금이다.

② 우체국 가치모아적금은 예금주에게 매주 알림저축 서비스를 통해 편리하게 목돈 모으기가 가능한 적립식 예금이다.

③ 이웃사랑정기예금은 종이통장 미발행, 친환경 활동 및 기부참여 시 우대혜택을 제공하는 ESG 연계 정기예금이다.

④ 우체국 편리한 e정기예금은 보너스 입금, 비상금 출금, 자동 재예치, 만기 자동해지 서비스로 편리한 목돈 활용이 가능한 디지털전용 정기예금이다.

① 산업재해 보험급여 수급권자의 보험급여 등에 한해 입금이 가능한 수시입출식 예금은 우체국 행복지킴이통장이다.
② 예금주에게 매주 알림저축 서비스를 통해 편리하게 목돈 모으기가 가능한 적립식 예금은 우체국 매일모아 e적금이다.
③ 종이통장 미발행, 친환경 활동 및 기부참여 시 우대혜택을 제공하는 ESG 연계 정기예금은 초록별 사랑 정기예금이다.

답 ④

07 우체국 체크카드에 대한 설명으로 옳은 것은? 〈변형〉 ★

① 법인용 체크카드의 현금 입출금 기능은 법인, 임의단체에 한하여 선택 가능하다.

② 우체국 체크카드 개인형 일반 상품의 가입연령은 18세 이상이다.

③ 위탁업체를 통하여 발급받은 경우, 고객이 카드 수령 후 우체국을 직접 방문하여 사용 등록하여야만 효력이 발생한다.

④ 우체국 체크카드 상품은 기본적으로 체크카드와 현금카드 기능을 제공하며 상품별 특성에 따라 다양한 기능 추가 및 발급 형태의 선택이 가능하다.

① 법인용 체크카드의 현금 입출금 기능은 개인사업자에 한하여 선택 가능하다.
② 우체국 체크카드의 개인형 일반 상품의 가입연령은 12세 이상이며, 소액신용 및 후불교통 기능이 부여되어 있는 하이브리드 체크카드의 가입 연령은 18세 이상이다.
③ 위탁업체를 통하여 후 발급받은 경우, 고객이 카드 수령 후 회원 본인이 우체국 창구 방문, 인터넷뱅킹, 스마트뱅킹, ARS을 통하여 사용 등록하여야 효력이 발생한다.

답 ④

08 〈보기〉에서 우체국 외국환 업무에 대한 설명으로 옳은 것을 모두 고른 것은? ★★

ㄱ. 외화배달 서비스 이용 시 외화 수령일은 신청일로부터 3 영업일에서 10 영업일 이내로 지정할 수 있다.
ㄴ. 머니그램(MoneyGram)은 송금 후 약 10분 뒤에 송금번호(REF.NO)만으로 수취가 가능한 특급해외송금 서비스이다.
ㄷ. 외화환전 예약서비스는 인터넷뱅킹·스마트뱅킹에서 신청 후 모든 우체국 또는 제휴은행 일부 지점에서 현물을 수령할 수 있다.
ㄹ. 우체국은 하나은행과 업무 제휴하여 하나은행 SWIFT 망을 통해 전 세계 금융기관을 대상으로 해외송금 서비스를 운영하고 있다.

① ㄱ, ㄴ
② ㄱ, ㄹ
③ ㄴ, ㄷ
④ ㄷ, ㄹ

해설 ㄷ. 외화환전 예약서비스는 우체국 창구 방문 신청 또는 인터넷뱅킹·스마트뱅킹을 이용하여 환전(원화를 외화로 바꾸는 업무) 거래와 대금 지급을 완료하고, 원하는 수령일자(환전예약 신청 당일 수령은 불가) 및 장소를 선택하여 지정한 날짜에 외화 실물을 직접 수령하는 서비스이다. 수령 장소는 고객이 지정한 일부 환전업무 취급 우체국 및 우정사업본부와 환전업무 관련 제휴된 하나은행 지점(환전소)에서 수령할 수 있다.
ㄹ. 우체국은 신한은행과 제휴하여 신한은행 SWIFT 망을 통해 전 세계 금융기관을 대상으로 해외송금 서비스를 운영하고 있다.

답 ①

---

09 〈보기〉에서 금융거래 비밀보장에 대한 설명으로 옳은 것을 모두 고른 것은? ★★

ㄱ. 금융거래정보제공 관련 서류의 보관기간은 정보제공일로부터 5년간이다.
ㄴ. 통보유예기간이 종료되면 즉시 명의인에게 정보제공사실과 통보유예 사유 등을 통보하여야 한다.
ㄷ. 과세자료의 제공, 금융회사 내부 또는 금융회사 상호 간에 정보를 제공한 경우에는 그 내용을 기록·관리하여야 한다.
ㄹ. 금융회사가 금융거래정보 등을 제공한 경우에는 정보 등을 제공한 날로부터 10일 이내에 명의인에게 서면으로 제공 사실을 통보하여야 한다.

① ㄱ, ㄴ
② ㄱ, ㄹ
③ ㄴ, ㄷ
④ ㄷ, ㄹ

해설 ㄴ. 통보유예기간이 종료되면 종료일로부터 10일 이내에 명의인에게 정보제공사실과 통보유예 사유 등을 통보해야 한다.
ㄷ. 과세자료의 제공, 금융회사 내부 또는 금융회사 상호 간의 정보제공의 경우에는 기록·관리의무가 면제된다.

답 ②

10 예금자보호에 대한 설명으로 옳지 <u>않은</u> 것은? ★★

① 정부, 지방자치단체(국·공립학교 포함), 한국은행, 금융감독원, 예금보험공사, 부보금융회사의 예금은 보호대상에서 제외한다.

② 주택청약저축, 주택청약종합저축 상품은 보호금융상품이며, 주택청약예금, 주택청약부금은 비보호금융상품이다.

③ 보호금액 5천만 원은 예금의 종류별 또는 지점별 보호금액이 아니라 동일한 금융회사 내에서 예금자 1인이 보호받을 수 있는 총 금액이다.

④ 예금보험공사로부터 보호받지 못한 나머지 예금은 파산한 금융회사가 선순위채권을 변제하고 남는 재산이 있는 경우 이를 다른 채권자들과 함께 채권액에 비례하여 분배받는다.

해설 ② 주택청약저축, 주택청약종합저축은 비보호금융상품이며, 주택청약예금, 주택청약부금은 보호금융상품이다.

보호금융상품 vs 비보호금융상품

보호금융상품	비보호금융상품
• 요구불예금(보통예금, 기업자유예금, 당좌예금 등) • 저축성예금(정기예금, 저축예금, 주택청약예금, 표지어음 등) • 적립식예금(정기적금, 주택청약부금, 상호부금 등) • 외화예금 • 예금보호대상 금융상품으로 운용되는 확정기여형 퇴직연금제도 및 개인형퇴직연금제도의 적립금 • 중소기업퇴직연금기금에 편입된 금융상품 중 예금보호 대상으로 운용되는 금융상품 • 개인종합자산관리계좌(ISA)에 편입된 금융상품 중 예금보호 대상으로 운용되는 금융상품 • 원본이 보전되는 금전신탁 등	• 양도성예금증서(CD), 환매조건부채권(RP) • 금융투자상품(수익증권, 뮤추얼펀드, MMF등) • 은행 발행채권 • 주택청약저축, 주택청약종합저축 등 • 확정급여형 퇴직연금제도의 적립금 • 특정금전신탁 등 실적배당형 신탁 • 개발신탁

답 ②

11 〈보기〉에서 보험계약의 요소에 대한 설명으로 옳은 것의 총 개수는? ★★

보기
ㄱ. 보험목적물은 보험사고 발생의 객체로 보험자가 배상하여야 할 범위와 한계를 정해준다.
ㄴ. 보험기간은 보험에 의한 보장이 제공되는 기간으로 위험기간 또는 책임기간이라고도 하며 보험자의 책임은 보험을 승낙함으로써 개시된다.
ㄷ. 보험사고란 보험에 담보된 재산 또는 생명이나 신체에 관하여 보험자가 보험금 지급을 약속한 사고가 발생하는 것이다.
ㄹ. 보험료는 보험사고에 의한 보장을 받기 위하여 계약자가 보험자에게 지급하여야 할 금액이다.

① 1개   ② 2개
③ 3개   ④ 4개

ㄱ. (○) 보험목적물은 보험사고 발생의 객체로, 생명보험에서는 피보험자의 생명 또는 신체를 말한다. 또한 보험의 목적물은 보험자(보험회사)가 배상하여야 할 범위와 한계를 정해준다.

ㄷ. (○) 보험사고란 보험에 담보된 재산 또는 생명이나 신체에 관하여 보험자(보험회사)가 보험금 지급을 약속한 사고 (위험)가 발생하는 것으로 생명보험의 경우 피보험자의 사망·생존, 장해, 입원, 진단 및 수술, 만기 등이 보험금 지급사유로 규정된다.

ㄹ. (○) 보험료는 보험계약자가 보험사고에 의한 보장을 받기 위하여 계약자가 보험자(보험회사)에게 지급하여야 할 금액으로 만약 보험료를 납부하지 않는다면 그 계약은 해제 혹은 해지된다.

ㄴ. (×) 보험기간은 보험에 의한 보장이 제공되는 기간으로 위험기간 또는 책임기간이라고도 하며 상법에서는 보험자의 책임을 최초의 보험료를 지급받은 때부터 개시한다고 규정하고 있다.

답 ③

---

12 〈보기〉에서 우체국보험 언더라이팅(청약심사)에 대한 설명으로 옳은 것을 모두 고른 것은? ★★

ㄱ. 언더라이팅(청약심사)은 일반적으로 보험사의 "위험의 선택" 업무로서 위험평가의 체계화된 기법을 말한다.

ㄴ. 보험판매 과정에서 계약선택의 기준이 되는 위험 중 환경적 위험은 피보험자의 직업 및 업무내용, 운전여부, 취미활동, 음주 및 흡연여부, 피보험자와 수익자의 관계 등이다.

ㄷ. 체신관서는 피보험자의 신체적·환경적·도덕적 위험 등을 종합적으로 평가하여 정상인수, 조건부인수, 거절 등의 합리적 인수조건을 결정하는 언더라이팅(청약심사)을 하게 된다.

ㄹ. 계약적부조사는 적부조사자가 계약자를 직접 면담하여 계약적부조사서상의 주요 확인사항을 중심으로 확인하는 제도이다.

① ㄱ, ㄴ

② ㄱ, ㄷ

③ ㄴ, ㄹ

④ ㄷ, ㄹ

ㄴ. 보험판매 과정에서 계약선택의 기준이 되는 위험 중 환경적 위험은 피보험자의 직업 및 업무내용, 운전여부, 취미활동 등이다.

계약선택의 기준이 되는 세가지 위험

신체적 위험	환경적 위험	도덕적 위험(재정적 위험)
• 피보험자의 음주 및 흡연여부, 체격 • 과거 병력 • 현재의 병증(病症)	• 직업 및 업무내용 • 운전여부 • 취미활동	• 보험가입금액의 과다여부 • 피보험자와 수익자의 관계 • 과거 보험사기 여부

ㄹ. 계약적부조사는 적부조사자가 피보험자를 직접 면담 또는 전화를 활용하여 적부 주요 확인사항을 중심으로 확인하며, 계약적부조사서상에 주요 확인사항 등을 기재하고 피보험자가 최종 확인하는 제도이다.

답 ②

13 보장성보험료의 세액공제에 대한 설명으로 옳은 것은? ★★

① 근로소득이 없는 연금소득 거주자도 세액공제 대상이다.

② 보장성보험을 해지할 경우, 이미 세액공제 받은 보험료는 기타소득세로 과세된다.

③ 보험료를 미리 납부했을 경우, 그 보험료는 실제 납부일이 속하는 과세기간에 세액공제가 가능하다.

④ 장애인전용보장성보험의 경우, 납입한 보험료(100만 원 한도)의 12%에 해당하는 금액을 해당 과세기간의 종합소득산출세액에서 공제한다.

① 세액공제 대상을 근로소득자로 제한하고 있어 연금소득자 또는 개인사업자 등은 보장성보험에 가입하더라도 세액공제를 받을 수 없다.

② 과세 기간 중 보장성보험을 해지할 경우, 해지 시점까지 납입한 보험료에 대해 세액공제가 가능하며 이미 세액공제 받은 보험료에 대한 추징 또한 없다.

④ 장애인전용보험 및 장애인전용보험전환특약을 부가한 보장성 보험의 경우 과세기간 납입 보험료(1년 100만 원 한도)의 15%에 해당되는 금액을 종합소득산출세액에서 공제받을 수 있다.

图 ③

14 우체국보험상품에 대한 설명으로 옳은 것은? ★★

① 무배당 청소년꿈보험 2109는 체신관서가 공익재원으로 보험료를 50% 지원하는 상품이다.

② 무배당 우체국예금제휴보험 2109는 체신관서가 공익재원으로 보험료를 80% 지원하는 상품이다.

③ 무배당 우체국나르미안전보험 2109는 체신관서가 공익재원으로 보험료를 50% 지원하는 상품이다.

④ 무배당 만원의행복보험 2109는 성별·나이에 상관없이 체신관서가 공익재원으로 보험료 1만 원(1년 만기 기준)을 지원하는 상품이다.

① 무배당 청소년꿈보험 2109는 공익보험으로 특정 피보험자 범위에 해당하는 청소년에게 무료로 보험가입 혜택을 주어 학자금을 지급하는 교육보험이다.

② 무배당 우체국예금제휴보험 2109는 1종(휴일재해보장형)의 경우 '시니어싱글벙글정기예금' 가입 시 무료로 가입, 2종(주니어보장형)의 경우 '우체국 아이LOVE적금' 가입 시 무료로 가입, 3종(청년우대형)의 경우 우체국예금 신규가입 고객 중 가입기준을 충족할 경우 무료로 가입 가능한 상품이다.

④ 무배당 만원의행복보험 2109는 차상위계층 이하 저소득층을 위한 공익형 상해보험으로, 성별·나이에 상관없이 보험료 1만 원(1년 만기 기준), 1회 납입 1만 원(1년 만기 기준) 초과 보험료는 체신관서가 공익자금으로 지원하는 상품이다.

图 ③

15 〈보기〉에서 우체국보험 제도성특약에 대한 설명으로 옳은 것의 총 개수는? ★★

> ㄱ. 장애인전용보험전환특약 2007의 대상계약은 전환대상상품의 피보험자 또는 수익자가 소득세법상 장애인인 계약이다.
> ㄴ. 지정대리청구서비스특약 2109에서 지정대리 청구인은 피보험자의 가족관계등록부상의 배우자 또는 4촌 이내의 친족이다.
> ㄷ. 지정대리청구서비스특약 2109의 대상계약은 계약자, 피보험자 및 수익자(사망 시 수익자 제외)가 모두 동일한 계약이다.
> ㄹ. 이륜자동차 운전 및 탑승 중 재해부담보특약 2109의 가입대상은 이륜자동차 운전자 및 소유자이며, 관리하는 경우는 포함되지 않는다.

① 1개
② 2개
③ 3개
④ 4개

> **해설**
> ㄱ. (○) 장애인전용보험전환특약 2007의 대상계약은 전환대상상품의 피보험자 또는 수익자가 소득세법상 장애인인 계약이다.
> ㄷ. (○) 지정대리청구서비스특약 2109의 대상계약은 계약자, 피보험자 및 수익자(사망 시 수익자 제외)가 모두 동일한 계약이다.
> ㄴ. (×) 지정대리청구서비스특약 2109에서 지정대리 청구인은 피보험자의 가족관계등록부상의 배우자 또는 3촌 이내의 친족이다.
> ㄹ. (×) 이륜자동차 운전 및 탑승 중 재해부담보특약 2109의 가입대상은 이륜자동차 운전자(소유 및 관리하는 경우 포함)이다.
>
> 답 ②

16 우체국보험상품에 대한 설명으로 옳은 것은? ★★

① 무배당 알찬전환특약 2109의 일시납 보험료는 전환전 계약의 만기보험금과 배당금의 합계액이다.

② 무배당 에버리치상해보험 2109는 보험 만기일 1개월 전부터 만기일 전일까지 무배당 알찬전환특약 2109로 가입 신청이 가능하다.

③ 무배당 파워적립보험 2109는 기본보험료 20만 원 초과금액에 대해 수수료를 인하함으로써 수익률을 증대한 상품이다.

④ 무배당 우체국온라인저축보험 2109는 계약일 이후 1년이 지난 후부터 보험기간 중에 보험년도 기준 연 12회에 한하여 적립금액의 일부를 인출할 수 있다.

② 보험 만기일 1개월 전부터 만기일 전일까지 무배당 알찬전환특약 2109로 가입 신청이 가능한 상품은 에버리치복지보험(일반형), 무배당 에버리치복지보험(일반형), 복지보험, 파워적립보험, 무배당 파워적립보험, 무배당 빅보너스저축보험, 무배당 그린보너스저축보험(일반형), 무배당 그린보너스저축보험플러스(일반형), 무배당 우체국저축보험(확정금리형)이다.
③ 무배당 파워적립보험 2109는 기본보험료 30만 원 초과금액에 대해 수수료를 인하함으로써 수익률을 증대한 상품이다.
④ 무배당 우체국온라인저축보험 2109는 계약일 이후 1개월이 지난 후부터 보험기간 중에 보험년도 기준 연 12회에 한하여 적립금액의 일부를 인출할 수 있다.

답 ①

17 우체국보험상품에 대한 설명으로 옳지 <u>않은</u> 것은? 〈변형〉 ★★

① 무배당 우체국더간편건강보험(갱신형) 2407은 1가지 건강관련 간편고지로 가입이 가능한 상품이다.

② 무배당 우체국와이드건강보험 2112에 보험가입금액 2,500만 원을 가입하는 경우, 주계약 보험료에 대해서 고액계약 보험료 할인을 받을 수 있다.

③ 무배당 우체국치매간병보험 2109의 해약환급금 50% 지급형에 가입한 경우, 보험기간 중 계약이 해지될 경우에는 표준형 해약환급금의 50%를 해약환급금으로 지급받는다.

④ 무배당 우체국실속정기보험 2109 2종(간편가입)에 가입 후 계약일부터 3개월 이내에 1종(일반가입)으로 가입을 희망하는 경우, 일반계약 심사를 통하여 1종(일반가입)에 청약할 수 있다.

③ 무배당 우체국치매간병보험 2109의 해약환급금 50% 지급형에 가입한 경우, 보험료 납입기간 중 계약이 해지될 경우에는 표준형 해약환급금의 50%를 해약환급금으로 지급받는다.

답 ③

18 우체국보험의 효력상실 및 부활에 대한 설명으로 옳지 <u>않은</u> 것은?　　★★

① 보험료의 납입연체로 인한 해지계약이 해약환급금을 받지 않은 경우, 계약자는 해지된 날부터 3년 이내에 계약의 부활을 청약할 수 있다.

② 보험료 납입이 연체 중인 경우, 납입최고는 유예기간이 끝나기 15일 이전까지 서면(등기우편 등) 등으로 이루어진다.

③ 체신관서가 부활을 승낙한 경우, 계약자는 부활을 청약한 날까지의 연체된 보험료에 약관에서 정한 이자를 더하여 납입하여야 한다.

④ 보험료 납입 유예기간은 해당 월분 보험료의 납입기일부터 납입기일이 속하는 달의 다음 달의 말일까지이며, 유예기간의 마지막 날이 영업일이 아닌 때에는 그 다음 날로 한다.

> **해설**
> ④ 보험료 납입 유예기간은 해당 월분 보험료의 납입기일부터 납입기일이 속하는 달의 다음 다음 달의 말일까지로 한다. 다만, 유예기간의 마지막 날이 영업일이 아닌 때에는 그 다음 날로 한다.
>
> 답 ④

19 우체국보험의 보험금 지급청구에 대한 설명으로 옳은 것은?　　★★

① 보험금청구권은 지급사유 발생일로부터 2년간 행사하지 않으면 소멸된다.

② 체신관서는 보험금 청구서류를 접수한 날부터 10일 이내에 보험금을 지급하여야 한다.

③ 소송제기, 분쟁조정신청, 수사기관의 조사, 해외에서 발생한 보험사고에 대한 조사는 보험금 지급 예정일 30일 초과사유에 해당된다.

④ 사망보험금 선지급제도는 피보험자의 남은 생존기간이 6개월 이내인 경우 사망보험금액의 60%를 선지급사망보험금으로 수익자에게 지급하는 제도이다.

> **해설**
> ① 보험금청구권은 3년간 행사하지 아니하면 시효의 완성으로 소멸한다(「상법」 제662조).
> ② 체신관서는 보험금 청구서류를 접수한 날부터 3영업일 이내에 보험금을 지급하거나 보험료 납입을 면제한다.
> ④ 사망보험금 선지급제도는 피보험자의 남은 생존기간이 6개월 이내라고 판단한 경우에 체신관서가 정한 방법에 따라 사망보험금액의 60%를 선지급사망보험금으로 피보험자에게 지급하는 제도이다.
>
> 답 ③

20 우체국보험 재무건전성 관리에 대한 설명으로 옳은 것은? ★★

① 우체국보험은 자본의 적정성 유지를 위하여 지급여력비율을 반기별로 산출·관리하여야 한다.

② 과학기술정보통신부장관은 우체국보험사업에 대한 건전성을 유지하고 관리하기 위하여 필요한 경우에는 금융위원회에 검사를 요청할 수 있다.

③ 우정사업본부장은 지급여력비율이 150% 미만인 경우로서 보험계약자에게 보험금을 지급하지 못할 우려가 있다고 판단되는 경우에는 경영개선계획을 수립·시행하여야 한다.

④ 우정사업본부장은 자산건전성 분류 대상 자산에 해당하는 보유자산에 대해 건전성을 5단계로 분류하여야 하며 "고정", "회수의문" 또는 "추정손실"로 분류된 자산을 조기에 상각하여야 한다.

> **해설**
> ① 우체국보험은 자본의 적정성 유지를 위하여 지급여력비율을 분기별로 산출·관리하여야 한다.
> ③ 우정사업본부장은 우체국보험의 지급여력비율이 100% 미만인 경우로서 보험계약자에게 보험금을 지급하지 못할 우려가 있다고 판단되는 경우에는 경영개선계획을 수립·시행하여야 한다.
> ④ 우정사업본부장은 자산건전성 분류 대상 자산에 해당하는 보유자산에 대해 건전성을 "정상", "요주의", "고정", "회수의문", "추정손실"의 5단계로 분류하여야 하며, "회수의문" 또는 "추정손실"로 분류된 자산을 조기에 상각하여야 한다.
>
> 답 ②

컴퓨터일반(기초영어 포함)

※ 2024년도 시험부터 제외되는 '자료구조알고리즘'과 '프로그래밍언어론' 문항은 ×표시하였습니다.

01 엑셀 시트를 이용한 수식의 결과값으로 옳은 것의 총 개수는? ★★

수식	결과
=FACT(5)	15
=INT(−3.14)	−3
=MOD(3, 4)	1
=POWER(3, 3)	27
=PRODUCT(3, 6, 2)	36

① 2개   ② 3개

③ 4개   ④ 5개

해설
- POWER(number, power): 밑수를 지정한 만큼 거듭제곱한 결과를 구한다.
  =POWER(3, 3) : 27
- PRODUCT(number1, number2, …): 인수들의 곱을 구한다.
  =PRODUCT(3, 6, 2) : 36
- FACT(number): number의 계승값을 구한다.
  =FACT(5): 120
- INT(number): 소수점 아래는 버리고 가장 가까운 정수로 내림한다.
  =INT(−3.14): −4
- MOD(number, divisor): 나눗셈의 나머지를 구한다.
  =MOD(3, 4): 3

답 ①

02 자료구조가 정수형으로 이루어진 스택이며, 초기에는 빈 스택이라고 할 때, 빈칸 ㉠~㉢의 내용으로 모두 옳은 것은?(단, top( )은 스택의 최상위 원소값을 출력하는 연산이다) ★

연산	출력	스택 내용
push(7)	–	(7)
push(4)	–	(7, 4)
push(1)	–	(7, 4, 1)
pop( )	–	(㉠)
(㉡)	–	(7)
top( )	(㉢)	(7)
push(5)	–	(7, 5)

	㉠	㉡	㉢
①	(7, 4)	push( )	1
②	(4, 1)	push(7)	1
③	(7, 4)	pop( )	7
④	(4, 1)	pop(7)	7

해설 스택은 LIFO(Last In First Out) 구조로 마지막에 삽입한 자료가 제일 먼저 삭제된다.
- push 연산: 스택에 자료를 삽입한다.
- pop 연산: 스택에서 자료를 삭제한다.
- top 연산: 스택의 top 위치의 자료를 출력한다.

답 ③

03 다음은 정렬 알고리즘을 이용해 초기 단계의 데이터를 완료 단계의 데이터로 정렬하는 과정을 보여 준다. 이 과정에 사용된 정렬 알고리즘으로 옳은 것은? ★★

| 6 | 4 | 9 | 2 | 3 | 8 | 초기 단계 |

| 4 | 6 | 2 | 3 | 8 | 9 |

| 4 | 2 | 3 | 6 | 8 | 9 |

···(중략)···

| 2 | 3 | 4 | 6 | 8 | 9 | 완료 단계 |

① 퀵(quick) 정렬
② 기수(radix) 정렬
③ 버블(bubble) 정렬
④ 합병(merge) 정렬

 ③ 버블 정렬: 인접한 데이터와 비교하여 위치가 맞지 않을 경우 서로 자리를 교환하는 방법이다.
• 초기: 6 4 9 2 3 8
• 1회전: 4 6 2 3 8 9
• 2회전: 4 2 3 6 8 9
• 3회전: 2 3 4 6 8 9
• 4회전: 2 3 4 6 8 9

답 ③

04 〈보기〉에서 해시 함수(hash function)의 충돌 해결 방안으로 옳은 것의 총 개수는? ★★★

보기

ㄱ. 별도 체이닝(separate chaining)
ㄴ. 오픈 어드레싱(open addressing)
ㄷ. 선형 검사(linear probing)
ㄹ. 이중 해싱(double hashing)

① 1개 　　　　　　　　　　　　　② 2개
③ 3개 　　　　　　　　　　　　　④ 4개

> 해설
> 서로 다른 데이터가 동일한 해시 주소를 갖는 경우를 충돌이라고 한다. 충돌 해결 방법에는 개방주소법(Open Addressing)과 폐쇄주소법(Closed Addressing)이 있다.
> • 개방주소법: 선형 조사, 이차 조사, 이중 해싱이 해당
> • 폐쇄주소법: 체이닝이 해당
>
> 답 ④

 05 다음은 위상 정렬의 예이다. 위상 순서로 옳은 것은? ★

과목 코드	과목명	선수과목
11	전산개론	없음
12	이산수학	없음
13	자바	11
14	알고리즘	11, 12, 13
15	수치해석	12
16	캡스톤디자인	13, 14, 15

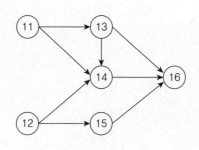

① 11, 12, 14, 13, 15, 16
② 12, 11, 13, 14, 15, 16
③ 13, 11, 14, 12, 15, 16
④ 14, 13, 12, 15, 11, 16

> 해설
> ② 진입 간선이 없는 11과 12는 가장 처음에 위치하고, 둘의 순서는 관계없다. 14는 13을 수행한 후 위치해야 하므로 11, 13, 12를 수행한 후 위치해야 한다.
>
> 답 ②

06 다음 CPM(Critical Path Method) 네트워크에 나타난 임계 경로(Critical Path)의 전체 소요 기간으로 옳은 것은? ★★

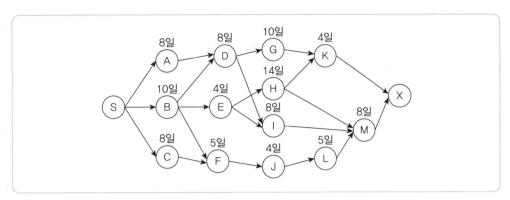

① 30일

② 32일

③ 34일

④ 36일

 해설

• 임계 경로(CP, Critical Path)는 프로젝트를 완료하기 위한 여러 경로 중 수행 시간이 가장 많이 소요되는 경로를 말한다.

• 임계 경로는 S → B → E → H → M → X = 10일 + 4일 + 14일 + 8일 = 36일이다.

目 ④

07 〈보기〉에서 디자인 패턴에 대한 설명으로 옳은 것의 총 개수는? ★★★

보기

ㄱ. 디자인 패턴은 유사한 문제를 해결하기 위하여 각 문제 유형별로 적합한 설계를 일반화하여 정리해
   놓은 것이다.
ㄴ. 싱글턴(singleton) 패턴은 특정 클래스의 객체가 오직 하나만 존재하도록 보장하여 객체가 불필요하게
   여러 개 만들어질 필요가 없는 경우에 주로 사용한다.
ㄷ. 메멘토(memento) 패턴은 한 객체의 상태가 변경되었을 때 의존 관계에 있는 다른 객체들에게 이를 자
   동으로 통지하도록 하는 패턴이다.
ㄹ. 데코레이터(decorator) 패턴은 기존에 구현된 클래스의 기능 확장을 위하여 상속을 활용하는 설계 방
   안을 제공한다.

① 1개   ② 2개
③ 3개   ④ 4개

해설

ㄷ. (×) 메멘토 패턴: 어떤 시점에서의 객체의 상태를 저장해 두었다가 필요 시 이전 상태로 되돌리는 패턴이다.
ㄹ. (×) 데코레이터 패턴: 기존에 구현된 클래스에 기능을 추가해 가는 패턴으로, 기능 확장이 필요할 때 상속의 대안
   으로 사용한다.

답 ②

08 다음과 같이 '인사'로 시작하는 모든 부서에 속한 직원들의 봉급을 10% 올리고자 SQL문을 작성하였다. ㉠과 ㉡의 내용으로 옳은 것은? ★★

```
UPDATE 직원
SET 봉급 = 봉급*1.1
WHERE 부서번호 ___㉠___ ( SELECT 부서번호
                         FROM 부서
                         WHERE 부서명 ___㉡___ '인사%' )
```

	㉠	㉡
①	IN	LIKE
②	EXISTS	HAVING
③	AMONG	LIKE
④	AS	HAVING

해설

㉠: 결과가 여러 개일 수 있으므로 IN 비교 연산자를 사용한다.
㉡: 문자열을 검색할 때는 LIKE 연산자를 사용하고, 와일드카드 '%'는 모든 문자를 의미한다.

답 ①

09 다음 E-R다이어그램을 관계형 스키마로 올바르게 변환한 것은?(단, 속성명의 밑줄은 해당 속성이 기본키임을 의미한다) ★★

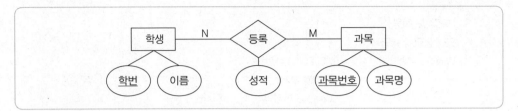

① 학생(<u>학번</u>, 이름)
  등록(성적)
  과목(<u>과목번호</u>, 과목명)

② 학생(<u>학번</u>, 이름)
  등록(<u>과목번호</u>, 성적)
  과목(<u>과목번호</u>, 과목명, 성적)

③ 학생(<u>학번</u>, 이름)
  등록(<u>학번</u>, 성적)
  과목(<u>과목번호</u>, 과목명)

④ 학생(<u>학번</u>, 이름)
  등록(<u>학번</u>, <u>과목번호</u>, 성적)
  과목(<u>과목번호</u>, 과목명)

해설 다대다(N:M) 관계인 등록은 학생 개체와 과목 개체의 기본키인 '학번'과 '과목번호'를 모두 포함해야 한다. 설명 속성인 '성적'도 등록에 추가한다.

정답 ④

10 OpenAI가 개발한 생성형 인공지능 기반의 대화형 서비스는? ★

① LSTM
③ ChatGPT

② ResNET
④ Deep Fake

 ③ OpenAI가 개발한 프로토타입 대화형 인공지능 챗봇이다.
- LSTM(Long Short-Term Memory, 장단기 메모리): 순환 신경망(RNN) 기법으로 기존 순환 신경망의 문제인 기울기 소멸 문제를 해결하기 위해 개발되었다.
- ResNET(Residual Neural Network, 잔차 신경망): 스킵 연결을 통해 잔차를 학습하도록 만들어진 인공 신경망이다. 일반적인 딥러닝 신경망 모델보다 예측 정확도가 높다.
- Deep Fake: 딥러닝(Deep Learning)과 가짜(Fake)의 합성어이다. 적대관계생성 신경망(GAN)이라는 기계학습 기술을 이용하여 기존의 사진이나 영상을 원본에 겹쳐서 만들어낸다. 딥페이크 가짜 뉴스는 사회적 논란이 되기도 했다.

答 ③

11 CPU 스케줄링 기법에 대한 설명으로 옳지 <u>않은</u> 것은? ★★

① 라운드 로빈(Round-Robin) 스케줄링 기법은 선점 방식의 스케줄링 기법이다.
② HRN(Highest Response ratio Next) 스케줄링 기법은 우선순위에 대기 시간(waiting time)을 고려하여 기아(starvation) 문제를 해결한다.
③ 다단계 큐 스케줄링 기법은 프로세스들을 위한 준비 큐를 다수 개로 구분하며, 각 준비 큐는 자신만의 스케줄링 알고리즘을 별도로 가질 수 있다.
④ 우선순위 스케줄링 기법은 항상 선점 방식으로 구현되기 때문에 특정 프로세스에 대하여 무한대기 또는 기아(starvation) 현상 발생의 위험이 있다.

 ④ 우선순위 스케줄링 기법: 가장 높은 우선순위의 프로세스에게 먼저 프로세서를 할당하는 방법이다. 만약 프로세스들의 우선순위가 같은 경우 FCFS(First Come First Served = FIFO)의 순서로 스케줄링한다. 우선순위 스케줄링은 선점 또는 비선점이 존재하고, 선점과 비선점의 방식도 동일하게 도착한 프로세스의 우선순위가 기존 프로세스보다 높으면 할당한다. 우선순위 스케줄링의 단점은 우선순위가 낮으면 매우 오랜 시간 동안 실행되지 않을 수 있다는 것이다. 이는 오래 대기한 프로세스의 우선순위를 점차 높이는 에이징 기법으로 해결한다.

答 ④

12 교착상태(deadlock)와 은행원 알고리즘(Banker's algorithm)에 대한 설명으로 옳은 것은? ★★

① 교착상태는 불안전한 상태(unsafe state)에 속한다.
② 은행원 알고리즘은 교착상태 회복(recovery) 알고리즘이다.
③ 불안전한 상태(unsafe state)는 항상 교착상태로 빠지게 된다.
④ 은행원 알고리즘은 불안전한 상태(unsafe state)에서 교착상태로 전이되는 것을 거부한다.

① 교착상태란 둘 이상의 프로세스가 자원을 점유한 상태에서 상대방이 점유한 자원을 무한정 기다리고 있어 프로세스의 진행이 중단된 상태를 의미한다. 이는 불안전한 상태에 속한다. 교착상태의 회피 방안으로는 다익스트라가 제안한 은행원(Banker's) 알고리즘이 가장 대표적이다. 은행원 알고리즘은 자원의 양과 사용자의 수가 일정해야 하며, 모든 요구를 정해진 시간 안에 할당할 것을 보장한다.

정답 ①

13 하드웨어적으로 인터럽트를 요구한 장치를 찾는 기법으로, 인터럽트 선을 공유하면서 인터럽트를 발생시키는 모든 장치를 직렬로 연결하여 연결 순서에 따라 우선순위가 결정되는 방식으로 옳은 것은? ★★

① 소프트웨어 폴링(polling) 방식
② 데이지 체인(daisy chain) 방식
③ 인터럽트 벡터(interrupt vector) 방식
④ 다수 인터럽트 선(multiple interrupt lines) 방식

② 데이지 체인 방식은 인터럽트가 발생하는 모든 장치를 한 개의 회선에 직렬로 연결하는 방식으로 우선순위가 높은 장치를 선두에 위치시키고 나머지를 우선순위에 따라 차례로 연결한다. 인터럽트 요구선은 모든 장치에 공통이며 인터럽트를 발생시킨 장치가 인터럽트 인지 신호를 받으면 자신의 장치 번호를 중앙처리장치에 보낸다.

인터럽트 우선순위 판별 방법
• 폴링(polling) 방식(소프트웨어적 방법): 인터럽트 발생 시 우선순위가 가장 높은 인터럽트 자원을 찾아 이에 해당하는 인터럽트 서비스 루틴을 수행하는 방식이다. 인터럽트가 많을 경우 조사하는 데 시간이 걸려 반응 속도가 느리다. 회로가 간단하고 융통성이 있으며, 별도의 하드웨어가 필요 없어 경제적이다.
• 인터럽트 벡터(interrupt Vector) 방식(하드웨어적 방법): 중앙처리장치와 인터럽트를 요청할 수 있는 장치 사이에 해당 버스를 병렬이나 직렬로 연결하여 요청 장치의 번호를 중앙처리장치에 알리는 방식이다. 장치 판별 과정이 간단해서 응답 속도가 빠르다. 회로가 복잡하고 융통성이 없으며, 추가적인 하드웨어가 필요하므로 비경제적이다.

정답 ②

14 음수와 양수를 동시에 표현하는 2진수의 표현 방법에는 부호-크기(sign-magnitude) 방식, 1의 보수 방식, 2의 보수 방식이 있다. 다음은 10진수의 양수와 음수를 3비트의 2진수로 나타낸 표이다. ㉠~㉢에 들어갈 방식을 순서대로 나열한 것은? ★★

10진 정수	㉠	㉡	㉢
3	011	011	011
2	010	010	010
1	001	001	001
0	000	000	000
−0	100	111	−
−1	101	110	111
−2	110	101	110
−3	111	100	101
−4	−	−	100

	㉠	㉡	㉢
①	1의 보수	2의 보수	부호-크기
②	2의 보수	1의 보수	부호-크기
③	부호-크기	1의 보수	2의 보수
④	부호-크기	2의 보수	1의 보수

해설
③ 고정 소수점 표현에는 부호-크기(부호 절대치), 1의 보수, 2의 보수가 있다. 부호-크기와 1의 보수 표현에는 두 가지 형태의 0이 존재한다(+0, −0). 2의 보수 표현에는 한 가지 형태의 0만 존재한다(+0).

답 ③

15 IP주소가 117.17.23.253/27인 호스트에 대한 설명으로 옳은 것은? ★★★

① 이 주소의 네트워크 주소는 117.17.23.0이다.

② 이 주소의 서브넷 마스크는 255.255.255.224이다.

③ 이 주소는 클래스 기반의 주소지정으로 C클래스 주소이다.

④ 이 주소가 포함된 네트워크에서 사용될 수 있는 IP주소는 254개이다.

> **해설** CIDR(Classless Inter-Domain Routing)는 IP주소와 서브넷 마스크를 동시에 표기한다. 117.17.23.253/27에서 27은 상위 27비트가 네트워크 주소이고, 하위 5비트가 호스트 주소임을 나타낸다(11111111 11111111 11111111 11100000).
> ② 이 주소의 서브넷 마스크는 255.255.255.224이다.
> ① 이 주소의 네트워크 주소는 117.17.23.224이다.
> ③ 이 주소는 클래스 기반의 주소지정 방법이 아니라 클래스가 없는 CIDR 표기법이다.
> ④ 이 주소가 포함된 네트워크에서 사용될 수 있는 IP주소는 네트워크 주소와 브로드캐스트 주소를 제외한 30개이다.
>
> 답 ②

16 〈보기〉에서 설명하고 있는 HTTP 프로토콜 메소드로 옳은 것은? ★★

> **보기**
> ㄱ. 서버로 정보를 보내는 데 사용한다.
> ㄴ. 대량의 데이터를 전송할 때 사용한다.
> ㄷ. 보내는 데이터가 URL을 통해 노출되지 않기 때문에 최소한의 보안성을 가진다.

① GET

② POST

③ HEAD

④ CONNECT

> **해설** ② POST는 클라이언트가 서버에 정보를 전송하기 위한 메소드이다. 데이터를 HTTP 메시지 body에 포함해 서버로 보내기 때문에 URL에는 영향을 미치지 않으며, GET보다 보안적으로 강력하다.
>
> **GET 메소드**
> 정보를 요청하기 위한 메소드로, 서버로부터 데이터를 받아와 클라이언트에게 제공한다. 데이터는 URL에 포함되어 전송되며, 주로 검색이나 조회와 관련된 요청에 사용된다.
>
> 답 ②

17 〈보기〉는 대칭형 암호 알고리즘이다. 이 중 국내에서 개발된 암호 알고리즘을 모두 고른 것은? ★

> 보 ㄱ. AES   ㄴ. ARIA   ㄷ. IDEA
> 기 ㄹ. LEA   ㅁ. RC5   ㅂ. SEED

① ㄱ, ㄴ, ㄷ   ② ㄱ, ㄷ, ㅁ
③ ㄴ, ㄹ, ㅂ   ④ ㄹ, ㅁ, ㅂ

 ③ 보기 중 국내에서 개발한 대칭형 알고리즘은 ARIA, LEA, SEED이다.

ㄱ. AES: 국제적으로 널리 사용되며 블록 암호화 방식을 사용한다. 안전성과 성능 면에서 우수한 평가를 받고 있다.

ㄴ. ARIA: 국내에서 개발되었으며, 국가 보안 등 다양한 분야에서 사용된다.

ㄹ. LEA: 국내에서 개발된 경량화된 대칭형 암호 알고리즘으로 하드웨어 리소스가 제한된 환경에서 사용하기 적합하다.

ㅂ. SEED: 전자상거래, 금융 등에서 전송되는 개인정보를 보호하기 위해 1999년 한국인터넷진흥원과 국내 암호전문가들이 개발한 128비트 블록 암호 알고리즘이다.

답 ③

18 〈보기〉는 서비스 거부(DoS; Denial of Service) 공격 방법이다. 이 중 ICMP 프로토콜을 이용한 공격 방법으로 옳은 것의 총 개수는? ★★

> 보 ㄱ. 랜드 공격(land attack)
> 기 ㄴ. SYN 플로딩 공격(SYN flooding attack)
>   ㄷ. 티어드롭 공격(teardrop attack)
>   ㄹ. HTTP GET 플로딩 공격(HTTP GET flooding attack)
>   ㅁ. 스머프 공격(smurf attack)
>   ㅂ. 죽음의 핑 공격(ping of death attack)

① 2개   ② 3개
③ 4개   ④ 5개

 ① 보기에서 ICMP 프로토콜을 이용한 공격 방법은 스머프 공격, 죽음의 핑 공격이다.

• 서비스 거부 공격: 서버 또는 네트워크의 리소스를 고갈시켜 정상적인 서비스를 방해하는 공격이다.

• 스머프 공격: 스머핑 프로그램을 사용하여 가짜 IP주소를 이용해 ICMP 핑 메시지를 보내 대상 네트워크의 모든 IP주소로 대량의 응답으로 네트워크를 포화시키는 공격이다.

• 죽음의 핑 공격: 네트워크에서 데이터 패킷을 최대 크기로 보내어 대량의 작은 패킷으로 나누고, 이를 통해 공격 대상 시스템과 네트워크를 마비시키는 DoS 공격이다.

답 ①

19 다음 글의 빈칸에 들어갈 말로 가장 적절한 것은?

> Speaking two languages rather than just one has obvious practical benefits in an increasingly globalized world. However, in recent years, scientists have begun to demonstrate that the advantages of speaking more than one language are even more fundamental than the ability to converse with a wider range of people. Being _____, it turns out, makes you smarter. It can have a profound effect on your brain, improving cognitive skills that are not related to language and even shielding against dementia in old age.

① scientific

② talkative

③ bilingual

④ practical

 ③ 첫 번째 문장에서 'Speaking two languages rather than just one has obvious practical benefits in an increasingly globalized world.'라고 한 다음에 두 번째 문장에서 과학자들은 한 가지 이상의 언어를 구사하는 것의 이점은 더 폭넓은 사람들과의 대화 능력보다 훨씬 더 중요하다는 사실을 입증하기 시작했다고 했다. 빈칸 문장에서 '~이 여러분을 더 똑똑하게 만든다는 것이 밝혀졌다.'라고 했고, 마지막 문장에서 그것은 인지기능을 향상시키고 노년기 치매를 예방하는 등 여러분의 뇌에 지대한 영향을 끼칠 수 있다고 했으므로, 빈칸에 들어갈 적절한 것은 'bilingual(이중 언어를 사용하는)'이다.

① 과학의

② 수다스러운

④ 실용적인

[해석]

점점 더 세계화되는 세상에서 단지 한 가지 언어만 말하는 것보다는 두 가지 언어를 구사하는 것이 분명한 실질적인 이점이 있다. 그러나 최근 몇 년 동안 과학자들은 한 가지 이상의 언어를 구사하는 것의 이점은 더 폭넓은 사람들과의 대화 능력보다 훨씬 더 중요하다는 사실을 입증하기 시작했다. 이중 언어를 사용하는 것이 여러분을 더 똑똑하게 만든다는 것이 밝혀졌다. 그것은 언어와 관련 없는 인지기능을 향상시키고, 심지어 노년기에 치매를 예방하는 등 여러분의 뇌에 지대한 영향을 끼칠 수 있다.

[어휘]

cognitive skills: 인지기능

dementia: 치매

정답 ③

> The physical benefits of team sports are well-documented. Exercise is essential for maintaining a healthy weight, improving cardiovascular health, and reducing the risk of chronic diseases like heart disease, diabetes, and cancer. And what better way to exercise than by playing a sport you enjoy? When you're having fun, you're more __(A)__ to stick with it and that's when the real benefits start to show. In addition to the general health benefits of exercise, team sports also offer specific physical benefits. For example, playing soccer can help improve your balance and coordination, while basketball can help increase your vertical jump. And if you're looking to improve your __(B)__, there's no better way to do it than by playing a sport that requires you to run around for an extended period.

	(A)	(B)
①	liable	courage
②	likely	resistance
③	liable	resistance
④	likely	endurance

 해설

④ 주어진 글은 팀 스포츠의 신체적인 이점에 관한 내용이다. (A) 앞문장에서 'what better way to exercise than by playing a sport you enjoy?'라고 했고, 빈칸 (A) 문장에서 '재미있을 때 스포츠를 계속할 ~, 그때가 바로 실제 이점이 나타나기 시작하는 때이다.'라고 했으므로, 문맥상 빈칸 (A)에 들어갈 적절한 것은 'likely(…할 것 같은)'이다. 「be liable to+V」는 '걸핏하면 …하다'의 뜻이다.

빈칸 (B) 앞 문장에서 농구와 축구를 하면 신체적으로 어떤 이점이 있는지 예를 들었고, 빈칸 (B) 다음에서 '장시간 달리기를 요구하는 스포츠를 하는 것보다 더 좋은 방법은 없다.'라고 했으므로 문맥상 빈칸 (B)에 들어갈 말로 가장 적절한 것은 'endurance(지구력)'이다.

[해석]
팀 스포츠의 신체적인 이점에 관한 증거가 많다. 운동은 건강한 체중 유지, 심혈관 건강 향상, 심장병, 당뇨 그리고 암과 같은 만성 질환의 위험을 줄이는 데 필수적이다. 즐기는 스포츠를 하는 것보다 더 좋은 방법이 무엇일까? 재미있을 때 스포츠를 계속할 (A) 가능성이 더 크고, 그때가 바로 실제 이점이 나타나기 시작하는 때이다. 운동의 일반적인 건강상의 이점 외에도 팀 스포츠는 특정한 신체적 이점도 제공한다. 예를 들어 축구를 하면 (신체의) 균형과 조정력을 향상시키는 데 도움이 될 수 있는 반면에, 농구는 수직 점프를 높이는 데 도움이 될 수 있다. (B) 지구력을 향상시키기를 기대한다면 장시간 달리기를 요구하는 스포츠를 하는 것보다 더 좋은 방법은 없다.

[어휘]
cardiovascular: 심혈관의
coordination: (신체 동작의) 조정력
courage: 용기
resistance: 저항
endurance: 인내(력), 참을성

답 ④

작은 기회로부터 종종 위대한 업적이 시작된다.

– 데모스테네스 –

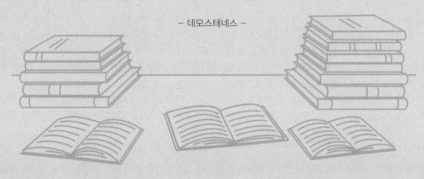

PART 03

2022년 기출문제

PART 03

2022년 기출문제

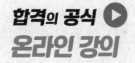

01

우편상식

※ 2024년도 시험부터 과목명이 '우편상식'에서 '우편일반'으로 변경되었습니다.

01 우편물의 외부표시(기재) 사항에 대한 설명으로 옳은 것은?　　　　★★

① 통상우편물 요금감액을 받기 위해서는 집배코드별로 구분하여 제출해야 한다.
② 집배코드는 도착집중국 3자리, 배달국 2자리, 집배팀 2자리, 집배구 2자리로 구성되어 있다.
③ 우체국과 협의되지 않은 우편요금 표시인영은 표기할 수 없으나, 개인정보보호 법령에 따른 주민등록번호는 기재할 수 있다.
④ 집배코드란 우편물 구분을 편리하게 할 수 있도록 만든 일종의 코드로서, 문자로 기재된 수취인의 주소 정보를 일정한 기준에 따라 숫자로 변환한 것이다.

> **해설**
>
> ② 집배코드는 총 9자리로 도착집중국 2자리, 배달국 3자리, 집배팀 2자리, 집배구 2자리로 구성되어 있다.
> ③ 우체국과 협의되지 않은 우편요금 표시인영은 표시할 수 없고, 개인정보보호 법령에 따른 주민등록번호 등 고유식별정보도 기재할 수 없다.
> ④ 집배코드는 우편물의 구분·운송·배달에 필요한 구분정보를 가독성이 높은 단순한 문자와 숫자로 표기한 것이다. 우편물 구분을 편리하게 할 수 있도록 만든 일종의 코드는 우편번호로서, 문자로 기재된 수취인의 주소 정보를 일정한 기준에 따라 숫자로 변환한 것이다.
>
> **집배코드 구성 체계**
>
>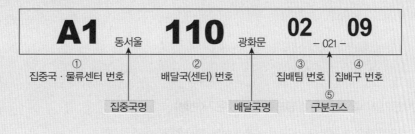
>
> 답 ①

02 방문접수소포(우체국소포)에 대한 설명으로 옳은 것은? 〈변형〉 ★★

① 인터넷우체국을 이용하여 방문접수 신청은 가능하나, 요금수취인 부담(요금 착불) 신청은 불가하다.
② 초소형 특정 요금은 월 평균 10,000통 이상 발송업체 중 초소형 물량이 80% 이상인 경우에 적용이 가능하다.
③ 연합체 발송계약이란 계약자가 주계약 우체국을 지정하여 이용계약을 체결하고 여러 우편관서에서 별도의 계약 없이 계약소포를 발송하는 것이다.
④ 한시적 발송계약은 1개월 이내에 한시적으로 계약소포를 발송하는 것이다.

① 인터넷우체국(www.epost.go.kr)을 통하여 방문접수 신청이 가능하고, 요금수취인부담(요금 착불)도 가능하다.
② 초소형 특정 요금이란, 초소형 계약소포에 대하여 규격·물량 단계별 요금 및 평균요금을 적용하지 않고 본부장 또는 지방우정청장 승인으로 적용하는 요금을 말한다. 단, 월 평균 1만 통 이상 발송업체 중 초소형 물량이 90% 이상인 경우 적용 가능하다.
③ 연합체 발송계약이란, 물류단지, 지식산업센터, 상가(빌딩), 시장 및 농장 등 일정 장소에 입주한 사업자 또는 임의단체 회원들이 1개의 우편관서와 계약을 체결하고 한 장소에 집하하여 계약소포를 발송하는 것을 말한다.

目 ④

03 선택등기 서비스에 대한 설명으로 옳은 것은? 〈변형〉 ★★

① 취급대상은 2kg(특급 취급 시 30kg) 이하 통상우편물이다.
② 전자우편, 익일특급, 계약등기, 발송 후 배달증명은 부가취급이 가능하나, 우편함에 배달이 완료된 경우에는 발송 후 배달증명 청구를 할 수 없다.
③ 배달기한은 접수한 다음 날부터 4일 이내이다.
④ 손실 또는 분실일 때 최대 5만 원까지 손해배상을 제공하나, 배달이 완료된 후에 발생한 손실 또는 분실은 손해배상 대상에서 제외한다.

① 취급대상은 6kg까지 통상우편물이다(특급 취급 시 30kg 가능).
③ 배달기한은 접수한 다음 날부터 3일 이내이다.
④ 손실, 분실에 한하여 최대 10만 원까지 손해배상을 제공하며, 배달완료(우편함 등) 후에 발생된 손실, 분실은 손해배상 대상에서 제외한다.

目 ②

04 선납라벨 서비스에 대한 설명으로 옳은 것을 모두 고른 것은? 〈변형〉 ★★

> ㄱ. 사용 유효기간 경과로 인쇄 상태가 불량하거나 라벨지 일부 훼손으로 사용이 어려운 경우 동일한 발행번호와 금액으로 재출력이 가능하다.
> ㄴ. 훼손 정도가 심각하여 판매정보의 식별이 불가능한 경우 동일한 발행번호와 금액으로 재출력이 가능하다.
> ㄷ. 우편물 접수 시 우편요금보다 라벨 금액이 많은 경우 잉여금액에 대해 환불이 가능하다.
> ㄹ. 구매 당일에 한해 판매 우체국에서만 환불 처리가 가능하다.

① ㄱ, ㄴ ② ㄱ, ㄹ
③ ㄴ, ㄷ ④ ㄷ, ㄹ

ㄱ. 사용 유효기간 경과로 인쇄 상태가 불량하거나 라벨지 일부 훼손으로 사용이 어려운 경우 동일한 발행번호와 금액으로 재출력(교환)이 가능하다.
ㄹ. 선납라벨 구매 고객이 취소를 요청하는 경우 구매 당일에 한해 판매 우체국에서만 환불 처리가 가능하다(우표류 판매취소 프로세스 적용).
ㄴ. 선납라벨 훼손 정도가 심각하여 판매정보(발행번호, 바코드 등)의 식별이 불가능한 경우에는 재출력(교환)이 불가하다.
ㄷ. 우편물 접수 시 우편요금보다 라벨 금액이 많은 경우 잉여금액에 대한 환불은 불가하다.

정답 ②

05 내용증명 우편물에 대한 설명으로 옳은 것은? ★★

① 문서 이외의 물건도 그 자체 단독으로 내용증명의 대상이 될 수 있다.
② 내용문서의 크기가 A4 용지 규격보다 큰 것은 발송할 수 없다.
③ 다수인이 연명으로 발송하는 내용문서의 경우 다수 발송인 중 1인의 이름, 주소를 우편물의 봉투에 기록한다.
④ 발송인이 재증명을 청구한 경우 문서 1통마다 재증명 청구 당시 내용증명 취급수수료 전액을 징수한다.

① 내용증명의 대상은 문서에 한정하며 문서 이외의 물건(예) 우표류, 유가증권, 사진, 설계도 등)은 그 자체 단독으로 내용증명의 취급대상이 될 수 없다.
② 내용문서의 크기가 A4 용지 규격보다 큰 것은 A4 용지의 크기로 접어서 총 매수를 계산하고, A4 용지보다 작은 것은 이를 A4 용지로 보아 매수를 계산한다.
④ 재증명 당시 내용증명 취급수수료의 반액을 재증명 문서 1통마다 각각 징수한다(10원 미만의 금액이 발생할 경우에는 절사).

내용증명의 개념
• 발송인이 수취인에게 어떤 내용의 문서를 언제 발송하였다는 사실을 우편관서가 공적으로 증명해 주는 우편서비스이다.
• 내용증명제도는 개인끼리 채권·채무의 이행 등 권리의무의 득실 변경에 관하여 발송되는 우편물의 문서내용을 후일의 증거로 남길 필요가 있을 경우와 채무자에게 채무의 이행 등을 최고(催告)하기 위한 경우에 주로 이용되는 제도이다.
• 우편관서는 내용과 발송 사실만을 증명할 뿐, 그 사실만으로 법적효력이 발생되는 것은 아님에 주의해야 한다.

답 ③

06 국내우편 서비스에 대한 설명으로 옳은 것을 모두 고른 것은? 〈변형〉 ★★

> ㄱ. 모사전송(팩스) 우편은 우편취급국을 포함한 모든 우체국에서 신청이 가능하다.
> ㄴ. 나만의 우표 홍보형 신청 시에는 기본 이미지 1종 외에 큰 이미지 1종을 무상으로 제공한다.
> ㄷ. 고객이 고객맞춤형 엽서를 교환 요청한 때에는 교환금액을 수납한 후 액면금액에 해당하는 우표, 엽서, 항공서간으로 교환해 준다.
> ㄹ. 준등기 우편은 150g 이하의 국내 통상우편물을 대상으로 하며 전자우편 제작수수료를 별도로 지급할 필요가 없다.

① ㄱ, ㄷ   ② ㄱ, ㄹ
③ ㄴ, ㄷ   ④ ㄴ, ㄹ

 ㄴ. 나만의 우표 홍보형 신청 시에는 기본 이미지 1종 외에 큰 이미지 1종을 무상으로 제공한다.
ㄷ. 고객이 고객맞춤형 엽서를 교환 요청한 때에는 훼손엽서로 규정하여 교환금액(현행 10원)을 수납한 후 액면금액에 해당하는 우표, 엽서, 항공서간으로 교환해 준다.
ㄱ. 모사전송(팩스) 우편 서비스는 우정사업본부장이 지정·고시하는 우체국에서만 취급할 수 있다. 우편취급국은 제외이고, 군부대 내에 소재하는 우체국은 우정사업본부장이 지정·고시하는 우체국만 가능하다.
ㄹ. 준등기 우편은 200g 이하의 국내 통상우편물을 대상으로 하며, 요금은 1,800원(정액 요금)이고 전자우편 제작수수료가 별도이다.

답 ③

07 국내우편 요금별납 및 요금후납 우편물에 대한 설명으로 옳지 <u>않은</u> 것은? ★★

① 관할 지방우정청장이 요금별납 우편물을 접수할 수 있도록 정한 우체국이나 우편취급국에서 이용이 가능하다.
② 요금별납 우편물에는 원칙적으로 우편날짜도장을 찍지 않는다.
③ 최초 요금후납 계약일부터 체납하지 않고 4년간 성실히 납부한 사람은 담보금 50% 면제 대상이다.
④ 모든 요금후납 계약자는 요금후납 계약국 변경 신청제도를 이용할 수 있다.

③ 최초 후납 계약일부터 체납하지 않고 4년간 성실히 납부한 사람은 담보금 전액 면제 대상이다. 최초 계약한 날부터 체납하지 않고 2년간 성실히 납부할 경우에는 담보금 50% 면제 대상이 된다.

답 ③

08 다음 설명 중 서적우편물로 요금감액을 받을 수 <u>없는</u> 것의 총 개수는? ★★★

> ㄱ. 표지를 제외한 쪽수가 40쪽이며 책자 형태로 인쇄된 것
> ㄴ. 우편엽서, 지로용지가 각각 1장씩 동봉된 것
> ㄷ. 본지, 부록을 포함한 우편물 1통의 무게가 1kg인 것
> ㄹ. 상품의 선전 및 광고가 전 지면의 20%인 것

① 1개
② 2개
③ 3개
④ 4개

ㄱ. (×) 표지를 제외한 쪽수가 48쪽 이상인 책자의 형태로 인쇄·제본되어 발행인·출판사 또는 인쇄소의 명칭 중 어느 하나와 쪽수가 각각 표시되어 발행된 종류와 규격이 같은 서적으로서 우편요금 감액요건을 갖춰 접수하는 요금별납 또는 요금후납 일반우편물이 감액대상이 된다.

ㄹ. (×) 상품의 선전 및 광고가 전 지면의 10%를 초과하는 것은 서적우편물 감액대상에서 제외한다.

ㄴ. (○) 우편엽서, 빈 봉투, 지로용지, 발행인(발송인) 명함은 각각 1장만 동봉이 가능하고, 이를 본지 및 부록과 함께 제본할 때는 수량의 제한이 없다.

ㄷ. (○) 본지, 부록 등을 포함한 우편물 1통의 총 무게는 1,200g을 초과할 수 없으며, 본지 외 내용물(부록, 기타 동봉물)의 무게는 본지의 무게를 초과해서는 안 된다.

답 ②

09 우편사서함 사용계약에 대한 설명으로 ㄱ, ㄴ, ㄷ에 들어갈 말로 옳게 짝 지어진 것은? ★★★

> • 사서함 신청을 받은 우체국장은 국가기관, 지방자치단체, 일일 배달 예정물량이 (ㄱ)통 이상인 다량
>   이용자, 우편물 배달 주소지가 사서함 설치 우체국의 관할구역인 신청자 순서로 우선적으로 계약할 수
>   있다.
> • 최근 3개월간 계속하여 사서함에 배달된 우편물의 총 수량이 월 (ㄴ)통에 미달한 경우, 사서함 사용
>   계약을 해지할 수 있다.
> • 사서함을 운영하고 있는 관서의 우체국장은 연 (ㄷ)회 이상 운영 실태를 점검하고 사용계약 해지 대
>   상자 등을 정비하여야 한다.

	ㄱ	ㄴ	ㄷ
①	50	30	1
②	100	50	1
③	50	50	2
④	100	30	2

 ㄱ. 사서함 신청을 받은 우체국장은 국가기관, 지방자치단체, 일일 배달 예정물량이 100통 이상인 다량이용자, 우편물
배달 주소지가 사서함 설치 우체국의 관할구역인 신청자 순서로 우선적으로 계약할 수 있다.
ㄴ. 최근 3개월간 계속하여 사서함에 배달된 우편물의 총 수량이 월 30통에 미달한 경우 사서함 사용계약을 해지할 수
있다.
ㄷ. 사서함을 운영하고 있는 관서의 우체국장은 연 2회 이상 운영 실태를 점검하고 사용계약 해지 대상자 등을 정비하
여야 한다.

답 ④

10 우편물 운송용기의 종류와 용도에 대한 설명으로 옳지 <u>않은</u> 것은? ★

① 우편운반대(평팔레트): 소포 등 규격화된 우편물 담기와 운반
② 소형우편상자: 소형통상우편물 담기
③ 대형우편상자: 얇은 대형통상우편물 담기
④ 특수우편자루: 부가취급우편물 담기

 해설

③ 대형우편상자는 두꺼운 대형통상우편물을 담는 용도이다.

운송용기의 종류와 용도

종류		용도	비고
운반차/운반대	우편운반차(롤팔레트)	통상·소포우편물, 우편상자, 우편자루의 담기와 운반	
	우편운반대(평팔레트)	소포 등 규격화된 우편물 담기와 운반	
	상자운반차(트롤리)	우편상자(소형, 중형, 대형) 담기와 운반	
우편상자	소형상자	소형통상우편물 담기	부가취급우편물을 적재할 때에는 상자덮개를 사용하여 봉함하여야 함
	중형상자	얇은 대형통상우편물 담기	
	대형상자	두꺼운 대형통상우편물 담기	
접수상자		소형통상 다량우편물 접수, 소형통상우편물 담기	
우편자루	일반자루	일반우편물(통상·소포) 담기	크기에 따라 가호, 나호
	특수자루	부가취급우편물 담기	가호, 나호

目 ③

11 손해배상 및 이용자 실비지급에 대한 설명으로 옳은 것은? ★★

① 설 · 추석 등 특수한 기간에 우편물이 대량으로 늘어나 늦게 배달되는 경우에도 지연배달로 인한 손해배상 대상이 된다.

② D(우편물 접수일)+1일 20시 이후 배달된 국내특급 우편물은 국내특급수수료만 손해배상한다.

③ EMS우편물의 종 · 추적조사나 손해배상을 청구한 때, 3일 이상 지연 응대한 경우에는 무료발송권 (1회 3만 원권)을 이용자 실비로 지급한다.

④ 이용자 실비를 지급받기 위해서는 사유가 발생한 다음 날부터 15일 이내에 해당 우체국에 신고해야 한다.

 ① 설 · 추석 등 특수한 기간에 우편물이 대량으로 늘어나 늦게 배달되는 경우 지연배달로 보지 않는다.
② D+3일 배달분부터 국내특급 우편물은 우편요금과 국내특급수수료를 손해배상한다.
④ 이용자 실비지급 사유가 발생한 날부터 15일 이내에 해당 우체국에 신고해야 한다.

답 ③

12 우편물 운송 용어에 대한 설명으로 옳은 것의 총 개수는? ★★

ㄱ. 감편: 우편물 감소로 운송편의 톤급을 하향 조정(예 4.5톤 → 2.5톤)
ㄴ. 거리연장: 운송구간에 추가로 수수국을 연장하여 운행함
ㄷ. 구간: 정해진 운송구간을 운송형태별(교환, 수집, 배집 등)로 운행함
ㄹ. 배집: 우편집중국 등에서 배달할 우편물을 배달국으로 보내는 운송형태

① 1개 ② 2개
③ 3개 ④ 4개

 ㄱ. (×) 감편: 우편물의 발송량이 적어 정기편을 운행하지 아니함
ㄷ. (×) 구간: 최초 발송국에서 최종 도착국까지의 운송경로
ㄹ. (×) 배집: 배분과 수집이 통합된 운송형태

답 ①

13 우편물 발착업무에 대한 설명으로 옳지 <u>않은</u> 것은? ★

① 발착업무의 처리과정은 분류 · 정리, 구분, 발송, 도착 작업으로 구성되어 있다.

② 분류 · 정리작업은 구분이 완료된 우편물을 보내기 위한 송달증 생성, 체결, 우편물 적재 등의 작업이다.

③ 주소와 우편번호 주위에 다른 문자가 표시된 우편물은 기계구분이 불가능한 우편물이다.

④ 소포우편물을 우편운반차에 적재할 때는 수취인 주소가 기재된 앞면이 위쪽으로 향하도록 적재한다.

 ② 우편물 발착업무에서 분류 · 정리작업은 우편물을 우편물 종류별로 구분하고 우편물 구분작업을 쉽게 하기 위하여 기계구분우편물과 수구분우편물로 분류하여 구분기계에 인입이 가능하도록 정리하는 등의 작업이다. 구분이 완료된 우편물을 보내기 위한 송달증 생성, 체결, 우편물 적재 등의 작업은 발송작업이다.

답 ②

14 다음 설명에 해당하는 국제우편 업무 관련 국제연합체는? 〈변형〉 ★★

- 2002년 아시아 · 태평양 연안 지역 6개 국가로 결성, 2024년 12월 기준 한국 포함 10개 국가로 구성
- 공동으로 구축한 단일 통합네트워크 기반 및 'The Power to Deliver'라는 슬로건하에 활동

① Universal Postal Union
② Asian Pacific Postal Union
③ World Logistics Organization
④ Kahala Posts Group

 ④ 카할라 우정연합(Kahala Posts Group): 아시아 · 태평양 연안 지역 내 6개 우정당국(한국, 미국, 일본, 중국, 호주, 홍콩)이 국제특송시장에서의 주도권 확보 및 국제특급우편(EMS) 경쟁력 향상을 목적으로 2002년 6월에 결성하여 회원국을 유럽까지 확대하고 있다. 사무국은 홍콩에 소재하고 있으며, 회원국은 10개국(2024년 12월 기준)이 가입되어 있다.
※ Kahala는 최초 회의가 개최된 미국(하와이) 내 지명(地名)으로, 10개 회원국은 한국, 미국, 일본, 중국, 호주, 홍콩, 스페인, 프랑스, 태국, 캐나다이다.

답 ④

15 국제우편물의 종류별 접수에 대한 설명으로 옳은 것은? ★★

① 우편자루배달 인쇄물의 등기취급은 미국, 캐나다 등 북미권역과 유럽, 아시아 등 만국우편연합 회원국가 간 발송에 제한이 없다.

② 시각장애인이나 공인된 시각장애인 기관에서 발송하는 공무를 위한 모든 우편물은 시각장애인용 우편물로 취급 가능하다.

③ 소형포장물은 현실적이고 개인적인 통신문의 서류 동봉이 가능하며, 내용품의 탈락을 방지하기 위하여 단단히 밀봉하여야 한다.

④ 보험소포의 보험가액은 'Insured Value-words 보험가액-문자' 칸과 'Figures 숫자' 칸에 영문과 아라비아 숫자로 원화(KRW) 단위로 기재한다.

> **해설**
> ① 2021년 12월 기준, 등기 취급이 불가한 국가는 미국과 캐나다이다. 우편자루배달 인쇄물(M-bag)은 일반적으로 어느 나라든지 보낼 수 있으나, 등기를 취급하는 나라는 제한된다.
> ② 모든 우편물은 아니고, 일정조건에 부합해야 한다. 시각장애인용 우편물(Items for the blind)은 시각장애인이나 공인된 시각장애인 기관에서 발송 또는 수신하는 경우에 해당하며, 녹음물 · 서장 · 시각장애인용 활자가 표시된 금속판을 포함한다.
> ③ 소형포장물(Small packet)은 현실적이고 개인적인 통신문과 같은 성질의 그 밖의 서류 동봉이 가능하다. 다만, 그러한 서류는 해당 소형포장물의 발송인이 아닌 다른 발송인이 작성하거나 다른 수취인 앞으로 주소를 쓸 수 없다. 소형포장물을 봉할 때에는 특별 조건이 필요한 것은 아니나, 내용품 검사를 위하여 이를 쉽게 열어볼 수 있도록 하여야 한다.
>
> 답 ④

16 국제우편물 사전 통관정보 제공에 대한 설명으로 옳지 <u>않은</u> 것은? 〈변형〉 ★

① 우리나라의 HS코드는 10자리이며, 그중 앞자리 6개 숫자는 국제 공통 분류에 해당한다.

② 우편취급국을 포함한 전국 모든 우체국이 적용 대상 관서이다.

③ 대상우편물은 EMS(비서류), 항공소포, 소형포장물, K-Packet으로 한정하며, 포스트넷 입력은 숫자 이외의 문자는 모두 영문으로 입력하여야 한다.

④ 대상국가는 UPU 회원국가 중 우리나라와 우편물을 교환하는 국가이다.

> **해설**
> ③ 대상우편물은 비서류[국제소포우편물, K-Packet, EMS(비서류), 해상특송우편물(한중, 한일)], EMS(서류), 소형포장 등이다.
>
> 답 ③

17 국제소포우편물 접수 시 기표지(운송장) 작성에 대한 설명으로 옳지 <u>않은</u> 것은? ★★

① 도착국가에서 배달불능 시, 발송인이 우편물을 돌려받지 않길 원할 경우 '□ Treat as abandoned 포기'를 선택하여 ∨ 또는 × 표시한다.

② 항공우편물의 Actual weight 실중량, Volume weight 부피중량, 요금, 접수우체국명/접수일자 등을 접수 담당자가 정확하게 기재한다.

③ 중량기재 시 보통소포는 100g 단위로 절상하고, 보험소포는 10g 단위로 절상하여야 한다.

④ 보험소포의 보험가액을 잘못 기재한 경우 1회에 한하여 정정이 가능하나, 이후에 잘못 기재한 경우는 기표지를 새로 작성하여야 한다.

> 해설 ④ 보험가액을 잘못 기재한 경우 지우거나 수정하지 말고 주소기표지(운송장)를 다시 작성하도록 발송인에게 요구한다.
>
> 답 ④

18 국제우편 K–Packet에 대한 설명으로 옳은 것은? ★★

① 국제우편규정에 따라 우정사업본부장이 고시한 전자상거래용 국제우편 서비스이다.

② EMS와 같은 선택적우편서비스이며 고객맞춤형 국제우편 서비스로서 평균 송달기간은 5~6일이다.

③ 'L'로 시작하는 우편물번호를 사용하며, 1회 배달 성공률 향상을 위해 해외 우정당국과 제휴하여 발송인 서명 없이 배달하기로 약정한 국제우편 서비스이다.

④ 제휴(서비스)국가는 우정사업본부장이 고시하여 정한다.

> 해설 ① 「국제우편규정」 제3조 · 제9조에 따라 과학기술정보통신부장관이 고시한 전자상거래용 국제우편 서비스이다.
> ② EMS와 같은 선택적우편서비스이며 고객맞춤형 국제우편 서비스로서 평균 송달기간은 7~10일이다.
> ③ 온라인으로 판매되는 소형물품(2kg 이하)의 해외배송에 적합한 서비스로 'L'로 시작하는 우편물번호를 사용하며, 1회 배달 성공률 향상을 위해 해외 우정당국과 제휴하여 수취인 서명 없이 배달하기로 약정한 국제우편 서비스이다.
>
> 답 ④

19 국제우편 스마트 접수에 대한 설명으로 옳지 <u>않은</u> 것은? ★★

① 접수대상 우편물은 EMS, 국제소포, 등기소형포장물이다.
② 국제우편 스마트 접수 우편물에 대해서는 우편물 종별에 관계없이 스마트 접수 요금할인이 5% 적용된다.
③ 국제우편 스마트 접수 우편물 중 대상우편물에 따라 방문 접수가 가능한 우편물과 그렇지 못한 우편물이 있다.
④ 국제우편 접수채널의 다양화를 통해 이용고객의 편의증진 및 우체국직원의 접수부담 경감에 기여한다.

해설 ② 국제우편 스마트 접수 대상이 되는 우편물은 EMS, 국제소포, 등기소형포장물이다. 그중에서 EMS, 등기소형포장물을 스마트 접수할 경우 5% 할인이 적용된다.

국제우편 스마트 접수 시스템 처리도(우체국 창구접수)

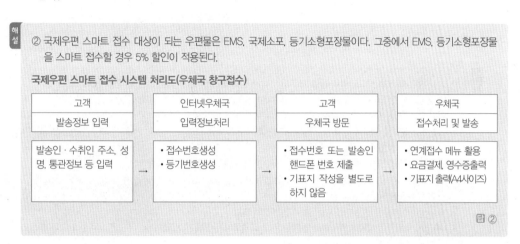

고객		인터넷우체국		고객		우체국
발송정보 입력		입력정보처리		우체국 방문		접수처리 및 발송
발송인 · 수취인 주소, 성명, 통관정보 등 입력	→	• 접수번호생성 • 등기번호생성	→	• 접수번호 또는 발송인 핸드폰 번호 제출 • 기표지 작성을 별도로 하지 않음	→	• 연계접수 메뉴 활용 • 요금결제, 영수증출력 • 기표지 출력(A4사이즈)

답 ②

20 국제회신우표권(IRC)에 대한 설명으로 옳은 것의 총 개수는? ★★★

> ㄱ. 수취인의 회신요금 부담 없이 외국으로부터 회답을 받는 제도이다.
> ㄴ. 만국우편연합 총회가 개최되는 매 4년마다 총회 개최지명으로 발행한다.
> ㄷ. 만국우편연합 관리이사회(CA)에서 발행하며 각 회원국에서 판매한다.
> ㄹ. 현재 필요한 상태에 있지 않으면서 다량 구매를 요구하는 경우, 판매제한과 거절사유에 해당된다.
> ㅁ. 국제회신우표권 판매 시 교환 개시일 안내를 철저히 해야 한다.
> ㅂ. 우리나라에서는 1,450원에 판매하고, 교환은 850원에 해당하는 우표류와 교환한다.

① 3개 ② 4개
③ 5개 ④ 6개

ㄱ. (○) 수취인에게 회신요금의 부담을 지우지 아니하고 외국으로부터 회답을 받는 데 편리한 제도이다.
ㄴ. (○) 만국우편연합(UPU) 총회가 개최되는 매 4년마다 총회 개최지명으로 국제회신우표권을 발행하며(4년마다 디자인 변경) 국제회신우표권의 유효기간은 앞면 우측과 뒷면 하단에 표시한다.
ㄹ. (○) 현재 필요한 상태에 있지 않으면서 한꺼번에 다량 구매를 요구하는 경우, 판매제한과 거절사유에 해당된다.
ㅂ. (○) 우리나라에서는 1매당 1,450원에 판매한다. 외국에서 판매한 국제회신우표권의 교환은 우리나라에서 외국으로 발송되는 항공보통서장의 4지역 20g 요금(850원)에 해당하는 우표류와 교환한다.
　※ 우표류: 과학기술정보통신부장관이 발행한 우표(소형시트 포함), 우편요금을 표시하는 증표와 우표책, 우편물의 부가취급에 필요한 봉투 등
　※ 국제회신우표권은 '우표류'에 속하나 할인판매 불가
ㄷ. (✕) 만국우편연합 국제사무국에서 발행하며 각 회원국에서 판매한다. 국제회신우표권 1장은 그 나라에서 외국으로 발송되는 항공보통서장 최저 요금의 우표와 교환한다.
ㅁ. (✕) 국제회신우표권 판매 시 교환 마감일(유효기간) 안내를 철저히 한다.

답 ②

금융상식

※ 2024년도 시험부터 과목 '금융상식'은 '예금일반'과 '보험일반'으로 분리하여 출제합니다.

01 금융시장의 기능에 대한 설명으로 옳지 <u>않은</u> 것은?　　　　　　　　　　　　　　★

① 소비 주체인 가계 부문에 적절한 자산운용 및 차입 기회를 제공하여 자신의 시간선호에 맞게 소비 시기를 선택할 수 있게 함으로써 소비자 효용을 증진시킨다.

② 유동성이 높은 금융자산일수록 현금 전환 과정에서의 예상 손실보상액에 해당하는 유동성 프리미엄도 높다.

③ 차입자의 재무 건전성을 제고하기 위해 시장참가자는 당해 차입자가 발행한 주식 또는 채권 가격 등의 시장선호를 활용하여 감시 기능을 수행한다.

④ 금융시장이 발달할수록 금융자산 가격에 반영되는 정보의 범위가 확대되고 정보의 전파속도도 빨라지는 것이 일반적이다.

> 해설
>
> ② 유동성은 금융자산의 환금성을 말한다. 따라서 투자자는 환금성이 떨어지는 금융자산을 매입할 경우에는 동 자산을 현금으로 전환하는 데 따른 손실을 예상하여 일정한 보상, 즉 유동성 프리미엄(liquidity premium)을 요구하게 된다. 금융시장이 발달하면 금융자산의 환금성이 높아지고 유동성 프리미엄이 낮아짐으로써 자금수요자의 차입비용이 줄어들게 된다.
>
> 답 ②

02 〈보기〉에서 장내 파생상품에 대한 설명으로 옳은 것을 모두 고른 것은? ★★

> ㄱ. 주가지수옵션 매수자의 이익은 옵션 프리미엄에 한정되고 손실은 무한정인 반면, 매도자의 손실은 옵션 프리미엄에 한정되고 이익은 무한정이다.
> ㄴ. 풋옵션의 매도자는 장래의 일정 시점 또는 일정 기간 내에 특정 기초자산을 정해진 가격으로 매도할 수 있는 권리를 가진다.
> ㄷ. 옵션 계약에서는 계약이행의 선택권을 갖는 계약자가 의무만을 지는 상대방에게 자신이 유리한 조건을 갖는 데 대한 대가를 지불하고 계약을 체결하게 된다.
> ㄹ. 계약 내용이 표준화되어 있고 공식적인 거래소를 통해 매매되는 선물거래에는 헤징(hedging) 기능, 현물시장의 유동성 확대 기여, 장래의 가격정보 제공 기능 등이 있다.

① ㄱ, ㄴ   ② ㄱ, ㄷ
③ ㄴ, ㄹ   ④ ㄷ, ㄹ

 ㄱ. 주가지수옵션에서 매수자의 손실은 프리미엄에 한정되며, 이익은 무한정이다. 매도자의 이익은 프리미엄에 한정되나 손실은 무한정이다.
ㄴ. 풋옵션의 매입자는 장래의 일정 시점 또는 일정 기간 내에 특정 기초자산을 정해진 가격으로 매도할 수 있는 권리를 가진다.

답 ④

03 〈보기〉에서 증권투자 또는 증권분석에 대한 설명으로 옳은 것을 모두 고른 것은? ★★

보기

ㄱ. 무상증자와 주식배당은 주주들의 보유 주식 수가 늘어나고, 주주의 실질 재산에는 변동이 없다는 점에서 유사하다.

ㄴ. 전환사채(CB)나 신주인수권부사채(BW)는 보유자에게 유리한 선택권이 주어지기 때문에 다른 조건이 동일하다면 일반사채에 비해 높은 금리로 발행된다.

ㄷ. 우선주와 채권은 회사경영에 대한 의결권이 없고, 법인이 우선주 배당금 또는 채권 이자 지급 시 비용처리를 할 수 없다는 공통점이 있다.

ㄹ. 이자보상배율이 높으면 이자 비용을 충당하기에 충분한 영업이익이 있다는 뜻이고, 이자보상배율이 1보다 작으면 기업이 심각한 재무적 곤경에 처해 있다는 뜻이다.

① ㄱ, ㄷ   ② ㄱ, ㄹ
③ ㄴ, ㄷ   ④ ㄴ, ㄹ

해설

ㄴ. • 전환사채는 보유자가 자신에게 유리할 때만 전환권을 행사하여 추가적인 수익을 꾀할 수 있는 선택권이 주어지기 때문에 다른 조건이 동일하다면 일반사채에 비해 낮은 금리로 발행된다.

• 신주인수권부사채는 보유자에게 유리한 선택권이 주어지기 때문에 다른 조건이 같다면 일반사채에 비해 낮은 금리로 발행된다.

ㄷ. 우선주는 회사 경영과 관련된 의결권을 투자자에게 부여하지 않는다는 점에서는 채권과 유사하지만, 배당금 지급 시 법인 비용처리가 불가하다는 점에서 차이점이 있다.

우선주와 채권의 비교

유사점	차이점
• 정해진 현금흐름의 정기적 지급(채권의 이자, 우선주의 배당금)	• 우선주 배당금 지급 시 법인 비용처리 불가
• 회사경영에 대한 의결권 미부여	• 우선주 배당금의 일부는 기관투자가에게 익금불산입
• 회사 순이익을 공유하지 않음	• 우선주 투자자에게 배당금 미지급 시에도 발행주체는 파산하지 않음
• 조기상환(채권) or 상환(우선주) 가능	• 회계처리가 다름
• 감채기금 적립 가능	• 우선주는 보통주로 전환 가능한 경우 있음
• 발행주체의 파산 시 보통주보다 우선	• 우선주 배당금은 회계기간 종료 후 지급, 채권의 이자는 3개월마다 지급

답 ②

04 현행 상속제도에 대한 설명으로 옳은 것은? ★★★

① 상속은 사망한 시점이 아니라 사망한 사실이 가족관계등록부에 기재된 시점에서 개시된다.

② 피상속인에게 어머니, 배우자, 2명의 자녀, 2명의 손자녀가 있을 경우 배우자의 상속분은 1.5/3.5이다.

③ 친양자입양제도에 따라 2008년 1월 1일 이후에 입양된 친양자는 친생부모 및 양부모의 재산을 모두 상속받을 수 있다.

④ 유언의 방식 중 공정증서 또는 자필증서에 의한 경우에는 가정 법원의 유언검인심판서를 징구하여 유언의 적법성 여부를 확인하여야 한다.

 ① 상속은 사망한 시점에서 개시되며 사망한 사실이 가족관계등록부에 기재된 시점에서 개시되는 것은 아니다.
③ 2008년 1월 1일부터 시행된 친양자입양제도에 따라 입양된 친양자는 친생부모와의 친족관계 및 상속관계가 모두 종료되므로 생가부모의 예금을 상속하지는 못한다.
④ 유언의 방식 중 공정증서 또는 법원의 검인을 받은 구수증서에 의한 것이 아닌 경우에는 가정 법원의 유언검인심판서를 징구하여 유언의 적법성 여부를 확인하여야 한다.

답 ②

05 〈보기〉에서 체크카드에 대한 설명으로 옳은 것을 모두 고른 것은? 〈변형〉 ★

보기
ㄱ. 우체국 법인용 체크카드에는 지역사랑상품권, Biz플러스 등이 있다.
ㄴ. 우체국 체크카드 발급대상은 개인형 일반 상품의 가입연령은 12세 이상이다.
ㄷ. 고객의 신용등급에 따라 소액의 신용공여가 부여된 하이브리드형 카드를 발급받아 이용할 수 있다.
ㄹ. 증권사나 종합금융회사의 MMF를 결제계좌로 하는 체크카드도 발급이 가능하다.

① ㄱ, ㄴ
② ㄱ, ㄹ
③ ㄴ, ㄷ
④ ㄷ, ㄹ

 ㄱ. 지역사랑상품권은 법인용 체크카드가 아니라 개인용 체크카드에 해당한다.
ㄹ. 우체국 체크카드는 우체국 결제계좌 잔액의 범위 내에서 지불결제 및 현금카드 기능을 부여하고 있으며, 증권사나 종합금융회사의 MMF를 결제계좌로 하는 것은 불가능하다.

답 ③

06 우체국금융에 대한 설명으로 옳은 것은? ★

① 1905년부터 우편저금, 우편환과 우편보험을 실시하였다.
② 1982년 12월 제정된 「우체국예금 · 보험에 관한 법률」에 의거하여 1983년 1월부터 금융사업이 재개되었다.
③ 우체국의 금융업무에는 우체국예금, 우체국보험, 주택청약저축, 신탁, 펀드판매 등이 있다.
④ 우체국예금의 타인자본에는 예금을 통한 예수부채와 채권의 발행 등을 통한 차입부채가 있다.

① 우체국금융은 1905년 우편저금과 우편환을, 1929년 우편보험을 실시한 이후 전국 각지에 고루 분포되어 있는 우체국을 금융창구로 활용하여 국민들에게 각종 금융서비스를 제공하고 있다.
③ 우체국의 금융업무로는 우체국예금, 우체국보험은 물론이고 이외에 우편환, 우편대체, 체크카드, 집합투자증권(펀드)판매, 외국환, 전자금융 업무 등이 있다.
④ 타인자본에는 예금을 통한 예수부채만 있고, 은행채의 발행 등을 통한 차입 혹은 금융기관 등으로부터의 차입을 통한 차입부채는 없다.

답 ②

07 〈보기〉에서 우체국 예금상품에 대한 설명으로 옳은 것은 모두 몇 개인가? 〈변형〉 ★

보기
ㄱ. 우체국 희망지킴이통장: 기초생활보장, 기초(노령)연금, 장애인연금, 장애(아동)수당 등의 기초생활 수급권 보호를 위한 압류방지 전용 통장
ㄴ. 이웃사랑정기예금: 사회 소외계층과 사랑나눔 실천자 및 읍 · 면 단위 지역에 거주하는 농어촌 지역 주민의 경제생활 지원을 위한 공익형 정기예금
ㄷ. 우체국 편리한 e정기예금: 만 50세 이상 중년층 고객을 위한 우대이율 및 세무, 보험 등 부가서비스를 제공하는 정기예금
ㄹ. 우체국 다드림적금: 주거래 고객 확보 및 혜택 제공을 목적으로 각종 이체 실적 보유 고객, 장기거래 등 주거래 이용 실적이 많을수록 우대 혜택이 커지는 자유적립식 예금

① 1개   ② 2개
③ 3개   ④ 4개

ㄱ. (×) 우체국 행복지킴이통장에 대한 설명이다.
ㄷ. (×) 우체국 편리한 e정기예금: 보너스입금, 비상금 출금, 자동 재예치, 만기 자동해지 서비스로 편리한 목돈 활용이 가능한 디지털전용 정기예금이다.

답 ②

08 밑줄 친 ( )에서 제공하는 주요 서비스 내용으로 옳은 것은? 〈변형〉 ★★

> (____)은/는 우체국예금 모바일뱅킹에 핀테크를 접목시켜 간편결제 및 간편송금 등 핀테크 서비스를 제공하는 앱이다.

① 수신자의 휴대전화 번호만 알면 경조금 및 경조카드를 보낼 수 있다.
② 우체국 통합멤버십 가입 및 이용이 불가능하다.
③ 보이스피싱 신고는 인터넷뱅킹과 폰뱅킹에서 가능하다.
④ 증명서 발급 등 전자문서지갑 기능을 제공한다.

 제시문은 우체국페이에 대한 설명이다.
① 우체국페이는 우체국예금 모바일뱅킹에 핀테크를 접목시켜 간편결제 및 간편송금 등 핀테크 서비스를 제공하는 앱이다. 우체국페이 앱(App)을 통해 현금 또는 카드 없이 스마트폰만으로 지불 결제를 진행하고, 휴대전화번호만 알면 경조카드와 함께 경조금을 보낼 수 있다.
② 우체국 통합멤버십 가입 및 이용이 가능하여 우체국 쇼핑 · 체크카드 등에서 발생한 우체국 포인트를 통합적으로 관리할 수 있다.
③ 보이스피싱 신고는 폰뱅킹 서비스에서 제공하는 기능이다.
④ 우체국뱅킹에서 제공하는 기능이다.

답 ①

09 금융실명거래 시 실명확인 방법에 대한 설명으로 옳지 <u>않은</u> 것은? 〈변형〉 ★★★

① 금융회사 본부의 비영업부서 근무직원이라도 실명확인 관련 업무를 처리하도록 지시받은 경우에는 실명확인을 할 수 있다.
② 금융회사의 임 · 직원이 아닌 대출모집인이나 보험모집인 등 업무수탁자는 실명확인을 할 수 없다.
③ 대리인을 통하여 계좌개설을 할 경우 본인 및 대리인 모두의 실명확인증표와 첨부된 위임장의 진위 여부 확인을 위한 인감증명서 및 본인서명사실확인서를 제시받아 실명확인을 하되 본인의 실명확인증표는 사본으로도 가능하다.
④ 재예치 계좌를 개설할 때에는 기존 계좌 개설 당시에 고객으로부터 징구하여 보관 중인 실명확인증표 사본을 재사용할 수 있다.

 ④ 계좌 개설 시(신규 및 재예치)마다 실명확인증표 원본에 의하여 실명을 확인하여 거래원장, 거래신청서, 계약서 등에 "실명확인필"을 표시하고 확인자가 날인 또는 서명(동시에 다수의 계좌를 개설하는 경우 기실명확인된 실명확인증표는 재사용 가능하다)해야 한다. 실명이 확인된 계좌에 의한 계속거래라 하는 것은 실명확인된 계좌의 입출금, 해지 및 이체 등을 말한다. 재예치 등 계좌가 새로 개설되는 경우는 계속거래가 아니다.

답 ④

10 〈보기〉에서 자금세탁방지제도에 대한 설명으로 옳은 것을 모두 고른 것은? 〈변형〉 ★★

보기
ㄱ. 금융감독원은 금융기관 등으로부터 자금세탁관련 의심거래를 수집·분석하여 불법거래, 자금세탁행위 또는 공중협박 자금조달행위와 관련된다고 판단되는 금융거래 자료를 법 집행기관에 제공한다.
ㄴ. 고객확인제도는 금융회사가 고객과 거래 시 자금세탁행위 등의 우려가 있는 경우 실제 당사자 여부 및 금융거래 목적을 확인하는 제도로, 금융실명제가 포함하지 않고 있는 사항을 보완하는 차원에서 「금융실명거래 및 비밀보장에 관한 법률」을 개정하고 이 제도를 도입하였다.
ㄷ. 고액현금거래보고제도는 1일 거래일 동안 1천만 원 이상의 현금을 입금하거나 출금한 경우 거래자의 신원과 거래일시, 거래금액 등 객관적 사실을 전산으로 자동 보고하는 것이다.
ㄹ. 의심거래보고를 허위보고 하는 경우 1년 이하의 징역 또는 1천만 원 이하의 벌금에 처하며, 미보고하는 경우 3천만 원 이하의 과태료 부과도 가능하다.

① ㄱ, ㄴ   ② ㄱ, ㄹ
③ ㄴ, ㄷ   ④ ㄷ, ㄹ

해설
ㄱ. 금융감독원이 아니라 금융정보분석기구(Financial Intelligence Unit, FIU)에 대한 설명이다. 금융정보분석기구는 금융기관으로부터 자금세탁 관련 의심거래보고 등 금융정보를 수집·분석하여, 이를 법 집행기관에 제공하는 중앙 국가기관이다.
ㄴ. 우리나라가 1993년부터 시행하고 있는 금융실명제는 고객확인제도의 기초에 해당한다. 국제적으로 고객확인제도는 2003년부터 본격적으로 도입되었고, 우리나라는 금융실명제를 토대로 하되 금융실명제가 포함하지 않고 있는 사항을 보완하는 차원에서 「특정금융정보법」에 근거를 두고 2006년 1월 18일부터 이 제도를 도입하였다. 2010년 7월 새롭게 제정·시행된 「자금세탁방지 및 공중협박자금조달금지에 관한 업무규정(금융정보분석원 고시)」에서는 고객확인제도의 이행사항을 상세하게 규정하고 있다.

답 ④

11 〈보기〉에서 생명보험계약 관계자에 대한 설명으로 옳은 것을 모두 고른 것은? ★★

ㄱ. 보험계약자와 피보험자는 1인 또는 다수 모두 가능하다.
ㄴ. 피보험자와 보험계약자가 각각 다른 사람일 경우 '타인을 위한 보험'이라고 한다.
ㄷ. 보험계약자가 보험계약 시 보험수익자를 지정하지 않은 경우 생존보험금 발생 시 보험수익자는 피보험자이다.
ㄹ. 보험중개사는 독립적으로 보험계약 체결을 중개하는 자로 계약체결권, 고지수령권, 보험료 수령권에 대한 권한이 없다.

① ㄱ, ㄴ   ② ㄱ, ㄹ
③ ㄴ, ㄷ   ④ ㄷ, ㄹ

해설
ㄴ. 피보험자와 보험계약자가 각각 다른 사람일 경우가 아니라 보험수익자와 보험계약자가 동일한 경우 '자기를 위한 보험', 양자가 각각 다른 사람일 경우 '타인을 위한 보험'이라 한다.
ㄷ. 계약자가 보험계약 시 보험수익자를 지정하지 않은 경우 보험사고에 따라 보험수익자가 결정된다. 장해 · 입원 · 수술 · 통원급부금 등의 보험수익자는 피보험자이고, 생존보험금 발생 시 보험수익자는 보험계약자이다.

답 ②

12 우체국보험적립금에 대한 설명으로 옳지 않은 것은? ★★

① 과학기술정보통신부장관이 운용 · 관리한다.
② 보험계약자를 위한 대출제도 운영에 사용된다.
③ 「우체국예금 · 보험에 관한 법률」에 근거를 두고 있다.
④ 순보험료, 운용수익 및 회계의 세입 · 세출 결산상 잉여금으로 조성한다.

해설
③ 「우체국예금 · 보험에 관한 법률」이 아니라 「우체국보험특별회계법」 제4조에 근거를 두고 있다.

답 ③

13 〈보기〉에서 월적립식 저축성보험의 보험차익 비과세 요건에 대한 설명으로 옳은 것은 모두 몇 개인가?

★★★

ㄱ. 최초 납입일로부터 납입기간이 5년 이상인 월적립식 보험계약

ㄴ. 최초로 보험료를 납입한 날부터 만기일 또는 중도해지일까지의 기간이 10년 이상

ㄷ. 2017년 4월 1일 이후 가입한 보험계약에 한하여 보험계약자 1명당 매월 납입하는 보험료 합계액이 250만 원 이하

ㄹ. 최초 납입일로부터 매월 납입하는 기본보험료가 균등(최초 계약 기본보험료의 1배 이내로 기본보험료를 증액하는 경우 포함)하고 기본보험료의 선납기간이 6개월 이내

① 1개   ② 2개

③ 3개   ④ 4개

해설 ㄷ. (×) 2017년 4월 1일 이후 가입한 보험계약에 한하여 보험계약자 1명당 매월 납입하는 보험료 합계액이 150만 원 이하이면 비과세 요건에 해당한다.

월적립식 저축성보험의 비과세 요건

「소득세법 시행령」 제25조(저축성보험의 보험차익)

③ 법 제16조 제1항 제9호 가목에서 "대통령령으로 정하는 요건을 갖춘 보험"이란 보험계약 체결시점부터 다음 각 호의 어느 하나에 해당하는 보험을 말한다.

1. 계약자 1명당 납입할 보험료 합계액[계약자가 가입한 모든 저축성보험계약(제2호에 따른 저축성보험 및 제4항에 따른 종신형 연금보험은 제외한다)의 보험료 합계액을 말한다]이 다음 각 목의 구분에 따른 금액 이하인 저축성보험. 다만, 최초로 보험료를 납입한 날(이하 이 조에서 "최초납입일"이라 한다)부터 만기일 또는 중도해지일까지의 기간은 10년 이상이지만 납입한 보험료를 최초납입일부터 10년이 경과하기 전에 확정된 기간 동안 연금형태로 분할하여 지급받는 경우는 제외한다.

   가. 2017년 3월 31일까지 체결하는 보험계약의 경우: 2억 원

   나. 2017년 4월 1일부터 체결하는 보험계약의 경우: 1억 원

2. 다음 각 목의 요건을 모두 갖춘 월적립식 저축성보험

   가. 최초납입일부터 납입기간이 5년 이상인 월적립식 보험계약일 것

   나. 최초납입일부터 매월 납입하는 기본보험료가 균등(최초 계약한 기본보험료의 1배 이내로 기본보험료를 증액하는 경우를 포함한다)하고, 기본보험료의 선납기간이 6개월 이내일 것

   다. 계약자 1명당 매월 납입하는 보험료 합계액[계약자가 가입한 모든 월적립식 보험계약(만기에 환급되는 금액이 납입보험료를 초과하지 아니하는 보험계약으로서 기획재정부령으로 정하는 것은 제외한다)의 기본보험료, 추가로 납입하는 보험료 등 월별로 납입하는 보험료를 기획재정부령으로 정하는 방식에 따라 계산한 합계액을 말한다]이 150만 원 이하일 것(2017년 4월 1일부터 체결하는 보험계약으로 한정한다)

답 ③

14 우체국 보험상품별 보장개시일에 대한 설명으로 옳은 것은? 〈변형〉 　　　　　　　★★

① 무배당 우체국당뇨안심보험 2109의 당뇨보장개시일은 계약일(부활일)부터 그 날을 포함하여 180
　　일이 지난 날의 다음 날이다.
② 무배당 우체국치매간병보험 2109의 치매보장개시일은 질병으로 인하여 치매상태가 발생한 경우,
　　계약일(부활일)부터 그 날을 포함하여 1년이 지난 날의 다음 날이다.
③ 무배당 우체국암케어보험 2406의 피보험자 나이가 10세인 경우, 암보장개시일은 계약일(부활일)
　　부터 그 날을 포함하여 90일이 지난 날의 다음 날이다.
④ 무배당 우체국요양보험 2109의 장기요양상태 보장개시일은 재해를 직접적인 원인으로 장기요양상
　　태가 발생한 경우, 계약일(부활일)부터 그 날을 포함하여 180일이 지난 날의 다음 날이다.

① 당뇨보장개시일은 계약일(부활일)부터 그 날을 포함하여 1년이 지난 날의 다음 날로 한다.
③ 암보장개시일은 계약일(부활일)부터 그 날을 포함하여 90일이 지난 날의 다음 날로 한다[피보험자 나이가 15세 미
　만인 경우 암보장개시일은 계약일(부활일)로 함].
④ 장기요양상태 보장개시일은 계약일(부활일)부터 그 날을 포함하여 180일이 지난 날의 다음 날로 한다. 단, 재해를 직
　접적인 원인으로 장기요양상태가 발생한 경우 장기요양상태 보장개시일은 계약일(부활일)로 한다.

답 ②

15 우체국 연금보험상품에 대한 설명으로 옳은 것은? 　　　　　　　★★★

① 무배당 우체국연금저축보험(이전형) 2109는 기본보험료가 일시납일 경우에는 납입한도액이 없다.
② 어깨동무연금보험 2109는 장애인전용연금보험으로 55세부터 연금 수령이 가능하다.
③ 무배당 우체국연금보험 2109는 연간 400만 원 한도 내에서 납입한 보험료에 대해 세액공제 혜택을
　　제공한다.
④ 우체국연금저축보험 2109는 계약일 이후 1개월이 지난 후부터 연금개시나이 계약해당일까지 보험
　　료 추가납입이 가능하다.

② 장애인 부모의 부양능력 약화 위험 및 장애아동을 고려해 20세부터 연금 수령이 가능하다.
③ 연금보험(단, 연금저축계좌에 해당하는 보험은 제외)의 최초 연금액은 피보험자 1인당 1년에 900만 원 이하로 한다.
　다만, 연금보험 중 「소득세법 시행령」 제40조의2 제2항 제1호에 따른 연금저축계좌에 해당하는 보험의 보험료 납입
　금액은 피보험자 1인당 연간 900만 원 이하로 한다.
④ 추가납입보험료는 계약일 이후 1개월이 지난 후부터 (연금개시나이 - 1)세 계약해당일까지 납입 가능하다.

답 ①

16 무배당 우체국급여실손의료비보험(갱신형) 2109에 대한 설명으로 옳은 것은? ★★

① 보장내용 변경주기는 3년이며, 종신까지 재가입이 가능하다.
② 최초계약 가입나이는 0세부터 60세까지이며, 임신 23주 이내의 태아도 가입이 가능하다.
③ 갱신 직전 '무사고 할인판정기간' 동안 보험금 지급 실적이 없는 경우, 갱신일부터 차기 보험기간 1년 동안 보험료의 5%를 할인해 준다.
④ 비급여실손의료비특약의 갱신보험료는 갱신 직전 '요율상대도 판정기간' 동안의 비급여특약에 따른 보험금 지급 실적을 고려하여 영업보험료에 할인·할증요율을 적용한다.

① 보장내용 변경주기는 3년이 아니라 5년이다.
③ 갱신(또는 재가입) 직전 '무사고 할인판정기간' 동안 보험금 지급 실적[급여 의료비 중 본인부담금 및 4대 중증질환 (암, 뇌혈관질환, 심장질환, 희귀난치성질환)으로 인한 비급여의료비에 대한 보험금은 제외]이 없는 계약을 대상으로 갱신일(또는 재가입일)부터 차기 보험기간 1년 동안 보험료의 10%를 할인해 준다.
④ 갱신 직전 '요율상대도 판정기간' 동안의 비급여특약에 따른 보험금 지급 실적을 고려하여 보험료 갱신 시 순보험료 (비급여특약의 순보험료 총액을 대상)에 요율 상대도(할인·할증요율)를 적용한다.

답 ②

17 〈보기〉에서 우체국보험 청약서비스에 대한 설명으로 옳은 것을 모두 고른 것은? ★★

ㄱ. 보험계약자가 성인인 계약에 한해서 태블릿청약 이용이 가능하다.
ㄴ. 타인계약 또는 미성년자(만 19세 미만자) 계약도 전자청약이 가능하다.
ㄷ. 전자청약과 태블릿청약을 이용하는 고객에게는 제2회 이후 보험료 자동이체 시 0.5%의 할인이 적용된다.
ㄹ. 전자청약은 가입설계서를 발행한 계약으로 전자청약 전환을 신청한 계약에 한하며, 가입설계일로부터 10일(비영업일 제외) 이내에만 가능하다.

① ㄱ, ㄷ
② ㄱ, ㄹ
③ ㄴ, ㄷ
④ ㄴ, ㄹ

해설
ㄴ. 타인계약(계약자와 피보험자가 다른 경우 또는 피보험자와 수익자가 다른 경우), 미성년자계약 등은 전자청약이 불가하다.
ㄹ. 전자청약이 가능한 계약은 가입설계서를 발행한 계약으로 전자청약 전환을 신청한 계약에 한하며, 가입설계일로부터 10일(비영업일 포함) 이내에 한하여 가능하다.

답 ①

18 우체국보험 환급금 대출에 대한 설명으로 옳은 것은? ★

① 보험계약자는 계약상태의 유효 또는 실효 여부에 관계없이 대출 받을 수 있다.
② 무배당 파워적립보험 2109는 해약환급금의 최대 80% 이내에서 1만 원 단위로 대출이 가능하다.
③ 즉시연금보험 및 우체국연금보험 1종은 해약환급금의 최대 85% 이내에서 1만 원 단위로 대출이 가능하다.
④ 무배당 우체국하나로OK건강종신보험 2402는 해약환급금의 최대 95% 이내에서 1천 원 단위로 대출이 가능하다.

① 대출자격은 유효한 보험계약을 보유하고 있는 우체국보험 계약자로 한다.
② 무배당 파워적립보험 2109는 저축성보험이므로 해약환급금의 최대 95% 이내에서 1만 원 단위로 대출이 가능하다.
④ 무배당 우체국하나로OK건강종신보험 2402는 보장성보험이므로 해약환급금의 최대 85% 이내에서 1만 원 단위로 대출이 가능하다.

답 ③

19 〈보기〉에서 우체국보험 보험료 납입에 대한 설명으로 옳은 것은 모두 몇 개인가? ★★

보기
ㄱ. 보험료의 납입기간에 따라 전기납, 단기납, 일시납으로 분류된다.
ㄴ. 보험료 자동이체 약정은 유지 중인 계약에 한해서 처리가 가능하며, 보험계약자 본인에게만 신청·변경 권한이 있다.
ㄷ. 계속보험료 실시간이체는 자동이체 약정 여부에 관계없이 처리가 가능하며, 계약상태가 정상인 계약만 가능하다.
ㄹ. 보험료의 자동대출납입기간은 최초 자동대출납입일부터 1년을 한도로 하며, 그 이후의 기간은 보험계약자의 별도 의사표시가 없으면 자동 연장된다.

① 1개   ② 2개
③ 3개   ④ 4개

ㄷ. (○) 실시간이체는 고객요청 시 즉시 계약자의 계좌 또는 보험료 자동이체 계좌에서 현금을 인출하여 보험료를 납부하는 제도로 자동이체 약정 여부에 관계없이 처리가 가능하며, 계약상태가 정상인 계약만 가능하다.
ㄱ. (×) 보험료의 납입기간에 따라 전기납, 단기납으로 분류된다. 보험료 납입을 보험기간(보장기간)의 전 기간에 걸쳐서 납부하는 보험을 전기납(全期納)보험이라 하며, 보험료의 납입기간이 보험기간보다 짧은 기간에 종료되는 보험을 단기납(短期納)보험이라 한다.
ㄴ. (×) 자동이체 약정은 유지 중인 계약에 한해서 처리가 가능하며, 관련 법령 「전자금융거래법」 제15조(추심이체의 출금 동의)에 따라 예금주 본인에게만 신청·변경 권한이 있다.
ㄹ. (×) 보험료의 자동대출납입기간은 최초 자동대출납입일부터 1년을 한도로 하며 그 이후의 기간에 대한 보험료의 자동대출납입을 위해서는 재신청을 하여야 한다.

답 ①

20 보험계약에 대한 설명으로 옳은 것은?　★★

① 고지의무자는 보험계약자, 피보험자 및 보험수익자이다.
② 보험계약자는 보험가입증서(보험증권)를 받은 날부터 30일 이내에 청약을 철회할 수 있다.
③ 보험자는 계약을 체결한 날부터 2년이 지난 경우에는 고지의무 위반으로 인한 계약해지를 할 수 없다.
④ 보험자는 보험계약이 성립하고 보험계약자가 보험료의 전부 또는 최초의 보험료를 지급한 때에는 지체없이 보험가입증서(보험증권)를 작성하여 보험계약자에게 교부하여야 한다.

> **해설**
> ① 고지의무자란 보험계약법상 고지할 의무를 부담하는 보험계약자, 피보험자 및 이들의 대리인이다.
> ② 보험계약자는 보험가입증서(보험증권)를 받은 날부터 15일 이내에 그 청약을 철회할 수 있다.
> ③ 계약을 체결한 날부터 3년이 지나면 고지의무 위반으로 계약을 해지할 수 없다.
>
> 답 ④

03

컴퓨터일반(기초영어 포함)

※ 2024년도 시험부터 제외되는 '자료구조알고리즘'과 '프로그래밍언어론' 문항은 ×표시하였습니다.

01 다음 가중치 그래프에서 최소 비용 신장 트리(Minimum Cost Spanning Tree)의 가중치 합은? ★★

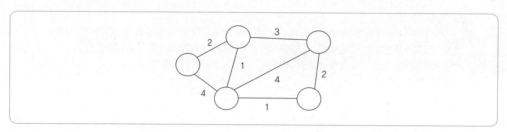

① 4   ② 6

③ 13   ④ 17

해설 ② 이 그래프에서 최소의 비용으로 5개의 모든 정점(Node)을 연결하려면 4개의 간선(Branch) 1, 1, 2, 2를 고르면 된다. 따라서 가중치의 합은 6이다.

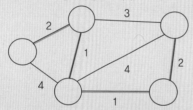

- 신장 트리(Spanning Tree): 최소 개수의 간선으로 그래프상의 모든 정점을 연결한 트리
- 최소 비용 신장 트리(Minimum Cost Spanning Tree): 신장 트리들 중 간선의 가중치 합이 가장 작은 트리

답 ②

02 다음은 정렬 알고리즘을 이용해 초기 단계의 데이터를 완료 단계의 데이터로 정렬하는 과정을 보여 준다. 이 과정에 사용된 정렬 알고리즘으로 적절한 것은? ★★★

단계	데이터					
초기	534	821	436	773	348	512
1	821	512	773	534	436	348
2	512	821	534	436	348	773
완료	348	436	512	534	773	821

① 기수(radix) 정렬 ② 버블(bubble) 정렬
③ 삽입(insertion) 정렬 ④ 선택(selection) 정렬

 해설

① 기수 정렬: 정렬할 데이터의 기수 값에 따라 같은 수 또는 같은 문자끼리 그 순서에 맞게 분배하였다가 버킷의 순서대로 데이터를 꺼내어 정렬하는 방법

1단계	초기 데이터를 일의 자리 수를 기준으로 분배하여 순서대로 정렬 → 821, 512, 773, 534, 436, 348
2단계	1단계 데이터를 십의 자리 수를 기준으로 분배하여 순서대로 정렬 → 512, 821, 534, 436, 348, 773
완료 단계	2단계 데이터를 백의 자리 수를 기준으로 분배하여 순서대로 정렬 → 348, 436, 512, 534, 773, 821

② 버블 정렬: 인접한 데이터와 비교하여 위치가 맞지 않을 경우 서로 자리를 교환하는 방법
③ 삽입 정렬: 기준이 되는 키 값의 앞쪽 자료들의 값과 비교하여 자신의 위치를 찾아 삽입하여 정렬하는 방법
④ 선택 정렬: 기준 위치의 데이터와 비교 대상 데이터의 크기 값을 비교하여 크기 위치가 맞지 않으면 자리를 교환하는 방법

답 ①

03 노드의 수가 60개인 이진 트리의 최대 높이에서 최소 높이를 뺀 값은? ★

① 53 ② 54

③ 55 ④ 56

04 〈보기〉에서 TCP에 대한 설명으로 옳은 것을 모두 고른 것은? ★★

보기
ㄱ. RTT(Round Trip Time) 측정이 필요하다.
ㄴ. 하나의 TCP 연결로 양방향 데이터 전달이 가능하다.
ㄷ. 라우터 혼잡을 피하기 위해 흐름 제어(flow control)를 수행한다.
ㄹ. TCP 헤더(옵션 제외)에 데이터의 길이 정보를 나타내는 길이 필드(length field)가 존재한다.
ㅁ. 순서(sequence) 번호와 확인(acknowledgement) 번호를 사용한다.

① ㄱ, ㄷ ② ㄱ, ㄴ, ㄹ

③ ㄱ, ㄴ, ㅁ ④ ㄴ, ㄷ, ㅁ

05 이메일 서비스에서 사용되는 프로토콜로 적절하지 <u>않은</u> 것은? ★

① DNS
② HTTP
③ RTP
④ TCP

06 운영체제 유형에 대한 〈보기〉의 설명 중 옳은 것의 총 개수는? ★★

보기
ㄱ. 다중 프로그래밍 시스템은 CPU가 유휴상태가 될 때, CPU 작업을 필요로 하는 여러 작업 중 한 작업이 CPU를 사용할 수 있도록 한다.
ㄴ. 다중 처리 시스템에서는 CPU 사이의 연결, 상호작업, 역할 분담 등이 고려되어야 한다.
ㄷ. 시분할 시스템은 CPU가 비선점 스케줄링 방식으로 여러 개의 작업을 교대로 수행한다.
ㄹ. 실시간 처리 시스템은 작업 실행에 대한 시간제약 조건이 있으므로 선점 스케줄링 방식을 이용한다.
ㅁ. 다중 프로그래밍 시스템의 목적은 CPU 활용의 극대화에 있으며, 시분할 시스템은 응답시간의 최소화에 목적이 있다.

① 1개
② 2개
③ 3개
④ 4개

07 가상 메모리에 대한 〈보기〉의 설명 중 옳은 것을 모두 고른 것은? ★★

보기

ㄱ. 인위적 연속성이란 프로세스의 가상주소 공간상의 연속적인 주소가 실제 기억장치에서도 연속성이 보장되어야 함을 의미한다.

ㄴ. 다중 프로그래밍 정도가 높은 경우, 프로세스가 프로그램 수행시간보다 페이지 교환시간에 더 많은 시간을 소요하고 있다면 스레싱(thrashing) 현상이 발생한 것이다.

ㄷ. 프로세스를 실행하는 동안 일부 페이지만 집중적으로 참조하는 경우를 지역성(locality)이라 하며, 배열 순회는 공간 지역성의 예이다.

ㄹ. 프로세스가 자주 참조하는 페이지의 집합을 작업 집합(working set)이라 하며, 작업 집합은 최초 한번 결정되면 그 이후부터는 변하지 않는다.

① ㄱ, ㄴ
② ㄱ, ㄹ
③ ㄴ, ㄷ
④ ㄴ, ㄷ, ㄹ

해설

ㄱ. 인위적 연속성이란 프로세스의 가상주소 공간상의 연속적인 주소가 실제 기억장치에서도 반드시 연속적일 필요는 없다는 의미이다.

ㄹ. 프로세스를 실행하는 동안 작업 집합은 계속 변화한다. 작업 집합이 가장 커지는 시기를 과도기, 크기 변동이 완만한 시기를 안정기라고 부른다.

가상 메모리(Virtual Memory)

• 컴퓨터의 물리적 메모리보다 많은 메모리를 사용하기 위해 각 프로그램에 실제 메모리 주소가 아닌 가상의 메모리 주소를 주는 방식이다.

• 각 프로그램이 물리적 메모리를 최소한으로 사용하기 때문에 CPU의 효율이 증가해 더 많은 프로그램을 동시에 실행할 수 있다.

답 ③

---

08 운영체제상의 프로세스(process)에 관한 설명으로 옳지 않은 것은? ★★

① 프로세스의 영역 중 스택 영역은 동적 메모리 할당에 활용된다.

② 디스패치(dispatch)는 CPU 스케줄러가 준비 상태의 프로세스 중 하나를 골라 실행 상태로 바꾸는 작업을 말한다.

③ 프로세스 제어 블록(process control block)은 프로세스 식별자, 메모리 관련 정보, 프로세스가 사용했던 중간값을 포함한다.

④ 문맥교환(context switching)은 CPU를 점유하고 있는 프로세스를 CPU에서 내보내고 새로운 프로세스를 받아들이는 작업이다.

해설

① 프로세스의 영역 중 스택(Stack) 영역은 지역 변수 할당에 활용되며, 힙(Heap) 영역은 동적 메모리 할당에 활용된다.

답 ①

09 조직의 내부나 외부에 분산된 여러 데이터 소스로부터 필요로 하는 데이터를 검색하여 수동 혹은 자동
으로 수집하는 과정과 관련된 기술에 해당하지 <u>않는</u> 것은?　　　　　　　　　　　　　　　★★

① ETL(Extraction, Transformation, Loading)
② 로그 수집기
③ 맵리듀스(MapReduce)
④ 크롤링(crawling)

> 해설 ③ 맵리듀스(MapReduce)는 2004년 구글이 대용량의 데이터를 처리하기 위해 개발한 소프트웨어 프레임워크이며, 데
> 이터를 분산 처리하는 맵(Map) 단계와 이를 다시 합치는 리듀스(Reduce) 단계로 이루어졌다.
>
> 　　　정답 ③

10 기계학습(machine learning)에 대한 설명으로 옳지 <u>않은</u> 것은?　　　　　　　　　　　　★

① 강화학습은 기계가 환경과 상호작용하면서 시행착오 과정에서의 보상을 통해 학습을 수행한다.
② 기계학습 모델의 성능 기준으로 사용되는 F1 점수(score)는 정밀도(precision)와 검출률(recall)을
　동시에 고려한 조화평균 값이다.
③ 치매환자의 뇌 영상 분류를 위해서 기존에 잘 만들어진 영상 분류 모델에 새로운 종류의 뇌 영상 데
　이터를 확장하여 학습시키는 방법은 전이학습(transfer learning)의 예이다.
④ 비지도학습은 라벨(label) 정보를 포함하고 있는 훈련 데이터를 사용하며, 주가나 환율 변화, 유가
　예측 등의 회귀(regression) 문제에 적용된다.

> 해설 ④ 기계학습에서 비지도학습을 위한 모델은 군집화(Clustering), 지도학습을 위한 모델은 분류(Classification)와 예측
> (Prediction)으로 구분된다. 지도학습의 분류 모델은 서포트 벡터 머신(Support Vector Machine, SVM), 의사결정 트
> 리(Decision Tree) 등이 있으며, 예측 모델로는 회귀(regression)가 대표적이다. 따라서 회귀 문제는 비지도학습이
> 아닌 지도학습에 적용된다.
>
> 　　　정답 ④

11 다음 E-R 다이어그램을 관계형 스키마로 올바르게 변환한 것은?(단, 속성명의 밑줄은 해당 속성이 기본키임을 의미한다)　　★★★

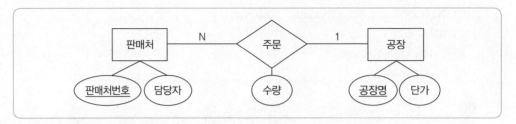

① 판매처(<u>판매처번호</u>, 담당자)
　공장(<u>공장명</u>, 단가, 판매처번호, 수량)
② 판매처(<u>판매처번호</u>, 담당자, 공장명, 수량)
　공장(<u>공장명</u>, 단가)
③ 판매처(<u>판매처번호</u>, 담당자)
　주문(<u>판매처번호</u>, 수량)
　공장(<u>공장명</u>, 단가)
④ 판매처(<u>판매처번호</u>, 담당자)
　주문(<u>공장명</u>, 수량), 공장(<u>공장명</u>, 단가)

> ② 주문 관계에서 판매처 객체는 N측이고, 공장 객체는 1측이므로 공장의 기본키를 N측에 외래키로 설정해야 한다. 또한 관계의 속성들도 판매처 객체(N측) 관계에 포함시켜야 한다. 따라서 판매처 객체(N측)에 공장 객체(1측)의 기본키에 해당하는 공장명 속성이 추가된다.
>
> 　　　　　　　　　　　　　　　　　　　　　　　　　　　　　　　　　　　　🗐 ②

12 데이터베이스상의 병행제어를 위한 로킹(locking) 기법에 대한 〈보기〉의 설명 중 옳은 것의 총 개수는?

★★

ㄱ. 로크(lock)는 하나의 트랜잭션이 데이터를 접근하는 동안 다른 트랜잭션이 그 데이터를 접근할 수 없도록 제어하는 데 쓰인다.

ㄴ. 트랜잭션이 로크한 데이터에 대해서는 해당 트랜잭션이 종료되기 전에 해당 데이터에 대한 언로크(unlock)를 실행하여야 한다.

ㄷ. 로킹의 단위가 작아질수록 로크의 수가 많아서 관리가 복잡해지지만 병행성 수준은 높아지는 장점이 있다.

ㄹ. 2단계 로킹 규약을 적용하면 트랜잭션의 직렬 가능성을 보장할 수 있어서 교착상태 발생을 예방할 수 있다.

① 1개   ② 2개

③ 3개   ④ 4개

해설 ㄹ. (×) 2단계 로킹 규약을 적용하면 트랜잭션의 직렬 가능성을 보장할 수 있지만 교착상태 발생을 예방할 수는 없다.

교착상태(Deadlock)
- 두 개 이상의 트랜잭션이 있을 때 서로 실행이 완료되기를 무한정 기다리는 상태를 말한다.
- 교착상태를 해결하기 위한 방법으로는 회피(Avoidance), 예방(Prevention), 탐지(Detection) 등이 있다.

답 ③

13 기능점수에 대한 〈보기〉의 설명 중 옳은 것의 총 개수는? ★★

ㄱ. 소프트웨어가 사용자에게 제공하는 기능의 수를 수치로 정량화하여 소프트웨어의 규모를 산정하는 데 주로 사용한다.

ㄴ. 트랜잭션의 기능을 측정하기 위한 기준으로 내부입력, 내부출력, 내부조회가 있다.

ㄷ. 응용 패키지의 규모 산정, 소프트웨어의 품질 및 생산성 분석, 소프트웨어 개발과 유지보수를 위한 비용 및 소요자원 산정 등에 사용할 수 있다.

ㄹ. 기능점수 산출 시 적용되는 조정인자는 시스템의 특성을 반영하지 않는다.

① 1개   ② 2개
③ 3개   ④ 4개

해설

ㄴ. (×) 트랜잭션의 기능을 측정하기 위한 기준으로 외부입력, 외부출력, 외부조회가 있다.

ㄹ. (×) 기능점수 산출 시 적용되는 조정인자는 시스템의 운영 환경, 성능, 신뢰성 등의 특성을 반영한다.

트랜잭션(Transaction)
• 데이터베이스 상태를 일관적으로 유지하기 위한 병행 수행 제어 및 회복의 기본 단위
• 사용자 시스템에 대한 서비스 요구 시 시스템의 상태 변환 과정의 작업 단위
• 특성: 원자성(Atomicity), 일관성(Consistency), 독립성(Isolation), 영속성(Durability)

답 ②

14 소프트웨어 테스트에 대한 설명으로 옳지 않은 것은? ★

① 통합 테스트는 단위 테스트가 끝난 모듈들을 통합하여 모듈 간의 인터페이스 관련 오류가 있는지를 찾는 검사이다.

② 테스트의 목적은 소프트웨어 요구사항의 만족도 및 예상 결과와 실제 결과의 차이점을 파악함으로써 소프트웨어의 오류를 찾아내는 것이다.

③ 화이트 박스 테스트는 프로그램 원시 코드의 논리적 구조를 체계적으로 점검하며, 프로그램 구조에 의거하여 검사한다.

④ 블랙 박스 테스트에는 기초 경로(basic path), 조건 기준(condition coverage), 루프(loop) 검사, 논리 위주(logic driven) 검사 등이 있다.

 해설

④ 기초 경로(Basic Path), 조건 기준(Condition Coverage), 루프(Loop) 검사, 논리 위주(Logic Driven) 검사 등은 화이트 박스 테스트에 속한다.

화이트 박스 테스트(White Box Test)
• 소프트웨어의 내부 구조와 동작을 자세하게 검사하는 개발자 관점의 테스트 방식이다.
• 기초 경로(Basic Path), 조건 기준(Condition Coverage), 루프(Loop), 논리 위주(Logic Driven), 데이터 흐름(Data Flow) 검사 등이 있다.

블랙 박스 테스트(Black Box Test)
• 소프트웨어의 내부 구조와는 관계없이 소프트웨어의 기능을 검사하는 사용자 관점의 테스트 방식
• 동치 분할(Equivalence Partitioning), 경계값 분석(Boundary Value Analysis), 오류 예측(Error Guessing), 원인-결과 그래프(Cause-Effect Graph), 비교(Comparison) 검사 등이 있다.

답 ④

15 컴퓨터 메모리 용량이 8K×32Bit라 하면, MAR(Memory Address Register)과 MBR(Memory Buffer Register)은 각각 몇 비트인가? ★★★

① MAR: 8   MBR: 32
② MAR: 32   MBR: 8
③ MAR: 13   MBR: 8
④ MAR: 13   MBR: 32

해설

④ 메모리 용량=8K×32Bit
주소의 개수=8K=8×1024=$2^3 × 2^{10} = 2^{13}$
주소 한 개의 크기는 32비트이므로 MAR은 13비트, MBR은 32비트이다.

답 ④

16 RAID(Redundant Array of Inexpensive Disks)에 대한 설명으로 옳지 <u>않은</u> 것은? ★

① RAID 1은 디스크 미러링(disk mirroring) 방식으로, 디스크 오류 시 데이터 복구가 가능하지만 디스크 용량의 효율성이 떨어진다.

② RAID 3은 데이터를 비트 또는 바이트 단위로 여러 디스크에 분할 저장하는 방식으로, 디스크 접근 속도가 향상되지는 않지만 쓰기 동작 시 시간 지연이 발생하지 않는다.

③ RAID 4는 데이터를 블록 단위로 여러 디스크에 분할 저장하는 방식으로, 오류의 검출 및 정정을 위해 별도의 패리티 비트를 사용한다.

④ RAID 5는 패리티 블록들을 여러 디스크에 분산 저장하는 방식으로, 단일 오류 검출 및 정정이 가능하다.

> **해설** ② RAID 3은 데이터를 비트 또는 바이트 단위로 여러 디스크에 분할 저장하는 방식으로, 디스크 접근 속도가 향상되지만 쓰기 동작 시에는 패리티 비트를 갱신해야 하므로 시간 지연이 발생한다.
>
> 답 ②

17 다음 워크시트의 [A6] 셀과 [A7] 셀에 아래와 같이 입력하였다. [A6]과 [A7]의 결과값을 순서대로 바르게 나타낸 것은? ★★★

```
[A6] 셀: =HLOOKUP(11, B1:D5, 3)
[A7] 셀: =VLOOKUP("나", A2:D5, 4, TRUE)
```

	A	B	C	D
1		10	20	30
2	가	10원	50원	90원
3	나	20원	60원	100원
4	다	30원	70원	110원
5	라	40원	80원	120원

① 20원, 100원   ② 20원, 120원

③ 60원, 100원   ④ 60원, 120원

> **해설** ① • [A6] 셀: =HLOOKUP(11, B1:D5, 3)
>   B1:D5에서 11보다 작은 수 중에 가장 큰 수는 100며, 10이 있는 열 B1:B5에서 3번째 행의 값은 20원이다.
> • [A7] 셀: =VLOOKUP("나", A2:D5, 4, TRUE)
>   A2:A5에서 '나'와 똑같은 값을 찾고, 그 행인 A3:D3에서 4번째 열의 값은 100원이다.
>
> 답 ①

18 프로그래밍 언어 번역 프로그램에 대한 설명으로 옳지 <u>않은</u> 것은? ★

① 인터프리터(interpreter)는 고급언어로 작성된 원시 프로그램을 함수 단위로 읽어 기계어로 번역하는 프로그램이다.
② 컴파일러(compiler)는 고급언어로 작성된 원시 프로그램을 기계어나 어셈블리어로 된 목적 프로그램으로 바꾸는 프로그램이다.
③ 어셈블러(assembler)는 어셈블리어로 작성된 원시 프로그램을 기계어로 번역하는 프로그램이다.
④ 프리프로세서(preprocessor)는 컴파일러가 컴파일을 수행하기 전에 원시 프로그램의 내용을 변경하는 것이다.

해설 ① 인터프리터(interpreter)는 고급언어로 작성된 원시 프로그램을 문장 단위로 읽어 기계어로 번역하는 프로그램이다.

답 ①

19 다음 글에서 밑줄 친 부분이 문법상 옳지 <u>않은</u> 것은? ★★

The major source of anger is frustration. If one wants to go somewhere, perform some act, or ① <u>obtain</u> something and is prevented, we say that person is frustrated. One of the basic tenets ② <u>is</u> that frustration tends to arouse aggressive feelings. The behavioral effects of frustration were demonstrated in a classic study. Children were shown a room full of attractive toys but were not allowed to enter it. They stood outside looking at the toys, wanting to play with them, but were unable to reach them. After they had waited for some time, they were allowed to play with them. Other children were given the toys without first ③ <u>being</u> prevented from playing with them. The children who had been frustrated smashed the toys on the floor, threw them against the wall, and generally behaved very ④ <u>destructive</u>.

④ 동사 'behaved(행동했다)' 다음에 동사를 수식하는 부사가 와야 하므로, destructive → destructively가 되어야 한다.

해석

분노의 주된 원인은 좌절이다. 만약 누군가가 어디론가 가기를, 어떤 행동을 하기를, 또는 무언가를 얻기를 원했다가 못하게 된다면, 우리는 그 사람이 좌절했다고 말한다. 기본적인 신조들 중 하나는 좌절이 공격적인 감정을 유발하는 경향이 있다는 것이다. 좌절의 행동적인 영향은 고전적인 연구에서 입증되었다. 아이들에게 매력적인 장난감들로 가득 찬 방을 보여 주었지만, 그들은 그 방에 들어가는 것이 허용되지 않았다. 아이들은 장난감을 보면서 밖에 서 있었으며, 장난감을 갖고 놀고 싶었지만 가까이 갈 수 없었다. 얼마간 기다린 후에, 아이들은 장난감을 갖고 노는 것이 허용되었다. 처음부터 장난감을 가지고 노는 것이 금지되지 않았던 다른 아이들에게는 장난감이 주어졌다. 좌절한 아이들은 바닥에 있는 장난감을 부수고 벽에 던졌고, 일반적으로 매우 파괴적으로 행동했다.

어휘

frustration: 불만, 좌절감
perform: 행하다[수행하다/실시하다]
obtain: 얻다[구하다/입수하다]
tenet: 주의, 교리
arouse: 불러일으키다[자아내다]
aggressive: 공격적인
behavioral: 행동의, 행동에 관한
demonstrate: 입증[실증]하다
smash: 박살내다, 박살나다
throw: 던지다
behave: 처신[행동]하다

답 ④

20 다음 글의 빈칸 (A), (B)에 들어갈 말로 가장 적절한 것은? ★★★

Related to the question of revealing persuasive intent is the question of whether a speaker should state conclusions clearly or leave them implied for the audience to discover. Intuitively, we recognize that individuals may more readily embrace their own conclusions than they do those offered by others. For example, psychiatrists prefer to let their patients discover the causes of their mental condition for themselves rather than tell them _____(A)_____.

Consequently, speakers may think it wise to merely imply their claims and let listeners draw their own conclusions, especially when source credibility is not high. Such a strategy is dangerous, however, particularly if the audience lacks intelligence or is highly opinionated, because they may draw an incorrect conclusion or distort the speaker's point. The safer approach is to state conclusions _____(B)_____.

	(A)	(B)		(A)	(B)
①	directly	explicitly	②	directly	implicitly
③	indirectly	explicitly	④	indirectly	implicitly

해설

① 빈칸 (A) 앞의 'rather than tell them ～ '으로 미루어 빈칸에는 동사(tell)를 수식하는 부사가 와야 하는데, 빈칸 (A) 문장의 앞부분에서 '～ psychiatrists prefer to let their patients discover the causes of their mental condition for themselves'라고 했으므로, 문맥상 빈칸 (A)에 들어갈 말로 적절한 것은 'directly(직접)'이다.

빈칸 (B) 문장의 앞부분에서 'The safer approach is to state conclusions ～ '로 미루어 빈칸에는 '동사(to state)'를 수식하는 부사가 와야 하는데, 빈칸 (B) 앞 문장에서 화자가 자신들의 주장을 암시하고 청취자들이 스스로 결론을 도출하도록 하는 전략이 위험한 이유를 'because they may draw an incorrect conclusion or distort the speaker's point'라고 했으므로, 문맥상 빈칸 (B)에 들어갈 말로 적절한 것은 'explicitly(분명하게)'이다.

해석

설득력 있는 의도를 드러내는 것과 관련된 문제는 화자가 결론을 명확하게 진술해야 하는지 아니면 청중이 발견할 수 있도록 암시적으로 남겨 두어야 하는지에 대한 문제이다. 직감적으로, 우리는 개인들은 다른 사람들에 의해 제공된 결론보다 그들 자신의 결론을 더 선뜻 받아들일지도 모른다는 것을 인정한다. 예를 들어, 정신과 의사들은 환자들이 (A) <u>직접</u> 의사들에게 말하게 하기보다 차라리 환자들이 그들의 정신적 상태의 원인을 스스로 발견하도록 내버려 두는 것을 더 선호한다.

따라서 화자들은 특히 출처에 대한 신뢰도가 높지 않을 때, 자신들의 주장을 그저 암시하고 청취자들이 스스로 결론을 도출하도록 하는 것이 현명하다고 생각할 수도 있다. 그러나 이러한 전략은 위험한데, 특히 청중이 지적 능력이 모자라거나 매우 독선적이라면 그들은 잘못된 결론을 도출하거나 화자의 주장을 왜곡할 수도 있기 때문이다. 더 안전한 접근은 결론을 (B) <u>분명하게</u> 진술하는 것이다.

어휘

related to: ～와 관련 있는
revealing: 흥미로운 사실을 드러내는[보여 주는]
persuasive: 설득력 있는
intent: 의도
imply: 암시[시사]하다, 의미하다
intuitively: 직감적으로
readily: 손쉽게, 선뜻
embrace: 받아들이다[수용하다]
psychiatrist: 정신과 의사
prefer to: ～보다 선호하다
credibility: 신뢰성
opinionated: 자기 의견을 고집하는, 독선적인
draw: (결론, 생각 등을) 얻다[도출해 내다]
distort: 왜곡하다

답 ①

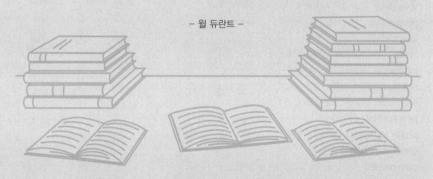

교육은 우리 자신의 무지를 점차 발견해 가는 과정이다.

- 윌 듀란트 -

우편 및 금융상식(기초영어 포함)

※ 2024년도 시험부터 '우편 및 금융상식'은 '우편일반', '예금일반', '보험일반'으로 분리하여 출제합니다.

01 계약등기 우편물의 부가취급 서비스에 대한 설명이다. 수수료로 옳은 것은?　★

> 등기취급을 전제로 우체국과 발송인이 별도의 계약에 따라 수취인을 직접 만나서 우편물을 배달하면서 서명이나 도장을 받는 등 응답이 필요한 사항을 받아 발송인이나 발송인이 지정하는 자에게 회신하는 부가 취급제도

① 500원
② 1,000원
③ 1,500원
④ 2,000원

해설 등기취급을 전제로 우체국과 발송인이 별도의 계약에 따라 수취인을 직접 만나서 우편물을 배달하면서 서명이나 도장을 받는 등 응답이 필요한 하는 사항을 받거나 서류를 넘겨 받아 발송인이나 발송인이 지정하는 자에게 회신하는 부가취급제도는 회신우편제도이다.
③ 회신우편의 수수료는 1,500원이다.

계약등기 우편제도 부가취급수수료

부가취급 서비스	수수료	비고
회신우편	1,500원	일반형 및 맞춤형 계약등기
본인지정배달	1,000원	
착불배달	500원	
우편주소 정보제공	1,000원	
반송수수료 사전납부	반송수수료×반송률	일반형 계약등기

답 ③

02 등기우편물의 부가취급에 대한 설명으로 옳은 것은? 〈변형〉 ★★

① 특별송달 우편물에 첨부된 우편송달통지서 용지의 무게는 우편물의 무게에 포함되지 않는다.

② 민원우편 발송 시 우정사업본부에서 발행한 취급용 봉투를 사용하지 않아도 된다.

③ 민원우편은 발송할 때의 취급요금(우편요금＋등기취급수수료＋익일특급수수료)과 회송할 때의 취급요금(50g 규격우편요금＋등기취급수수료＋익일특급수수료)을 합하여 미리 받는다.

④ 착불배달 우편물이 반송된 경우, 발송인은 착불요금과 반송수수료를 납부해야 한다.

> ③ 민원우편은 국민들의 일상생활에 필요한 각종 민원서류를 관계기관에 직접 나가서 발급받는 대신 우편이나 인터넷으로 신청하고 그에 따라 발급된 민원서류를 등기취급하여 민원우편 봉투에 넣어 일반우편물보다 우선하여 송달하는 부가취급 제도로 발송할 때의 취급요금(우편요금＋등기취급수수료＋익일특급수수료)과 회송할 때의 송달요금(50g 규격우편요금＋등기취급수수료＋익일특급수수료)을 합하여 미리 받는다.
>
> ① 특별송달 우편물에 첨부된 우편송달통지서 용지의 무게는 우편물의 무게에 합산한다.
>
> ② 민원우편 발송 시 우정사업본부에서 발행한 민원우편 취급용 봉투(발송용, 회송용)를 사용한다.
>
> ④ 착불배달은 우편물이 수취인 불명, 수취거절 등으로 반송되는 경우 발송인에게 우편요금 및 반송수수료를 징수한다. 다만, 맞춤형 계약등기는 우편요금(표준요금＋중량구간별 요금)만 징수하고 접수담당자는 발송인에게 위 두 사항을 반드시 설명해야 한다.
>
> 답 ③

---

03 소포우편물의 감액에 대한 설명으로 옳은 것의 총 개수는? ★★★

> ㄱ. 감액대상은 창구접수 소포우편물(일반소포 및 등기소포)과 방문접수 소포우편물이다.
> ㄴ. 우체국 창구접수의 경우, 인터넷우체국 사전접수를 통해 접수정보를 연계한 경우에만 감액대상이 된다.
> ㄷ. 요금후납의 방법으로 우체국 창구에 100개 접수한 경우, 5% 금액을 할인받을 수 있다.
> ㄹ. 방문접수의 경우, 최소 3개 이상 발송하여야 개당 500원 할인받을 수 있다.

① 1개 ② 2개
③ 3개 ④ 4개

> ㄴ. (○) 창구접수 감액은 인터넷우체국 사전접수를 통해 접수정보 연계 시에만 적용한다.
> ㄱ. (×) 감액대상은 창구접수(등기소포)와 방문접수 우편요금(부가취급수수료 제외)이다.
> ㄷ. (×) 요금후납의 방법으로 우체국 창구에 소포우편물을 100개 접수한 경우, 10%를 할인받을 수 있다.
> ㄹ. (×) 방문접수의 경우, 접수정보 사전연계 시 개당 500원을 할인받을 수 있다.

요금감액 범위

구분		3%	5%	10%	15%
창구접수	요금즉납	1~2개	3개 이상	10개 이상	50개 이상
	요금후납	–	70개 이상	100개 이상	130개 이상
방문접수	접수정보 사전연계	개당 500원 감액 (접수정보 입력, 사전결제, 픽업장소 지정 시)			
분할접수		중량 20kg 초과 소포 1개를 2개로 분할하여 접수할 경우 2,000원 감액 ※ 동일 시간대, 동일 발송인, 동일 수취인이고, 분할한 소포 1개의 무게는 10kg을 초과할 것			

目 ①

04 특급취급에 관한 설명으로 옳은 것의 총 개수는? 〈변형〉 ★★

> ㄱ. 익일특급우편물이 접수한 다음 날 18시에 배달되었을 경우, 우편요금 및 국내특급수수료를 지연배달 배상금으로 지급하지 않는다.
> ㄴ. 우체국 축하카드, 온라인환, 민원우편은 익일특급으로 처리한다.
> ㄷ. 익일특급 취급지역은 우정사업본부장이 고시한다.
> ㄹ. 익일특급우편물은 3회째부터 가장 빠른 방법으로 배달한다.

① 1개   ② 2개
③ 3개   ④ 4개

설 ㄱ. (○) D+3일 배달분부터 지연배달 시 우편요금 및 국내특급수수료를 지연배달 배상금으로 지급한다.

구분		손실, 분실(최고)	지연배달
국내특급	익일특급	10만 원	D+3일 배달분부터: 우편요금 및 국내특급수수료

ㄴ. (○) 우체국 축하카드, 온라인환, 민원우편은 익일특급으로 처리한다.
ㄷ. (×) 익일특급 취급지역은 관할 지방우정청장이 고시하되 접수한 날의 다음 날까지 배달이 곤란한 지역에 대해서는 별도로 추가일수를 더하여 고시한다.
ㄹ. (×) 재배달할 우편물은 2회째에는 가장 빠른 방법으로 배달한다.

目 ②

05 등기취급우편물 배달에 대한 설명으로 옳지 <u>않은</u> 것은? ★

① 같은 건축물 및 같은 구내의 관리사무소, 접수처, 관리인도 정당수령인이 될 수 있다.

② 우편물 수취인의 진위를 주민등록증 등 필요한 증명으로 반드시 확인하고 배달하여야 한다.

③ 통화등기우편물은 수취인으로 하여금 집배원이 보는 앞에서 내용금액을 표기금액과 서로 비교 확인하게 한 후에 배달하여야 한다.

④ 물품등기우편물은 집배원이 우편물 내용을 확인하지 않고 수취인에게 봉투와 포장 상태의 이상유무만 확인하게 한 후에 배달하여야 한다.

② 등기취급우편물의 수령인의 확인 방법은 수령인이 인장을 날인하거나 수령인 성명을 직접 자필로 기록하게 하며(외국인 포함), 수령인이 본인이 아닌 경우에는 수취인과의 관계를 정확히 기록하여야 하고, 실제 우편물을 수령한 수령인을 반드시 입력한다.

① 같은 건축물 및 같은 구내의 관리사무소, 접수처, 관리인은 정당수령인이다.

③ 통화등기우편물을 배달할 때에는 수취인으로 하여금 집배원이 보는 앞에서 그 우편물을 확인하게 하여 내용금액을 표기금액과 서로 비교 확인한다.

④ 물품등기우편물은 우편물을 확인하지 않고 수취인에게 봉투와 포장 상태의 이상유무만을 확인하고 이후 사고발생으로 인한 민원발생 및 우편 서비스 품질이 저하되는 사례가 없도록 유의한다.

🖹 ②

06 「우편법」 위반에 대한 벌칙 설명으로 옳은 것은? ★★

① 우편업무에 종사하는 자가 정당한 사유 없이 우편물의 취급을 거부하거나 이를 고의로 지연시키게 한 경우에는 1년 이하의 징역 또는 5백만 원 이하의 벌금에 처한다.

② 우편관서 및 서신송달업자가 취급 중인 우편물 또는 서신을 정당한 사유 없이 개봉, 훼손, 은닉 또는 방기하거나 고의로 수취인이 아닌 자에게 내준 자는 2년 이하의 징역 또는 2천만 원 이하의 벌금에 처한다.

③ 소인이 되지 아니한 우표를 떼어낸 자는 1년 이하의 징역 또는 1천만 원 이하의 벌금에 처한다.

④ 우편금지물품을 우편물로 발송한 자는 1년 이하의 징역 또는 1천만 원 이하의 벌금에 처하고 그 물건을 몰수한다.

③ 소인(消印)이 되지 아니한 우표를 떼어낸 자는 1년 이하의 징역 또는 1천만 원 이하의 벌금에 처한다(「우편법」 제54조 제2항).

① 우편업무에 종사하는 자가 정당한 사유 없이 우편물의 취급을 거부하거나 이를 고의로 지연시키게 한 경우에는 1년 이하의 징역 또는 1천만 원 이하의 벌금에 처한다(동법 제50조).

② 우편관서 및 서신송달업자가 취급 중인 우편물 또는 서신을 정당한 사유 없이 개봉, 훼손, 은닉 또는 방기(放棄)하거나 고의로 수취인이 아닌 자에게 내준 자는 3년 이하의 징역 또는 3천만 원 이하의 벌금에 처한다(동법 제48조 제1항).

④ 우편금지물품을 우편물로서 발송한 자는 2년 이하의 징역 또는 2천만 원 이하의 벌금에 처하고 그 물건을 몰수한다(동법 제52조).

🖹 ③

07 국제특급우편(EMS) 요금감액 대상 요건 중 (   )에 들어갈 내용으로 옳은 것은? ★★★

> 계약국제특급우편 이용자가 1개월에 (㉠)만 원을 초과하여 EMS우편물을 발송하는 경우에 적용한다.
> 단, (㉡)% 이상 감액률은 우정사업본부장이 승인한 후 적용한다.

	㉠	㉡
①	30	16
②	30	18
③	50	16
④	50	18

해설

특급우편(EMS · EMS프리미엄) 취급요건 및 감액범위

(단위: 1개월, 만 원)

구분 \ 이용금액	30 초과 ~50	50 초과 ~150	150 초과 ~500	500 초과 ~1,000	1,000 초과 ~2,000	2,000 초과 ~5,000	5,000 초과 ~10,000	10,000 초과 ~20,000	20,000 초과
계약특급	–	4%	6%	8%	10%	12%	14%	16%	18%
수시특급	3%	4%	6%	8%	10%	12%	14%	16%	18%
일괄특급	–	2%		3%	4%	5%	6%	7%	8%

※ 계약특급의 18% 이상 감액률은 해당 우정사업본부장의 승인 후 적용함
※ 수시특급의 이용금액은 1회당 이용금액 기준임
※ 감액 시 기준금액은 고시된 요금[EMS프리미엄은 「EMS 프리미엄 서비스 요금 및 이용에 관한 수수료」(과학기술정보통신부 고시)] 기준이며, 수수료는 제외한다.

답 ④

08 국제우편 행방조사 청구에 대한 설명으로 옳은 것은? ★★

① 우편물 분실의 경우에는 발송인만 청구가 가능하다.
② 발송국가와 도착국가(배달국가)에서만 청구가 가능하다.
③ 청구기한은 우편물을 발송한 날부터 계산하여 6개월이다.
④ 청구대상 우편물은 보통통상우편물, 등기우편물, 소포우편물, 국제특급우편물이다.

해설

① 많은 국가에서 발송인 청구 위주로 행방조회를 진행한다(미국, 독일, 프랑스 등). 우편물이 분실된 경우는 발송인이 청구권자이며 파손된 경우는 발송인이나 수취인이 청구권자이다.
② 발송국가와 도착국가(배달국가)는 물론이고 제3국에서도 청구가 가능하다.
③ 청구기한은 우편물을 발송한 다음 날부터 계산하여 6개월(다만, 국제특급우편물의 경우에는 4개월 이내)이다.
④ 청구대상 우편물은 등기우편물, 소포우편물, 국제특급우편물이다.

답 ①

09 국제우편 요금별납 및 요금후납 제도에 대한 설명으로 옳은 것은? ★★

① 국제우편 요금별납 및 요금후납은 우편취급국을 포함한 모든 우체국에서 접수가 가능하다.
② 국제우편 요금후납은 동일인이 동일 우편물을 매월 10통 이상 발송하는 국제통상우편물 및 국제 소포우편물을 대상으로 한다.
③ 요금별납 및 요금후납 우편물에는 우편날짜도장 날인을 생략한다.
④ 접수된 요금후납 우편물은 별도 우편자루 체결·발송을 원칙으로 한다. 다만, 물량이 적을 경우에는 단단히 묶어서 다른 우편물과 함께 발송한다.

③ 요금별납 우편물 및 요금후납 우편물에는 우편날짜도장 날인을 생략한다.
① 국제우편 요금별납은 우편취급국을 제외한 모든 우체국에서 취급하고, 국제우편 요금후납은 후납계약을 맺은 우체국에서 발송한다. 다만, 취급국의 경우 등기취급우편물과 공공기관에서 발송하는 일반 우편물에만 허용한다.
② 국제우편요금의 후납은 후납승인을 받은사람이 매월 100통 이상 발송하는 국제통상우편물 및 국제소포우편물을 대상으로 한다.
④ 국제우편요금의 별납 시 접수된 우편물은 국제우체국 앞으로 별도 우편자루 체결·발송을 원칙으로 한다. 다만, 물량이 적을 경우에는 단단히 묶어서 다른 우편물과 함께 발송한다.

答 ③

10 우체국 체크카드에 대한 설명으로 옳은 것은? ★★

① 법인의 우체국 체크카드 월 사용한도는 기본 한도 1억 원, 최대한도 3억 원이다.
② Biz플러스 체크카드는 신차 구매, 전 가맹점 0.3% 포인트 적립 등 개인사업자 및 소상공인을 위한 맞춤형 혜택을 제공하는 카드이다.
③ 라이프플러스 체크카드의 교통기능은 일반 카드일 경우에는 선불, 하이브리드 카드일 경우에는 후불 적용된다.
④ 우체국 체크카드는 카드 유효기간의 만료 또는 회원 본인이 사망하거나 피성년후견인·피한정후견인으로 우체국에 신고 등록된 경우 효력이 상실된다.

④ 우체국 체크카드는 카드 유효기간이 만료되거나, 회원 본인의 사망 또는 피성년후견인·피한정후견인으로 우체국에 신고 등록한 경우 효력이 상실되며, 법인 회원의 경우 폐업, 청산에 따라 우체국에 신고 등록한 경우에도 효력이 상실된다.
① 법인의 우체국 체크카드 월 기본 한도는 2천만 원이고 월 최대한도는 3억 원이다.
② Biz플러스 체크카드는 주유소, 신차 구매 등 개인사업자 및 소상공인을 위한 맞춤형 혜택을 제공하는 카드이다.
③ 라이프플러스 체크카드는 교통기능이 없으며, 가족카드도 발급되지 않는다.

우체국 체크카드 사용한도

구분		기본 한도		최대 한도	
		일한도	월한도	일한도	월한도
개인	12세 이상	3만 원	30만 원	3만 원	30만 원
	14세 이상	6백만 원	2천만 원	5천만 원	5천만 원
법인		6백만 원	2천만 원	1억 원	3억 원

답 ④

11 「우체국예금 · 보험에 관한 법률」과 동법 시행령 · 시행규칙에 관한 내용으로 옳은 것은? ★★

① 연 면적의 100분의 20을 우정사업에 직접 사용하고 나머지는 영업시설로 임대하고자 하는 업무용 부동산은 우체국 예금자금으로 취득할 수 있다.

② 우체국 예금자금은 금융기관 또는 재정자금에 예탁하거나 1인당 2천만 원 이내의 개인 신용대출 등의 방법으로도 운용한다.

③ 우체국은 예금보험공사에 의한 예금자보호 대상 금융기관의 하나이지만, 특별법인 이 법에 의해 우체국예금(이자 포함)과 우체국 보험계약에 따른 보험금 등 전액에 대하여 국가가 지급 책임을 진다.

④ 우체국 예금자금으로 「자본시장과 금융투자업에 관한 법률」에 따른 파생상품 거래 시 장내파생상품 거래를 위한 위탁증거금 총액은 예금자금 총액의 100분의 20 이내로 한다.

해설

① 연 면적의 100분의 10 이상을 우정사업에 직접 사용하고 나머지는 영업시설로 임대하고자 하는 업무용 부동산은 우체국 예금자금으로 취득할 수 있다(「우체국예금 · 보험에 관한 법률」 제18조 제1항, 「우체국예금 · 보험에 관한 법률 시행령」 제3조의2).

② 개인 신용대출 등의 방법으로는 운용할 수 없다.

> **「우체국예금 · 보험에 관한 법률」 제18조(예금자금의 운용)**
> ① 과학기술정보통신부장관은 예금(이자를 포함한다)의 지급에 지장이 없는 범위에서 예금자금을 다음 각 호의 방법으로 운용한다.
> 1. 금융기관에 예탁
> 2. 재정자금에 예탁
> 3. 「자본시장과 금융투자업에 관한 법률」에 따른 증권의 매매 및 대여
> 4. 「자본시장과 금융투자업에 관한 법률」 제355조에 따른 자금중개회사를 통한 금융기관에 대여
> 5. 「자본시장과 금융투자업에 관한 법률」 제5조에 따른 파생상품의 거래
> 6. 대통령령으로 정하는 업무용 부동산의 취득 · 처분 및 임대

③ 우체국의 경우 예금보험공사의 보호대상 금융회사는 아니지만, 「우체국예금 · 보험에 관한 법률」에 의거하여 우체국예금(이자 포함)과 우체국 보험계약에 따른 보험금 등 전액에 대하여 국가에서 지급을 책임지고 있다.

④ 파생상품 거래 중 장내파생상품을 거래하기 위한 위탁증거금 총액은 예금자금 총액의 100분의 1.5 이내로 한다(「우체국예금 · 보험에 관한 법률 시행규칙」 제15조의2).

답 ①

12 우체국 예금상품에 대한 설명으로 옳은 것을 모두 고른 것은? ★★

> ㄱ. e-Postbank 정기예금은 자동이체 약정, 체크카드 이용실적, 자동 재예치 실적에 따라 우대금리를 제공한다.
> ㄴ. 「중소기업협동조합법」에서 정하는 소기업 · 소상공인 공제금 수급자는 우체국 행복지킴이통장 가입 대상이다.
> ㄷ. 입양자는 이웃사랑정기예금과 우체국 새출발자유적금 패키지 중 새출발 행복 상품에 가입할 수 있다.
> ㄹ. 우체국 하도급지킴이통장은 공사대금 및 입금이 하도급자와 근로자에게 기간 내 집행될 수 있도록 관리, 감독하기 위한 압류방지 전용 통장이다.

① ㄱ, ㄴ   ② ㄱ, ㄹ   ③ ㄴ, ㄷ   ④ ㄷ, ㄹ

ㄴ. 「중소기업협동조합법」에서 정하는 소기업 · 소상공인 공제금 수급자는 가입대상자이다.
ㄷ. 입양자는 새출발 행복 상품에 가입할 수 있다.

상품명	가입대상자
새출발 행복	헌혈자, 입양자, 장기 · 골수기증자, 다자녀가정, 부모봉양자, 농어촌 읍면단위 거주자, 개인신용평점 상위 92% 초과 개인, 협동조합종사자, 소상공인
이웃사랑정기예금	국민기초생활수급자, 장애인, 한부모가족, 소년소녀가정, 조손가정, 다문화가정 등 사회 소외계층과 장기기증희망등록자, 골수기증희망등록자, 헌혈자, 입양자 등 사랑나눔 실천자 및 농어촌 지역 주민

ㄱ. e-Postbank 정기예금은 인터넷뱅킹, 스마트뱅킹으로 가입이 가능한 온라인 전용상품으로 온라인 예 · 적금 가입, 자동이체 약정, 체크카드 이용실적에 따라 우대금리를 제공하는 정기예금이다.
ㄹ. 우체국 하도급지킴이 통장은 조달청에서 운영하는 '정부계약 하도급관리시스템'을 통해 발주한 공사대금 및 입금이 하도급자와 근로자에게 기간 내 집행될 수 있도록 관리, 감독하기 위한 전용 통장이다.

우체국 행복지킴이통장의 가입대상
•「국민기초생활보장법」에서 정하는 기초생활 수급자
•「기초연금법」에서 정하는 기초(노령)연금 수급자
•「장애인연금법」에서 정하는 장애인연금 수급자
•「장애인복지법」에서 정하는 장애수당, 장애아동수당 수급자
•「한부모가족지원법」에서 정하는 한부모가족지원 보호대상자
•「국민건강보험법」에서 정하는 요양비 등 보험급여 수급자
•「긴급복지지원법」에서 정하는 긴급지원 대상자
•「어선원 및 어선 재해보상보험법」에서 정하는 어선원보험의 보험급여 지급대상자
•「노인장기요양보험법」에서 정하는 특별현금급여비 수급자
•「건설근로자의 고용개선 등에 관한 법률」에서 정하는 건설근로자 퇴직공제금 수급자
•「아동수당법」에서 정하는 아동수당 수급자
•「중소기업협동조합법」에서 정하는 소기업 · 소상공인 공제금 수급자
•「아동복지법」에서 정하는 자립수당 수급자
•「재난적 의료비 지원에 관한 법률」에서 정하는 재난적 의료비 지원금액 수급자
•「자동차손해배상보장법」에서 정하는 자동차 사고 피해지원금 수급자
•「의료급여법」에서 정하는 의료급여 수급자
•「아동복지법」에서 정하는 자립정착금 수급자
•「영유아보육법」에서 정하는 양육수당 수급자
•「구직자 취업촉진 및 생활안정지원에 관한 법률」에서 정하는 구직촉진수당 등 수급자
•「고용보험법」에서 정하는 실업급여 수급자
•「산업재해보상보험법」에서 정하는 산업재해보상보험 보험급여 수급자
•「임금채권보장법」에서 정하는 체불 임금등 대지급금 수급자
•「장애인복지법」에서 정하는 저소득장애인 진단서 발급비 및 검사비 수급자

정답 ③

13 주식투자 및 채권투자의 주요 내용에 대한 설명으로 옳은 것을 모두 고른 것은? ★★★

> ㄱ. 신종자본증권은 대부분 발행 후 5년이 지나면 투자자가 채권에 대해 상환을 요구할 수 있는 풋옵션이 부여되어 있다.
> ㄴ. 채권의 가격은 시장금리 및 발행기관의 신용 변화에 영향을 받아 변동하게 되며, 다른 요인들이 모두 동일하다면 채권은 잔존기간이 짧아질수록 가격의 변동성이 증가한다.
> ㄷ. 유상증자는 기업의 재무구조를 개선하고 타인자본에 대한 의존도를 낮출 수 있는 반면, 무상증자는 회사와 주주의 실질재산에는 변동이 없다. 유·무상증자 권리락일에는 신주인수권 가치만큼 기준 주가가 하락한 상태에서 시작하게 된다.
> ㄹ. 2021.3.9.(화)에 유가증권시장에서 매입한 주식(전일종가 75,000원)의 당일 중 최소 호가 단위는 100원이며, 주중에 다른 휴장일이 없다면 2021.3.11.(목) 개장 시점에 증권계좌에서 매입대금은 출금되고 주식은 입고된다.

① ㄱ, ㄴ   ② ㄱ, ㄹ

③ ㄴ, ㄷ   ④ ㄷ, ㄹ

> ㄷ. 유상증자는 이미 설립되어 있는 주식회사가 자기자본을 조달하기 위하여 새로운 주식을 발행하는 것을 말한다. 기업의 자기자본이 확대되기 때문에 기업이 재무구조를 개선하고 타인자본에 대한 의존도를 낮추는 대표적인 방법이다. 반면 무상증자는 기존의 주주에게 그들이 소유한 주식의 비율로 새로운 주식을 무상으로 배부하는 것을 말한다. 주금 납입 없이 이사회 결의로 준비금이나 자산재평가적립금 등을 자본에 전입하고 전입액만큼 발행한 신주를 기존주주에게 보유 주식수에 비례하여 무상으로 교부하는 것으로, 회사와 주주의 실질재산에는 변동이 없다. 유·무상증자 기준일 전일은 유·무상증자 권리락일(자산분배가 공표된 기업의 주식이 그 자산의 분배권이 소멸된 이후 거래되는 첫날)이 되어 그 날 이후 주식을 매수한 사람은 증자에 참여할 권리가 없다. 따라서 권리락일에는 신주인수권 가치만큼 기준주가가 하락하여 시작하게 된다.
> ㄹ. 매매가 체결된 주식의 결제 시점은 체결일로부터 3영업일로 되어 있다. 예를 들어 목요일에 매매가 체결된 주식은 토요일과 일요일 외에 다른 휴장일이 없다면 다음 주 월요일이 결제일이 되어 개장 시점에 매입의 경우는 증권계좌에서 매입대금이 출금되면서 주식이 입고되고, 매도의 경우는 증권계좌에 매도대금이 입금되면서 주식이 출고된다.
> ㄱ. 신종자본증권은 일정 수준 이상의 자본요건을 충족할 경우 자본으로 인정되는 채무증권으로 발행 후 5년이 지나면 발행기업이 채권을 회수할 수 있는 콜옵션(조기상환권)이 부여되어 있다.
> ㄴ. 채권은 시간이 경과하면서 장기채권에서 중기채권으로 다시 단기채권으로 바뀌게 되며, 기간이 짧아져 감에 따라 다른 요인들이 모두 동일하다면 채권가격의 변동성은 감소한다. 일반적으로 만기가 긴 채권일수록 수익률은 높으나 유동성이 떨어지고 채무불이행 확률도 증가하므로 투자자는 자신의 투자기간을 고려하여 적절한 만기를 가진 채권에 투자해야 한다.

📖 ④

14 보험료를 계산하는 현금흐름방식에 대한 설명으로 옳은 것은? ★★

① 보수적 표준기초율을 일괄적으로 가정하여 적용한다.

② 보험료 산출이 비교적 간단하고 기초율 예측 부담이 경감되는 장점이 있다.

③ 상품개발 시 수익성 분석을 동시에 할 수 있으며 상품개발 후 리스크 관리가 용이한 방식이다.

④ 3이원(利原)을 포함한 다양한 기초율을 가정하며, 계리적 가정에는 위험률, 해지율, 손해율, 적립이율 등이 있다.

③ 현금흐름방식은 상품개발 시 수익성 분석을 동시에 할 수 있으며 상품개발 후 리스크 관리가 용이하고 새로운 가격요소 적용으로 정교한 보험료 산출이 가능하다.

① 각 보험회사별로 최적의 기초율을 가정하여 적용한다.

② 현금흐름방식이 아닌 3이원방식의 장점이다.

④ 적립이율은 계리적 가정이 아닌 경제적 가정에 포함된다.

3이원방식과 현금흐름방식 비교

구분	3이원방식	현금흐름방식
기초율 가정	3이원(위험률, 이자율, 사업비율)	3이원 포함 다양한 기초율 • 경제적 가정: 투자수익률, 할인율, 적립이율 등 • 계리적 가정: 위험률, 해지율, 손해율, 사업비용 등
기초율 가정 적용	• 보수적 표준기초율 일괄 가정 • 기대이익 내재	• 각 보험회사별 최적 가정 • 기대이익 별도 구분
장점	• 보험료 산출이 비교적 간단 • 기초율 예측 부담 경감	• 상품개발 시 수익성 분석을 동시에 할 수 있으며 상품개발 후 리스크 관리 용이 • 새로운 가격요소 적용으로 정교한 보험료 산출 가능
단점	상품개발 시 별도의 수익성 분석 필요, 상품개발 후 리스크 관리 어려움	• 정교한 기초율 예측 부담 • 산출방법이 복잡하고, 전산시스템 관련 비용이 많음

目 ③

15 보험료 할인율이 높은 순서부터 바르게 나열한 것은? 〈변형〉 ★★★

> ㄱ. 피보험자 80명이 단체로 무배당 win–win단체플랜보험 2109에 가입
> ㄴ. 주계약 보험가입금액 2,500만 원을 무배당 우체국통합건강보험 2109에 가입
> ㄷ. B형 간염 항체 보유자인 피보험자가 무배당 우체국암케어보험 2406에 가입
> ㄹ. 주계약 보험가입금액이 3,000만 원을 무배당 우체국온라인정기보험 2109에 가입

① ㄱ – ㄹ – ㄴ – ㄷ
② ㄱ – ㄹ – ㄷ – ㄴ
③ ㄹ – ㄱ – ㄴ – ㄷ
④ ㄷ – ㄹ – ㄱ – ㄴ

ㄷ. B형 간염 항체 보유자인 피보험자가 무배당 우체국암케어보험 2406에 가입 → 영업보험료의 3% 할인
ㄹ. 주계약 보험가입금액이 3,000만 원을 무배당 우체국온라인정기보험 2109에 가입 → 3,000만 원 이상~4,000만 원 미만인 경우로 2% 할인
ㄱ. 피보험자 80명이 단체로 무배당 win–win단체플랜보험 2109에 가입 → 21인 이상~100인 이하의 경우로 영업보험료의 1.5% 할인
ㄴ. 주계약 보험가입금액 2,500만 원을 무배당 우체국통합건강보험 2109에 가입 → 영업보험료의 1% 할인

답 ④

16 우체국 보험상품에 대한 설명으로 옳은 것은? 〈변형〉 ★★

① 무배당 우체국안전벨트보험 2109의 보험료는 성별에 따른 차이는 없으나 연령별로 차이가 있다.
② 우체국연금저축보험 2109의 경우, 연금 지급구분에는 종신연금형, 상속연금형, 확정기간연금형, 더블연금형이 있다.
③ 무배당 우체국예금제휴보험 2109는 체신관서가 공익재원으로 보험료를 80% 지원하는 상품이다.
④ 무배당 우체국New100세건강보험 2203은 '국민체력 100' 체력인증 시 보험료 지원 혜택을 제공한다.

④ 무배당 우체국New100세건강보험 2203은 '국민체력100' 체력인증 시 보험료 지원 혜택이 제공된다.
① 무배당 우체국안전벨트보험 2109는 성별에 따른 차이는 있으나 나이에 관계없이 보험료가 동일하다.
② 우체국연금저축보험 2109는 연금지급형태로 종신연금형 또는 확정기간연금형이 있다.
③ 무배당 우체국예금제휴보험 2109는 1종 (휴일재해보장형)의 경우 '시니어싱글벙글정기예금' 가입 시 무료로 가입, 2종(주니어보장형)의 경우 '우체국 아이LOVE적금' 가입 시 무료로 가입, 3종(청년우대형)의 경우 우체국예금 신규가입 고객 중 가입기준을 충족할 경우 무료로 가입 가능한 상품이다.

답 ④

17 40세인 A씨의 우체국연금저축보험 2109 가입 현황이 〈보기〉와 같을 때 연금수령 1차년도 산출세액(지방소득세 포함)으로 옳은 것은? 〈변형〉 ★★★

보기
- 연금 지급구분: 종신연금형
- 연금수령 개시 나이: 만 55세
- 연금수령한도 이내 연금수령액: 1,200,000원
- 연금수령한도 초과 연금수령액: 1,000,000원

(단, 납입보험료 전액을 세액공제 받았으며, 의료목적 또는 부득이한 사유로 인한 연금수령액 및 다른 연금소득은 없는 것으로 한다)

〈적용세율〉

연금소득세율(지방소득세 포함)		기타소득세율 (지방소득세 포함)
연금수령 나이 (만 70세 미만)	종신연금형	
5.5%	4.4%	16.5%

① 96,800원 ② 121,000원
③ 217,800원 ④ 231,000원

해설 ③ 연금소득자의 나이에 따른 세율과 종신연금형을 동시에 충족하는 경우 낮은 세율을 적용하므로 연금수령한도 이내 연금수령액인 1,200,000원은 4.4%의 연금소득세율이 적용되고 연금수령한도 초과 연금수령액인 1,000,000원은 16.5%의 기타소득세율이 적용되어 1,200,000×0.044+1,000,000×0.165=217,800(원)이 된다.

답 ③

18 위험관리와 보험의 종류에 대한 설명으로 옳은 것은? 〈변형〉 ★★

① 위험의 발생 상황에 따라 순수 위험과 투기적 위험으로 분류하며, 사건 발생에 연동되는 결과에 따라 정태적 위험과 동태적 위험으로 분류한다.

② 운송보험은 육상운송의 목적인 운송물에 대하여 그 운송에 관한 사고로 인하여 생길 손해의 보상을 목적으로 하는 보험으로 운송에 이용되는 용구 자체나 승객은 운송보험에서 담보되는 보험의 목적에 해당한다.

③ 동태적 위험은 사회적인 특정 징후로 예측이 가능한 면도 있으나, 위험의 영향이 광범위하며 발생 확률을 통계적으로 측정하기 어렵다.

④ 보험의 대상이 되는 불확실성(위험)의 조건 중 한정적 측정가능 손실이란 보험회사 또는 인수집단의 능력으로 보상이 가능한 규모의 손실을 의미한다.

해설

③ 동태적 위험은 시간경과에 따른 사회·경제적 변화와 관계가 있는 위험으로 산업구조 변화, 물가 변동, 생활양식 변화, 소비자 기호 변화, 정치적 요인 등 사회의 동적 변화에 따라 발생할 수 있는 불확실성이다. 동태적 위험은 사회적인 특정 징후로 예측이 가능한 면도 있으나, 위험의 영향이 광범위하며 발생 확률을 통계적으로 측정하기 어렵다.

① 위험은 사건발생에 연동되는 결과에 따라 순수 위험과 투기적 위험으로 나뉘며, 위험의 발생 상황에 따라 정태적 위험(개인적 위험)과 동태적 위험(사회적 위험)으로 구분된다.

② 운송보험은 육상운송의 목적인 운송물에 대하여 그 운송에 관한 사고로 인하여 생길 손해의 보상을 목적으로 하는 보험이다. 운송보험의 목적은 운송물로, 운송에 이용되는 용구 자체나 승객은 운송보험에서 담보되는 보험의 목적이 아니다.

④ 보험회사 또는 인수집단의 능력으로 보상이 가능한 규모의 손실은 비재난적 손실(No Catastrophic Loss)이다. 한정적 측정가능 손실(Determinable and Measurable Loss)은 피해의 발생원인, 발생시점, 장소, 피해의 정도가 명확히 식별 가능하고 손실금액을 측정할 수 있어야 하며, 이를 위한 객관적 자료 수집과 처리를 통해 정확한 보험금 지급 및 적정 보험료 산정이 가능해야 한다.

답 ③

19 다음 글에서 밑줄 친 부분이 문법상 옳지 <u>않은</u> 것은? ★★

A successful team completes its task, maintains good social relations, and promotes its members' personal and professional development. All three of these factors are important for ① <u>defining</u> team success. To perform effectively, a team requires the right types of people, a task ② <u>what</u> is suitable for teamwork, good internal group processes, and a supportive organizational context. Group members need both an appropriate set of task skills and the interpersonal skills to work as a team. Although teams can perform a wide variety of ③ <u>tasks</u>, appropriate team tasks require that members' work be integrated into the final products. The group process should maintain good social relations. Finally, the organizational context needs ④ <u>to support</u> the team by promoting cooperation, providing resources, and rewarding success.

② what 이후의 문장이 불완전하므로 관계대명사가 와야 한다. 앞에 a task라는 사물 선행사가 존재하므로 선행사를 포함하는 what은 올 수 없고 that 또는 which로 바뀌어야 한다.
① 전치사의 목적어 자리에는 명사나 동명사가 올 수 있는데 team success라는 목적어가 존재하므로 목적어를 가질 수 있는 동사의 동명사형인 defining은 적절하다.
③ a (wide) variety of는 '(매우) 다양한'이라는 뜻으로 뒤에는 복수 가산명사가 온다. 따라서 tasks는 적절하다.
④ need는 to부정사를 목적어로 취할 수 있는 동사이므로 to support는 적절하다.

[해석]
성공적인 팀은 임무를 완료하고 좋은 사회관계를 유지하며 구성원의 개인적이고 전문적인 발달을 증진시킨다. 이러한 세 가지 요소는 팀의 성공을 정의하는 데 모두 중요하다. 효율적으로 수행하기 위해 팀은 알맞은 유형의 사람들, 팀워크에 적합한 업무, 훌륭한 내부 절차, 그리고 지지하는 조직적인 환경을 필요로 한다. 집단 구성원들은 팀으로서 일하기 위해 적절한 일련의 업무 기술과 대인관계 기술이 모두 필요하다. 팀은 매우 다양한 업무를 수행할 수 있지만 적절한 팀 업무는 구성원들의 업무가 최종 상품에 통합되어야 한다. 집단 절차는 좋은 사회관계를 유지해야 한다. 최종적으로 조직적 환경은 협력의 촉진, 자원의 제공, 성공에 대한 보상을 통해 팀을 지지해야 한다.

[어휘]
complete: 마치다, 완료하다
organizational: 조직적인
define: 정의하다
perform: 실시하다, 수행하다
appropriate: 적절한
effectively: 효과적으로, 효율적으로
interpersonal: 대인관계의
require: 필요로 하다
integrate: 통합시키다, 통합되다
suitable: 알맞은, 적합한
cooperation: 협동, 협력

답 ②

In one experiment, participants were asked to read formal emails and rate them based on warmth and competence. Some of the messages contained a smiley face. The results showed users who sent formal emails with smiley faces only saw a small rating ____(A)____ in warmth, but a decline in competence. Although smiley faces may help convey a positive tone in written messages, their ____(B)____ effects on first impressions of competence may outweigh these benefits. A separate experiment had participants read an email from a new employee to an unfamiliar administrative assistant. One was about a business meeting, while another was related to a social gathering. The study found participants rated the formal messages with smiley faces lower in competence than the emails with just text. In the case of the informal messages, competence ratings were about the same.

	(A)	(B)
①	decrease	positive
②	decrease	adverse
③	increase	positive
④	increase	adverse

해설

④ 빈칸 (A) 다음의 'but a decline in competence'로 미루어 빈칸 (A)에는 상반되는 내용이 와야 함을 유추할 수 있으므로, 빈칸 (A)에는 문맥상 'decline(감소)'과 반대되는 의미의 '증가(increase)'가 적절하다.

빈칸 (B) 앞에서 'Although smiley faces may help convey a 'positive(긍정적인)' tone in written messages'라고 했고, (B) 다음에서 '~ may outweigh these benefits(~ 이런 이점들보다 클지도 모른다)'라고 했으므로, 빈칸 (B)에는 '긍정적인(positive)'과 상반되는 '부정적인(adverse)'이 적절하다.

해석

한 실험에서, 참가자들은 공식적인 이메일을 읽고 친밀함과 능력을 기초로 그것들을 평가할 것을 요청받았다. 그 메시지들 중에 일부는 미소 표시(이모티콘)를 포함했다. 그 결과 미소 표시(이모티콘)를 함께 보낸 사용자들은 친밀함에서 약간의 평점 (A) 증가를 보였지만, 능력에서는 감소를 나타냈다. 비록 미소 표시(이모티콘)가 서면 메시지에서 긍정적인 어조를 전달하는 것에 도움이 될지는 모르지만, 능력에 대한 첫인상에 미치는 그들의 (B) 부정적인 영향은 이러한 이점들보다 더 클지도 모른다. 다른 실험에서는 참가자들에게 신입 직원이 잘 알지 못하는 관리직 보좌관에게 보낸 이메일을 읽도록 했다. 하나는 비즈니스 미팅에 관한 것이었고, 다른 하나는 사교 모임에 관한 것이었다. 그 연구에 따르면, 참가자들은 미소 표시(이모티콘)가 있는 공적 메시지를 텍스트만 있는 이메일보다 능력에서 더 낮게 평가했다. 비공식적인 메시지의 경우, 능력 평가는 거의 동일했다.

어휘

participant: 참가자
rating: 평가
smiley: (이메일에서) 스마일리[미소 표시]
convey: 전달하다[전하다]
separate: 별개의, 관련 없는
assistant: 조수, 보조원

formal: 공식적인, 정식의
competence: 능력, 역량
decline: 감소
outweigh: ···보다 더 크다[대단하다]
administrative: 관리[행정]상의

답 ④

※ 2024년도 시험부터 제외되는 '자료구조알고리즘'과 '프로그래밍언어론' 문항은 ×표시하였습니다.

01 관계데이터베이스 관련 다음 설명에서 ㉠~㉣에 들어갈 용어를 바르게 짝 지은 것은? ★

> (㉠) 무결성 제약이란 각 릴레이션(relation)에 속한 각 애트리뷰트(attribute)가 해당 (㉡)을 만족하면서 (㉢)할 수 없는 (㉣) 값을 가져서는 안 된다는 것을 말한다.

	㉠	㉡	㉢	㉣
①	참조	고립성	변경	외래키
②	개체	고립성	참조	기본키
③	참조	도메인	참조	외래키
④	개체	도메인	변경	기본키

해설 ③ 참조 무결성 제약이란 각 릴레이션(relation)에 속한 각 애트리뷰트(attribute)가 해당 도메인을 만족하면서 참조할 수 없는 외래키 값을 가져서는 안 된다는 것을 말한다. 또한 개체 무결성 제약이란 각 릴레이션(relation)에 속한 각 애트리뷰트(attribute)는 널(null) 값을 가지면 안 된다는 것을 말한다.

目 ③

02 다음 워크시트에서 [D1] 셀에 =A1+$B2를 입력한 후 [D1] 셀을 복사하여 [D5] 셀에 붙여넣기 했을 때 [D5] 셀에 표시될 수 있는 결과로 옳은 것은? ★

	A	B	C	D
1	1	2	3	
2	2	4	6	
3	3	6	9	
4	4	8	12	
5	5	10	15	
6				

① 1 ② 7
③ 9 ④ 15

 ① 수식 A1+$B2에서 $는 절대 참조로, $가 붙은 행과 열은 다른 셀에서도 고정되어 참조된다는 것을 의미한다. $가 붙지 않은 행과 열은 상대 참조로, 다른 셀에서는 상대적으로 참조된다는 것을 의미한다. 따라서 [A1] 셀은 행과 열 모두 $가 있어 [D1] 셀에서 복사 후 [D5] 셀에 붙여넣기를 해도 해당 셀이 고정되어 참조되므로 수식은 A1이 된다. [B2] 셀은 B열에만 $가 있기 때문에 B열은 고정되고 행이 상대적으로 참조된다. [D1] 셀에서 [B2] 셀을 참조하므로 복사 후 [D5] 셀에 붙여넣기를 하면 해당 셀만큼 이동하여 수식은 $B6이 된다. 따라서 [D5] 셀의 수식은 A1+$B6이 된다. [B6] 셀에는 데이터가 없으므로 수식의 결과 값은 1이 된다.

답 ①

03 관계데이터베이스의 인덱스(index)에 대한 설명으로 옳은 것의 총 개수는? ★★

ㄱ. 기본키의 경우, 자동으로 인덱스가 생성되며 인덱스 구축 시 두 개 이상의 칼럼(column)을 결합하여 인덱스를 생성할 수 있다.
ㄴ. SQL 명령문의 검색 결과는 인덱스 사용 여부와 관계없이 동일하며 인덱스는 검색 속도에 영향을 미친다.
ㄷ. 데이터베이스의 전체적인 성능을 향상시키기 위해서는 테이블의 모든 칼럼(column)에 대하여 인덱스를 생성해야 한다.
ㄹ. 인덱스는 칼럼(column)에 대하여 생성되며 테이블 내의 데이터를 순차적으로 접근하여 검색 결과를 제공한다.

① 1개 ② 2개
③ 3개 ④ 4개

ㄱ. (○) 인덱스는 한 개 또는 여러 개의 칼럼을 결합하여 생성될 수 있다.
ㄴ. (○) 인덱스는 테이블에 대한 동작 속도를 높여주는 자료 구조이므로 속도에 영향을 미친다. 따라서 SQL 명령문의 검색 결과는 동일하고 검색 속도에는 영향을 미친다.
ㄷ. (×) 인덱스는 테이블의 칼럼 중 사용 빈도가 높은 칼럼에 대해 생성한다.
ㄹ. (×) 인덱스는 테이블 내의 데이터를 임의적으로 접근하여 검색 결과를 제공한다.

답 ②

04 트랜잭션(transaction)의 복구(recovery) 진행 시 복구대상을 제외, 재실행(Redo), 실행취소(Undo) 할 것으로 구분하였을 때 옳은 것은? ★★

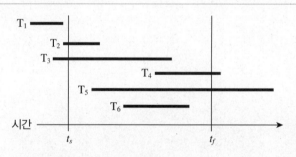

T_1, T_2, T_3, T_4, T_5, T_6 선분은 각각 해당 트랜잭션의 시작과 끝 시점을, t_s는 검사점(checkpoint)이 이루어진 시점을, t_f는 장애(failure)가 발생한 시점을 의미한다.

	제외	재실행	실행취소
①	T_1	T_2, T_3	T_4, T_5, T_6
②	T_1	T_2, T_3, T_6	T_4, T_5
③	T_2, T_3	T_1, T_6	T_4, T_5
④	T_4, T_5	T_6	T_1, T_2, T_3

② t_f에서 장애가 발생하면 검사점 t_s에서 다시 실행된다. T_1의 경우 검사점 이전에 실행이 완료되었으므로 제외된다. 검사 시점과 장애 시점 사이에서 실행이 완료된 T_2, T_3, T_6은 재실행이 되고, T_4, T_5는 장애 시점에서 실행 중이기 때문에 실행취소가 된다.

답 ②

05 다음 워크시트에서 수식 =VLOOKUP(LARGE(C4:C11, 3), C4:F11, 4, 0)에 의해 표시될 수 있는 결과로 옳은 것은?   ★★

	A	B	C	D	E	F
1	2021년 1월 판매현황 분석					
2						
3	상품명	판매단가	초과/부족수량	목표수량	판매수량	판매금액
4	공기청정기	150	10	100	110	16,500
5	김치냉장고	85	13	15	28	2,380
6	드럼세탁기	90	−5	35	30	2,700
7	스마트TV	150	13	45	58	8,700
8	의류건조기	230	5	20	25	5,750
9	인덕션오븐	120	20	30	50	6,000
10	무선청소기	70	8	30	38	2,660
11	식기세척기	150	−10	40	30	4,500

① 58

② 2,380

③ 8,700

④ 16,500

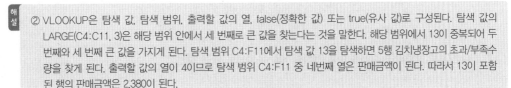

해설

② VLOOKUP은 탐색 값, 탐색 범위, 출력할 값의 열, false(정확한 값) 또는 true(유사 값)로 구성된다. 탐색 값의 LARGE(C4:C11, 3)은 해당 범위 안에서 세 번째로 큰 값을 찾는다는 것을 말한다. 해당 범위에서 13이 중복되어 두 번째와 세 번째 큰 값을 가지게 된다. 탐색 범위 C4:F11에서 탐색 값 13을 탐색하면 5행 김치냉장고의 초과/부족수량을 찾게 된다. 출력할 값의 열이 4이므로 탐색 범위 C4:F11 중 네번째 열은 판매금액이 된다. 따라서 13이 포함된 행의 판매금액은 2,380이 된다.

답 ②

06 UML의 클래스 다이어그램에서 클래스 사이의 관계에 대한 설명으로 옳지 <u>않은</u> 것은? ★★

① 일반화(generalization) 관계는 일반화한 부모 클래스와 실체화한 자식 클래스 간의 상속 관계를 나타낸다.

② 연관(association) 관계에서 다중성(multiplicity)은 관계 사이에 개입하는 클래스의 인스턴스 개수를 의미한다.

③ 의존(dependency) 관계는 한 클래스가 다른 클래스를 참조하는 것으로 지역변수, 매개변수 등을 일시적으로 사용하는 관계이다.

④ 집합(aggregation) 관계는 강한 전체와 부분의 클래스 관계이므로 전체 객체가 소멸되면 부분 객체도 소멸된다.

> **해설**
> ④ 집합(aggregation) 관계는 클래스들 간의 전체 또는 부분 관계를 나타내고, 전체 객체가 소멸되어도 부분 객체는 소멸되지 않는다.
>
> 답 ④

07 다음에서 설명하는 소프트웨어 아키텍처의 유형으로 옳은 것은? ★★

> • 사용자 인터페이스를 시스템의 비즈니스 로직 부분과 분리하는 구조
> • 결합도(coupling)를 낮추기 위한 소프트웨어 아키텍처 패턴 구조
> • 디자인 패턴 중 옵서버(observer) 패턴에 해당하는 구조

① 클라이언트−서버(client−server) 아키텍처

② 브로커(broker) 아키텍처

③ MVC(Model−View−Controller) 아키텍처

④ 계층형(layered) 아키텍처

> **해설**
> ③ MVC 아키텍처에서 모델(Model)은 데이터, 뷰(View)는 사용자에게 보여지는 화면을 의미한다. 컨트롤러(Controller)는 모델과 뷰의 상호작용을 관리한다. 컨트롤러에 의해 각각의 데이터는 뷰를 통해 화면에 출력된다.
> ① 웹 서버 시스템에서 클라이언트는 정보를 요청하는 개체를 의미하고, 서버는 요청된 명령에 의해 정보를 제공하는 개체를 말한다.
> ② 클라이언트와 서버 사이에서 브로커라는 컴포넌트를 이용하여 클라이언트의 요청을 서버에 전달하거나 서버의 결과 값을 클라이언트에게 전달하는 구조를 말한다.
> ④ 특정 레벨에 있는 태스크(Task)끼리 서로 묶어 하나의 그룹으로 분류하여 소프트웨어의 재사용성을 높여주는 구조를 말한다.
>
> 답 ③

08 다음 C 프로그램의 실행 결과로 옳은 것은? ★★

```
#include <stdio.h>

void main(void) {
    int a=1, b=2, c=3;
    {
     int b=4, c=5;
     a=b;
     {
      int c;
      c=b;
     }
     printf("%d %d %d\n", a, b, c);
    }
}
```

① 1 2 3
② 1 4 5
③ 4 2 3
④ 4 4 5

해설 ④ 변수의 사용 범위는 중괄호의 시작에서 끝 사이이다. 괄호 그룹별 코드 설명은 다음과 같다.

괄호 그룹	코드	설명
1	```{ int a=1, b=2, c=3; }```	main 함수의 시작과 동시에 변수 a, b, c를 선언하고 초기화하였다. 변수 a, b, c의 사용 범위는 main 함수가 종료될 때까지 유지된다.
2	```{ int b=4, c=5; a=b; printf("%d %d %d\n", a, b, c); }```	새롭게 선언된 변수 b, c는 두 번째 괄호 그룹 내에서 사용 가능하다. printf( ) 함수가 두 번째 괄호 그룹에 속해있기 때문에 첫 번째 괄호 그룹의 b, c보다 우선한다. 따라서 b, c의 출력 값은 4, 5가 출력된다. 출력 전 b의 값을 a에 대입하기 때문에 a의 값은 4를 가진다. 최종적으로 출력되는 a, b, c 값은 4, 4, 5가 된다.
3	```{ int c; c=b; }```	변수 c는 세 번째 괄호 내에서만 사용이 유효하다. 그러나 printf( ) 함수가 두 번째 괄호 그룹에 속해있기 때문에 c의 값이 적용되지 못한다.

정답 ④

09 클라우드 서버에 저장된 데이터 용량이 1024PB(Peta Byte)일 때 이 데이터와 동일한 크기의 저장 용량으로 옳지 <u>않은</u> 것은?(단, 1KB는 1024Byte) ★★

① 1024^{-1}ZB(Zetta Byte)
② 1024^{2}TB(Tera Byte)
③ 1024^{-3}YB(Yotta Byte)
④ 1024^{4}MB(Mega Byte)

③ 기억 용량 단위 중 P(Peta)는 2^{50}을 의미하고, 1024는 2^{10}을 나타낸다. 따라서 제시된 데이터 용량은 2^{60}이 된다. Y(Yotta)는 2^{80}을 의미하고, 1024^{-3}은 2^{-30}을 의미하므로 결과는 2^{50}이 된다.
① Z(Zetta)는 2^{70}을 의미하고, 1024^{-1}은 2^{-10}을 의미하므로 결과는 2^{60}이 된다.
② T(Tera)는 2^{40}을 의미하고, 1024^{2}은 2^{20}을 의미하므로 결과는 2^{60}이 된다.
④ M(Mega)는 2^{20}을 의미하고, 1024^{4}은 2^{40}을 의미하므로 결과는 2^{60}이 된다.

🔒 ③

10 유비쿼터스 컴퓨팅 기술에 대한 설명으로 옳지 <u>않은</u> 것은? ★★

① 노매딕 컴퓨팅(nomadic computing)은 사용자가 모든 장소에서 사용자 인증 없이 다양한 정보기기로 동일한 데이터에 접근하는 기술이다.
② 엑조틱 컴퓨팅(exotic computing)은 스스로 생각하여 현실세계와 가상세계를 연계하는 컴퓨팅을 실현해주는 기술이다.
③ 감지 컴퓨팅(sentient computing)은 센서가 사용자의 상황을 인식하여 사용자가 필요한 정보를 제공해주는 기술이다.
④ 임베디드 컴퓨팅(embedded computing)은 사물에 마이크로칩을 장착하여 서비스 기능을 내장하는 컴퓨팅 기술이다.

① 노매딕 컴퓨팅(nomadic computing)은 장소에 상관없이 다양한 정보기기가 편재되어 있어 사용자가 정보기기를 휴대할 필요가 없는 컴퓨팅 기술이다. 다양한 정보기기로 동일한 데이터에 접근하는 기술은 클라우드 컴퓨팅을 의미한다.

🔒 ①

11 하나의 컴퓨터 시스템에서 여러 개의 어플리케이션(application)들이 함께 주기억장치에 적재되어 하나의 CPU 자원을 번갈아 사용하는 형태로 수행되게 하는 기법으로 옳은 것은? ★★

① 다중프로그래밍(multi-programming)
② 다중프로세싱(multi-processing)
③ 병렬처리(parallel processing)
④ 분산처리(distributed processing)

> **해설**
> ① 다중프로그래밍은 메모리에 여러 개의 프로그램을 적재시켜 동시에 프로그램이 실행되는 것처럼 처리하는 시스템이다.
> ② 다중프로세싱은 여러 개의 CPU를 사용하여 2개 이상의 작업을 동시에 병렬로 처리하는 것을 말한다.
> ③ 병렬처리는 하나의 프로그램을 여러 개의 처리 장치에서 동시에 처리하는 것을 말한다.
> ④ 분산처리는 네트워크상에 분산되어 있는 여러 컴퓨터로 작업을 처리하는 것을 말한다.
>
> 답 ①

12 주기억장치와 CPU 캐시 기억장치만으로 구성된 시스템에서 다음과 같이 기억장치 접근 시간이 주어질 때 이 시스템의 캐시 적중률(hit ratio)로 옳은 것은? ★

> • 주기억장치 접근 시간: $T_m = 80ns$
> • CPU 캐시 기억장치 접근 시간: $T_c = 10ns$
> • 기억장치 평균 접근 시간(expected memory access time): $T_a = 17ns$

① 80%   ② 85%
③ 90%   ④ 95%

> **해설**
> ③ 평균 메모리 접근 시간 공식은 $T_a = H \times T_c + (1-H) \times T_m$이다. H가 캐시 적중률, T_c가 캐시 액세스 시간, T_m이 주기억장치 액세스 시간일 때 해당 시간을 공식에 대입하여 캐시 적중률을 구하면 $17 = H \times 10 + (1-H) \times 80$이므로 $70H = 63 \rightarrow H = 0.9$가 된다. 백분율로 나타내기 위해 100을 곱하면 90%가 된다.
>
> 답 ③

13 컴퓨터 시스템의 주기억장치 및 보조기억장치에 대한 설명으로 옳지 <u>않은</u> 것은? ★

① RAM은 휘발성(volatile) 기억장치이며 HDD 및 SSD는 비휘발성(non-volatile) 기억장치이다.

② RAM의 경우, HDD나 SSD 등의 보조기억장치에 비해 상대적으로 접근 속도가 빠르다.

③ SSD에서는 일반적으로 특정 위치의 데이터를 읽는 데 소요되는 시간이 같은 위치에 데이터를 쓰는 데 소요되는 시간보다 더 오래 걸린다.

④ SSD의 경우, 일반적으로 HDD보다 가볍고 접근 속도가 빠르며 전력 소모가 적다.

 ③ SSD에서는 데이터를 읽는 데 소요되는 시간이 데이터를 쓰는 데 소요되는 시간보다 더 적게 걸린다.

답 ③

14 다음 표에서 보인 4개의 프로세스들을 시간 할당량(time quantum)이 5인 라운드로빈(round-robin) 스케줄링 기법으로 실행시켰을 때 평균 반환 시간으로 옳은 것은? ★★

프로세스	도착 시간	실행 시간
P1	0	10
P2	1	15
P3	3	6
P4	6	9

(단, 반환 시간이란 프로세스가 도착하는 시점부터 실행을 종료할 때까지 소요된 시간을 의미한다. 또한, 이들 4개의 프로세스들은 I/O 없이 CPU만을 사용한다고 가정하며, 문맥교환(context switching)에 소요되는 시간은 무시한다)

① 24.0

② 29.0

③ 29.75

④ 30.25

 라운드로빈 방식은 한 프로세스가 할당받은 시간만큼 작업을 수행하다가 작업을 완료하지 못하면 준비 큐의 맨 끝으로 가서 자신의 차례를 기다리는 방식이다. 프로세스가 처리되는 순서와 시간을 표로 나타내면 다음과 같다.

처리 시간	0 5	10	15	20	25	30	31	35	40
프로세스	P1	P2	P3	P1	P4	P2	P3	P4	P2
남은 시간	5	10	1	0	4	5	0	0	0

② P1 실행이 끝나는 시간이 5인데 P4의 도착 시간은 6이므로 네 번째 단계에는 P1이 수행된다. P1~P4의 반환 시간은 P1이 20-0=20, P2가 40-1=39, P3가 31-3=28, P4가 35-6=29이므로 평균 반환 시간은 (20+39+28+29)/4=29이다.

답 ②

15 LRU(Least Recently Used) 교체 기법을 사용하는 요구 페이징(demand paging) 시스템에서 3개의 페이지 프레임(page frame)을 할당받은 프로세스가 다음과 같은 순서로 페이지에 접근했을 때 발생하는 페이지 부재(page fault) 횟수로 옳은 것은?(단, 할당된 페이지 프레임들은 초기에 모두 비어 있다고 가정한다) ★★

페이지 참조 순서(page reference string):
1, 2, 3, 1, 2, 3, 1, 2, 3, 1, 2, 3, 4, 5, 6, 7, 4, 5, 6, 7, 4, 5, 6, 7

① 7번   ② 10번
③ 14번   ④ 15번

해설

④ LRU(Least Recently Used) 페이지 교체 기법은 최근에 최소로 사용된 페이지를 대상 페이지로 선정한다. 즉, 메모리에 올라온 후 가장 오랫동안 사용되지 않은 페이지를 스왑 영역으로 옮긴다. 페이지 내에 해당 페이지가 존재하면 페이지 부재가 발생하지 않고, 존재하지 않으면 페이지 부재가 발생한다. LRU 페이지 교체 기법 동작을 표로 나타내면 다음과 같다. 단, 표기는 페이지 번호(참조 순서) 형태로 작성한다.

순서	1	2	3	1	2	3	1	2	3	1	2	3
페이지 0	1(1)	1(1)	1(1)	1(4)	1(4)	1(4)	1(7)	1(7)	1(7)	1(10)	1(10)	1(10)
페이지 1		2(2)	2(2)	2(2)	1(5)	1(5)	1(5)	1(8)	1(8)	1(8)	1(11)	1(11)
페이지 2		1(1)	3(3)	3(3)	1(3)	1(6)	1(6)	1(6)	1(9)	1(9)	1(9)	1(12)
상태	F	F	F									

순서	4	5	6	7	4	5	6	7	4	5	6	7
페이지 0	4(13)	4(13)	4(13)	1(16)	1(16)	1(16)	1(19)	1(19)	1(19)	1(22)	1(22)	1(22)
페이지 1	2(11)	5(14)	5(14)	1(14)	1(17)	1(17)	1(17)	1(20)	1(20)	1(20)	1(23)	1(23)
페이지 2	3(12)	3(12)	6(15)	1(15)	1(15)	1(18)	1(18)	1(18)	1(21)	1(21)	1(21)	1(24)
상태	F	F	F	F	F	F	F	F	F	F	F	F

페이지 부재는 총 15번 발생한다.

답 ④

16 인터넷에서 사용하는 IPv6에 대한 설명으로 옳지 <u>않은</u> 것은? ★★

① 패킷 헤더의 체크섬(checksum)을 통해 데이터 무결성 검증 기능을 지원한다.
② QoS(Quality of Service) 보장을 위해 흐름 레이블링(flow labeling) 기능을 지원한다.
③ IPv6의 주소 체계는 16비트씩 8개 부분, 총 128비트로 구성되어 있다.
④ IPv6 주소 표현에서 연속된 0에 대한 생략을 위한 :: 표기는 1번만 가능하다.

> 해설 ① 패킷 헤더의 체크섬을 통해 데이터 무결성 검증 기능을 지원하는 것은 IPv4의 특징이다.
>
> 目 ①

17 다음 정수를 왼쪽부터 순서대로 삽입하여 이진 탐색 트리(binary search tree)를 구성했을 때 단말 노드(leaf node)를 모두 나열한 것은? ★

> 44, 36, 62, 3, 16, 51, 75, 68, 49, 85, 57

① 16, 49, 51, 57, 85
② 16, 49, 57, 68, 85
③ 49, 51, 57, 68, 85
④ 49, 57, 68, 75, 85

> 해설 순서대로 삽입된 정수로 이진 탐색 트리를 구성하면 다음과 같다.
>
>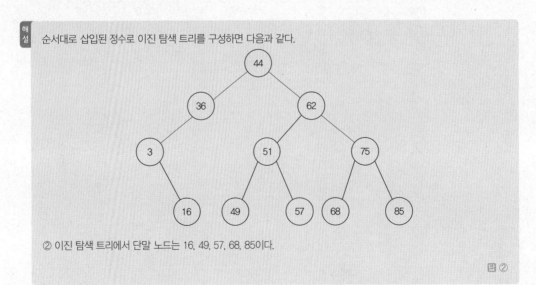
>
> ② 이진 탐색 트리에서 단말 노드는 16, 49, 57, 68, 85이다.
>
> 目 ②

18 다음 과정을 통해 수행되는 정렬 알고리즘의 특징으로 옳지 <u>않은</u> 것은? ★★★

초깃값	15	9	8	1	4
1단계	9	15	8	1	4
2단계	8	9	15	1	4
3단계	1	8	9	15	4
4단계	1	4	8	9	15

① 최악의 경우에 시간 복잡도는 $O(n^2)$이다.
② 원소 수가 적거나 거의 정렬된 경우에 효과적이다.
③ 선택정렬(selection sort)에 비해 비교연산 횟수가 같거나 적다.
④ 정렬 대상의 크기만큼 추가 공간이 필요하다.

 ④ 이전 원소와 다음 원소를 크기를 비교하여 다음 원소가 작을 경우 왼쪽으로 이동하고, 클 경우 현재 자리에 정렬되는 형태이므로 삽입 정렬 알고리즘이다. 삽입 정렬 알고리즘은 정렬 대상의 크기만큼 추가 공간이 필요하지 않다.

답 ④

19 SET(Secure Electronic Transaction)에 대한 설명으로 옳지 <u>않은</u> 것은? ★★

① 프라이버시 보호를 위해 이중서명 프로토콜을 사용한다.
② 카드 소지자는 전자 지갑 소프트웨어가 필요하다.
③ 인증기관(Certification Authority)이 필요하다.
④ SSL(Secure Socket Layer)에 비해 고속으로 동작한다.

 ④ SET은 인터넷상에서 신용카드로 안전하게 거래할 수 있도록 지원하는 프로토콜이다. SSL에 비해 암호 프로토콜이 복잡하고 RSA 암호기술 사용으로 인해 프로토콜 동작 속도가 느리다.

답 ④

20 「개인정보 보호법」의 개인정보 보호 원칙으로 옳은 것의 총 개수는? ★★★

ㄱ. 개인정보처리자는 개인정보의 처리 목적에 필요한 범위에서 개인정보의 정확성, 완전성 및 최신성이 보장되도록 하여야 한다.

ㄴ. 개인정보처리자는 개인정보의 처리 목적에 필요한 범위에서 적합하게 개인정보를 처리하여야 하며, 그 목적 외의 용도로 활용하고자 하는 경우 개인정보 보호책임자의 동의를 받아야 한다.

ㄷ. 개인정보처리자는 개인정보 처리방법 등 개인정보의 처리에 관한 사항은 비공개하여야 하며, 열람청구권 등 정보주체의 권리를 보장하여야 한다.

ㄹ. 개인정보처리자는 개인정보를 가명 또는 익명으로 처리하여도 개인정보 수집목적을 달성할 수 있는 경우 가명처리가 가능한 경우에는 가명에 의하여, 가명처리로 목적을 달성할 수 없는 경우에는 익명에 의하여 처리될 수 있도록 하여야 한다.

① 1개   ② 2개

③ 3개   ④ 4개

 해설

ㄱ. (○) 「개인정보 보호법」 제3조(개인정보 보호 원칙) 제3항에 따르면 개인정보처리자는 개인정보의 처리 목적에 필요한 범위에서 개인정보의 정확성, 완전성 및 최신성이 보장되도록 하여야 한다.

ㄴ. (×) 「개인정보 보호법」 제3조(개인정보 보호 원칙) 제2항에 따르면 개인정보처리자는 개인정보의 처리 목적에 필요한 범위에서 적합하게 개인정보를 처리하여야 하며, 그 목적 외의 용도로 활용하여서는 아니 된다.

ㄷ. (×) 「개인정보 보호법」 제3조(개인정보 보호 원칙) 제5항에 따르면 개인정보처리자는 개인정보 처리방침 등 개인정보의 처리에 관한 사항을 공개하여야 하며, 열람청구권 등 정보주체의 권리를 보장하여야 한다.

ㄹ. (×) 「개인정보 보호법」 제3조(개인정보 보호 원칙) 제7항에 따르면 개인정보처리자는 개인정보를 익명 또는 가명으로 처리하여도 개인정보 수집목적을 달성할 수 있는 경우 익명처리가 가능한 경우에는 익명에 의하여, 익명처리로 목적을 달성할 수 없는 경우에는 가명에 의하여 처리될 수 있도록 하여야 한다.

답 ①

PART 05

2019년 기출문제

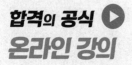

우편 및 금융상식(기초영어 포함)

※ 2024년도 시험부터 '우편 및 금융상식'은 '우편일반', '예금일반', '보험일반'으로 분리하여 출제합니다.

01 우편사업의 보호규정에 대한 설명으로 옳은 것을 모두 고른 것은? ★★

> ㄱ. 지방자치단체에서 발송하는 등기우편물은 서신독점의 대상이다.
> ㄴ. 우편업무를 위해서만 사용하는 물건은 압류가 금지되지만 제세공과금 부과의 대상이다.
> ㄷ. 우편물의 발송, 수취나 그 밖의 우편 이용에 관한 제한능력자의 행위는 능력자가 행한 것으로 간주한다.
> ㄹ. 상품의 가격, 기능, 특성 등을 문자, 사진, 그림으로 인쇄한 16쪽 이상인 책자 형태의 상품 안내서는 서신독점의 대상이다.

① ㄱ, ㄷ   ② ㄱ, ㄹ

③ ㄴ, ㄷ   ④ ㄴ, ㄹ

ㄱ. 서신독점권은 국가에 있으며, 독점권의 대상은 서신이다. 국가기관이나 지방자치단체에서 발송하는 등기취급 서신은 위탁이 불가능하다.

ㄷ. 우편물의 발송·수취나 그 밖의 우편 이용에 관하여는 제한능력자의 행위라도 능력자가 행한 것으로 간주된다. 이에 따라 제한능력자의 행위임을 이유로 우편관서에 대하여 임의로 이용관계의 무효 또는 취소를 주장할 수 없다. 다만, 법률행위에 하자가 발생한 경우에는 관련규정에 따른다. 제한능력자라 함은 민법상의 제한능력자를 말하며, 행위제한능력자(미성년자, 피한정후견인, 피성년후견인)와 의사제한능력자(만취자, 광인 등)를 모두 포함한다.

ㄴ. 우편업무를 위해서만 사용하는 물건과 우편업무를 위해 사용 중인 물건은 압류할 수 없으며, 우편업무를 위해서만 사용하는 물건(우편에 관한 서류를 포함)에 대해서는 국세·지방세 등의 제세공과금을 매기지 않는다.

ㄹ. 서신독점 대상의 예외에 해당하는 경우는 다음과 같다(「우편법 시행령」 제3조).
- 「신문 등의 진흥에 관한 법률」 제2조 제1호에 따른 신문
- 「잡지 등 정기간행물의 진흥에 관한 법률」 제2조 제1호 가목에 따른 정기간행물
- 다음 요건을 모두 충족하는 서적
  - 표지를 제외한 48쪽 이상인 책자의 형태로 인쇄·제본되었을 것
  - 발행인·출판사나 인쇄소의 명칭 중 어느 하나가 표시되어 발행되었을 것
  - 쪽수가 표시되어 발행되었을 것
- 상품의 가격·기능·특성 등을 문자·사진·그림으로 인쇄한 16쪽 이상(표지를 포함한다)인 책자 형태의 상품안내서
- 화물에 첨부하는 봉하지 아니한 첨부서류 또는 송장
- 외국과 주고받는 국제서류
- 국내에서 회사(「공공기관의 운영에 관한 법률」에 따른 공공기관을 포함한다)의 본점과 지점 간 또는 지점 상호 간에 주고받는 우편물로서 발송 후 12시간 이내에 배달이 요구되는 상업용 서류
- 「여신전문금융업법」 제2조 제3호에 해당하는 신용카드

답 ①

02 현행 「우편법 시행령」에서 정한 기본통상우편요금에 대한 설명으로 옳은 것은? ★

① 중량 25g 이하인 규격외 우편물의 일반우편요금
② 중량 3g 초과 25g 이하인 규격우편물의 일반우편요금
③ 중량 5g 초과 25g 이하인 규격우편물의 일반우편요금
④ 중량 25g 초과 50g 이하인 규격외 우편물의 일반우편요금

 ③ 기본통상우편요금은 통상우편물요금 중 중량이 5g 초과 25g 이하인 규격우편물의 일반우편요금을 말한다(「우편법 시행령」 제3조의2).

답 ③

03 통상우편물 접수 시 규격외 요금을 징수해야 하는 우편물의 개수로 옳은 것은? ★★

> ㄱ. 봉투의 재질이 비닐인 우편물
> ㄴ. 봉투를 봉할 때 접착제를 사용한 우편물
> ㄷ. 수취인 우편번호를 6자리로 기재한 우편물
> ㄹ. 누르지 않은 자연 상태에서 두께가 10mm인 우편물
> ㅁ. 봉투 색상이 70% 이하 반사율을 가진 밝은 색 우편물
> ㅂ. 정해진 위치에 우편요금 납부 표시를 하지 않거나, 우표를 붙이지 않은 우편물

① 1개   ② 2개
③ 3개   ④ 4개

 통상우편물의 규격요건 및 외부표시(기재) 사항을 위반했을 경우 통상우편물의 규격외 취급을 한다. 제시된 내용 중 봉투에 넣어 봉함하거나 포장하여 발송하는 우편물의 규격요건 및 외부표시(기재) 사항과 관련된 내용은 ㄱ, ㄴ, ㄷ, ㄹ이고, ㅁ, ㅂ은 권장요건과 관련된 내용이다. 이중 ㄱ, ㄷ, ㄹ이 봉투에 넣어 봉함하거나 포장하여 발송하는 우편물의 규격요건 및 외부표시(기재) 사항을 위반했으므로 규격외 취급을 한다.
ㄱ. (○) 재질: 종이(창문봉투의 경우 다른 소재로 투명하게 창문 제작)
ㄷ. (○) 우편번호 기재: 수취인 주소와 우편번호(국가기초구역 체계로 개편된 5자리 우편번호)를 정확히 기재해야 하며, 일체의 가려짐 및 겹침이 없어야 함. 단, 여섯자리 우편번호 작성란이 인쇄(2019년 10월 이전)된 봉투를 이용한 통상우편물은 우편번호 숫자를 왼쪽 칸부터 한 칸에 하나씩 차례대로 기입하고 마지막 칸은 공란으로 두어야 함
ㄹ. (○) 크기(두께): 최소 0.16mm, 최대 5mm(누르지 않은 자연 상태)
ㄴ. (×) 표면 및 내용물: 봉할 때는 풀, 접착제 사용(스테이플, 핀, 리벳 등 도드라진 것 사용 불가)
• 권장요건(ㅁ, ㅂ은 이를 위반)
ㅁ. (×) 봉투 색상은 70% 이상 반사율을 가진 흰 색이나 밝은 색
ㅂ. (×) 정해진 위치에 우표를 붙이거나 우편요금납부 표시

답 ③

04 우편사서함에 대한 설명으로 옳지 <u>않은</u> 것을 모두 고른 것은? 〈변형〉   ★★

> ㄱ. 사서함에 배달된 우편물을 정당한 사유 없이 30일 이상 수령하지 않을 때에는 사서함 사용계약을 해지해야 한다.
> ㄴ. 사서함 번호와 주소가 함께 기록된 우편물 중 특별송달, 보험취급, 맞춤형 계약등기, 등기소포우편물은 주소지에 배달해야 한다.
> ㄷ. 사서함 신청을 받은 우체국장은 국가기관, 지방자치단체, 일일 배달 예정 물량이 100통 이상인 다량 이용자, 우편물 배달 주소지가 사서함 설치 우체국의 관할구역인 신청자 순서로 우선 계약해야 한다.

① ㄱ   ② ㄴ, ㄷ
③ ㄱ, ㄷ   ④ ㄱ, ㄴ, ㄷ

ㄱ. 사서함에 배달된 우편물을 정당한 사유 없이 30일 이상 수령하지 않을 경우 우체국장은 사서함 사용계약을 해지할 수 있다.
ㄴ. 사서함 번호와 주소가 함께 기록된 우편물을 사서함에 넣을 수 있으며, 특별송달, 보험취급, 맞춤형 계약등기는 주소지에 배달한다. 등기소포우편물은 해당하지 않는다.
ㄷ. 사서함 신청을 받은 우체국장은 국가기관, 지방자치단체, 일일 배달 예정 물량이 100통 이상인 다량 이용자, 우편물 배달 주소지가 사서함 설치 우체국의 관할구역인 신청자 순서로 우선 계약을 할 수 있다.

답 ④

05 우편물의 발송에 대한 설명으로 옳지 <u>않은</u> 것은?   ★★

① 부가취급우편물을 운송 용기에 담을 때에는 책임자나 책임자가 지정하는 사람이 참관한다.
② 행선지별로 구분한 우편물을 효율적으로 운송하기 위하여 운송 거점에서 운송 용기를 서로 교환한다.
③ 등기우편물을 발송할 때에는 우편물류시스템으로 등기우편물 배달증을 생성하고, 생성된 배달증과 현품 수량을 확인한 후 발송한다.
④ 일반우편물은 형태별로 분류하여 해당 우편 상자에 담되, 우편물량이 적을 경우에는 형태별로 묶어 담고 운송 용기 국명표는 혼재 표시된 것을 사용한다.

③ 부가취급우편물 발송에 대한 설명이다. 부가취급우편물을 운송 용기에 담을 때에는 책임자나 책임자가 지정하는 사람이 참관하여 우편물류시스템으로 부가취급우편물 송달증을 생성하고 송달증과 현품 수량을 대조 확인한 후 발송한다.

답 ③

06 우편물의 운송에 대한 설명으로 옳은 것은?   ★★

① 우편물 운송의 우선순위는 1순위, 2순위, 3순위, 기타순위로 구분된다.
② 우편물이 일시적으로 폭주하는 경우, 항공기 등을 이용하여 운송하는 것을 특별운송이라고 한다.
③ 임시운송은 물량의 증감에 따라 특급우편물, 등기우편물, 일반우편물을 별도로 운송하는 것을 말한다.
④ 우편물의 안정적인 운송을 위하여 우정사업본부장은 운송 구간, 수수국, 수수 시각, 차량 톤수 등을 우편물 운송 방법 지정서에 지정한다.

② 특별운송은 우편물의 일시적인 폭주와 교통의 장애 등 그 밖의 특별한 사정이 있다고 인정되는 경우에 우편물의 원활한 송달을 위하여 전세차량ㆍ선박ㆍ항공기 등을 이용하여 운송하는 것으로, 우편물 정시송달이 가능하도록 최선편에 운송하고 운송료는 사후에 정산한다.
① 운송할 우편 물량이 많아 차량, 선박, 항공기, 열차 등의 운송수단으로 운송할 수 없는 경우에는 1순위(EMS우편물), 2순위[익일특급우편물, 등기소포우편물(방문소포 포함), 일반등기ㆍ선택등기우편물 및 준등기우편물, 국제항공우편물], 3순위(일반소포우편물, 일반통상우편물, 국제선편우편물)의 순위에 따라 처리한다.
③ 임시운송은 물량의 증감에 따라 정기운송편 이외의 방법으로 운송하는 것을 말한다.
④ 우편물의 안정적인 운송을 위하여 관할 지방우정청장이 운송 구간, 수수국, 수수 시각, 차량 톤수 등을 우편물 운송 방법 지정서에 지정한다.

답 ②

07 국제통상우편물 종별 세부내용에 대한 설명으로 옳은 것은?   ★★

① 인쇄물로 접수할 수 있는 것은 서적, 홍보용 팸플릿, 상업 광고물, 도면, 포장박스 등이다.
② 그림엽서의 경우 앞면 윗부분에 우편엽서를 뜻하는 단어를 영어나 프랑스어로 표시해야 한다.
③ 특정인에게 보내는 통신문을 기록한 우편물, 법규 위반 엽서, 법규 위반 항공서간은 서장으로 취급한다.
④ 소형포장물의 경우 제조회사의 마크나 상표는 내부나 외부에 기록이 가능하나, 발송인과 수취인 사이에 교환되는 통신문에 관한 참고사항은 내부에만 기록할 수 있다.

③ 서장(Letters)은 특정인에게 보내는 통신문(Correspondence)을 기록한 우편물(타자한 것을 포함)로 법규 위반 엽서, 법규 위반 항공 서간은 서장으로 취급한다.
① 인쇄물로 접수 가능한 물품에는 서적, 정기간행물, 홍보용 팸플릿, 잡지, 상업 광고물, 달력, 사진, 명함, 도면 등이 있다. CD, 비디오테이프, OCR, 포장박스, 봉인한 서류는 접수 불가한 물품이다. 단, 종이, 판지 등의 인쇄물 형태로 정보 전달의 내용이 포함된 인쇄물에 한한다.
② 우편엽서 앞면 윗부분에는 우편엽서를 뜻하는 단어를 영어나 프랑스어로 표시(Postcard 또는 Carte postale)하지만, 그림엽서의 경우 꼭 영어나 프랑스어로 표시해야 하는 것은 아니다.
④ 소형포장물의 경우 상거래용 지시 사항, 수취인과 발송인의 주소ㆍ성명, 제조회사의 마크나 상표, 발송인과 수취인 사이에 교환되는 통신문에 관한 참고 사항, 물품의 제조업자 또는 공급자에 관한 간단한 메모, 일련번호나 등기번호, 가격ㆍ무게ㆍ수량ㆍ규격에 관한 사항, 상품의 성질, 출처에 관한 사항은 우편물의 내부나 외부에 기록이 가능하다.

답 ③

08   국제우편 종류별 접수방법에 대한 설명으로 옳은 것은? 〈변형〉   ★

① 보험소포우편물 취급 시 중량이 '8kg 883g'인 경우, '8,900g'으로 기록한다.

② 우편자루배달인쇄물 접수 시 하나의 소포우편물로 취급하며, 우편요금과 별도로 통관회부대행수수료 4,000원을 징수한다.

③ 국제특급우편(EMS)은 내용품에 따라 서류용과 비서류용 2가지로 구분되며, 이 중 비서류용만 세관검사 대상이다.

④ K-Packet의 발송인 란에는 통관, 손해배상, 반송 등의 업무처리를 위해 반드시 한 명의 주소 및 성명을 기재해야 한다.

> **해설**
>
> ④ K-Packet은 2kg 이하 소형물품의 해외배송에 적합한 우편 서비스로, K-Packet 운송장의 발송인 란에는 통관, 손해배상, 반송 등의 업무처리를 위하여 반드시 한 명의 주소·성명을 기재한다.
>
> ① 보험소포우편물의 중량은 10g 단위로 표시하고, 10g 미만의 단수는 10g 단위로 절상한다. 선지로 제시된 8kg 883g의 경우 8,890g으로 기록한다.
>
> ② 우편자루배달인쇄물(M bag)을 접수할 때에는 하나의 통상우편물로 취급하며, 우편요금과 별도로 통관절차대행수수료 4,000원을 징수한다.
>
> ③ 국제특급우편(EMS)은 서류용과 비서류용으로 구분하여 취급하고 다른 우편물보다 우선 취급하며, 통신문, 서류, 물품을 매우 짧은 시간 내에 접수·운송·배달한다. 서류용과 비서류용 모두 세관검사 대상에 해당한다.
>
> 답 ④

09 국제특급우편(EMS) 주요 부가서비스 및 제도에 대한 설명으로 옳은 것은? 〈변형〉 ★★

① 수출우편물 발송확인 서비스 대상 우편물의 경우, 발송인은 수리일 다음 날로부터 30일 내에 해당 우편물을 선적 또는 기적해야 한다.

② EMS 프리미엄 서비스는 1~5, 러시아 지역 및 서류용과 비서류용으로 구분되며, 최고 7천만 원까지 내용품의 가액에 한해 보험 취급이 가능하다.

③ EMS 프리미엄의 부가서비스인 고중량화물은 전국 총괄우체국에서 접수 가능하며, EMS 계약고객에 한하여 이용 가능하다.

④ 2003년부터 EMS 배달보장 서비스가 시행되어 운영 중이며, 실무에서 처리할 경우, 도착 국가에서 통관 보류나 수취인 부재 등의 사유로 인한 미배달은 배달완료로 간주한다.

> **해설**
> ③ EMS 프리미엄 주요 부가서비스 중 고중량화물 서비스는 70kg 초과 2,000kg 이하의 고중량화물을 배송하는 것으로 전국 총괄우체국(5급국 이상)에서 접수 가능하며 부가요금은 우편요금에 합산하여 자동부가된다.
> ① 수출우편물 발송확인 서비스 대상 우편물은 발송인이 사전에 세관에 수출신고를 하여 수리된 물품이 들어 있는 우편물로 수리일로부터 30일 내에 선(기)적 하여야 하며, 기일까지 선(기)적하지 아니한 경우에는 과태료 부과와 수출신고 수리가 취소될 수 있다.
> ② EMS 프리미엄 서비스(민간 국제특송사 제휴서비스)는 지역 및 대상에 있어 1~5, 러시아 지역 및 서류와 비서류로 구분하며, 보험 취급 시 우편물의 분실이나 파손에 대비하여 최고 5천만 원까지 내용품 가액에 대한 보험을 들어두는 서비스이다.
> ④ EMS 배달보장 서비스는 EMS 배달보장일 계산 프로그램에 따라 발송지(접수 우체국)와 수취인의 우편번호를 입력하면 상대국 공휴일, 근무일, 항공스케줄을 참고하여 배달보장 날짜를 알려주는데 만약 알려준 배달예정일보다 늦게 배달되면 지연사실 확인 즉시 우편요금을 배상해 주는 보장성 서비스로, 2005년 7월 25일 최초 시행되었다. 우편취급국을 포함한 모든 우체국에서 위 국가로 발송하는 EMS우편물에 대하여 배달보장일이 제공 가능하지만, EMS 접수 시 수취인의 우편번호를 PostNet에 입력하는 경우에 한하여 배달보장일이 제공됨에 유의하여야 한다. 다만, 통관 보류나 수취인 부재 등의 사유로 인한 미배달은 배달완료로 간주한다.
>
> 답 ③

10 예금주의 사망 시 적용되는 상속제도에 대한 설명으로 옳지 <u>않은</u> 것은? ★★

① 친양자입양제도에 따라 입양된 친양자는 법정혈족이므로 친생부모 및 양부모의 예금을 상속받을 수 있다.

② 예금주의 아들과 손자는 같은 직계비속이지만 아들이 손자보다 선순위로 상속받게 된다.

③ 특정유증의 경우, 수증자는 상속인 또는 유언집행자에 대하여 채권적 청구권만을 가진다.

④ 협의분할 시 공동상속인 중 친권자와 미성년자가 있는 경우, 미성년자에 대하여 특별대리인을 선임하여 미성년자를 대리하도록 해야 한다.

> **해설**
>
> ① 양자는 법정혈족이므로 친생부모 및 양부모의 예금도 상속한다. 다만 2008년 1월 1일부터 시행된 친양자입양제도에 따라 입양된 친양자는 친생부모와의 친족관계 및 상속관계가 모두 종료되므로 생가부모의 예금을 상속하지는 못한다.
>
> ② 예금주가 사망한 경우 혈족상속의 순위는 혈연상의 근친에 따라 그 순위가 정하여진다. 혈족이란 자연혈족뿐만 아니라 법정혈족도 포함하며, 만약 선순위 상속권자가 1인이라도 있으면 후순위권자는 전혀 상속권을 가지지 못한다. 배우자의 경우는 피상속인의 직계비속 또는 직계존속과 동순위로 상속권자가 된다.
>   - 제1순위: 피상속인의 직계비속 및 피상속인 배우자
>   - 제2순위: 피상속인의 직계존속 및 피상속인 배우자
>   - 제3순위: 피상속인의 형제자매
>   - 제4순위: 피상속인의 4촌 이내의 방계혈족
>
>   같은 순위의 상속인이 여러 사람인 경우에는 최근친을 선순위로 본다. 예컨대 같은 직계비속이라도 아들이 손자보다 선순위로 상속받게 된다. 그리고 같은 순위의 상속인이 두 사람 이상인 경우에는 공동상속을 한다. 공동상속인 간의 상속분은 배우자에게는 1.5, 그 밖의 자녀에게는 1의 비율이다.
>
> ③ 특정유증의 경우에는 수증자가 상속인 또는 유언집행자에 대하여 채권적 청구권만 가지므로 은행(우체국)은 예금을 상속인이나 유언집행자에게 지급함이 원칙이다. 그러나 실무상으로는 수증자가 직접 지급하여 줄 것을 요구하는 경우가 많다. 이 경우에는 유언집행자 또는 법정상속인으로부터 유증을 원인으로 하는 명의변경신청서를 징구하여 예금주의 명의를 수증자로 변경한 후에 예금을 지급하면 된다. 다만, 상속인으로부터 유류분반환청구가 있는지 확인하여야 한다.
>
> ④ 협의분할이란 공동상속인 간의 협의에 의한 분할로, 유언에 의한 분할방법의 지정이 없거나 피상속인이 5년을 넘지 않는 범위 내에서 상속재산의 분할을 금지하지 않는 한 공동상속인들은 언제든지 협의로 상속재산을 분할할 수 있다. 협의분할에 따른 예금지급을 위해서는 상속인의 범위를 확정하고 상속재산분할협의서·공동상속인의 인감증명서·손해담보각서 등을 징구한 후 지급하면 된다. 다만, 공동상속인 중 친권자와 미성년자가 있는 경우에 친권자가 미성년자를 대리하여 협의분할 하는 것은 이해상반행위에 해당하므로 특별대리인의 선임증명을 첨부하여 특별대리인이 동의권 또는 대리권을 행사하도록 하여야 한다.
>
> 답 ①

11 금융 투자상품에 대한 설명으로 옳지 <u>않은</u> 것은? ★★

① 수입업자는 선물환 매입계약을 통해 환율변동에 따른 환리스크를 헤지(hedge)할 수 있다.

② 투자자의 원본 결손액에 대해 불법행위로 인한 손해 여부를 입증해야 하는 책임은 금융투자업자에게 있다.

③ 풋옵션의 경우, 기초자산 가격이 행사가격 이하로 하락함에 따라 매수자의 이익과 매도자의 손실이 무한정으로 커질 수 있다.

④ 상장지수증권(ETN)은 외부수탁기관에 위탁되기 때문에 발행기관의 신용위험이 없고 거래소에 상장되어 실시간으로 매매가 이루어진다.

> **해설**
>
> ④ 상장지수펀드(ETF; Exchange Traded Funds)는 특정한 지수의 움직임에 연동해 운용되는 인덱스 펀드의 일종이고, 이와 유사한 형태의 금융상품인 상장지수증권(ETN; Exchange Traded Notes)은 기초지수 변동과 수익률이 연동되도록 증권회사가 발행하는 파생결합증권이다. ETF(상장지수펀드)와 ETN(상장지수증권)은 모두 인덱스 상품이면서 거래소에 상장되어 거래된다는 점에서는 유사하나 ETF의 경우는 자금이 외부 수탁기관에 맡겨지기 때문에 발행기관의 신용위험이 없는 반면, ETN은 발행기관인 증권회사의 신용위험에 노출된다. 또한 ETF는 만기가 없는 반면에 ETN은 1~20년 사이에서 만기가 정해져 있다는 점에서도 차이가 있다.
>
> ① 선물거래의 가장 기본적이고 중요한 역할은 가격변동 리스크를 줄이는 헤징(hedging) 기능이다. 가격변동 리스크를 회피하고 싶은 투자자(hedger)는 선물시장에서 포지션을 취함으로써 미래에 가격이 어떤 방향으로 변하더라도 수익을 일정수준에서 확정시킬 수 있다. 선물거래는 현물의 가격변동위험을 헤지할 수 있으므로 그만큼 현물의 투자위험이 감소되는 결과를 가져와 투자자들은 현물시장에서 보다 적극적으로 포지션을 취할 수 있게 된다.
>
> ② 설명의무 미이행이나 중요사항에 대한 설명의 허위·누락 등으로 발생한 손실은 금융투자회사에게 배상책임이 부과되고, 투자자의 원본결손액(투자자가 금융상품투자로 지급한 또는 지급할 금전의 총액에서 투자자가 금융상품으로부터 취득한 또는 취득할 금전의 총액을 공제한 금액)을 금융투자회사의 불법행위로 인한 손해액으로 추정함으로써 손해의 인과관계가 없다는 입증책임이 금융투자업자에게 전가되게 하였다.
>
> ③ 풋옵션(put option)은 기초자산을 매도하기로 한 측이 옵션보유자가 되는 경우로, 풋옵션의 매입자는 장래의 일정시점 또는 일정기간 내에 특정 기초자산을 정해진 가격으로 매도할 수 있는 권리를 가지는 것을 말한다. 옵션상품의 경우 매수자의 손실은 옵션프리미엄에 한정되고 이익은 무한정이며, 매도자의 이익은 옵션프리미엄에 한정되지만 손실은 무한정이라는 특징이 있다.
>
> 답 ④

12 A씨의 2023년 귀속 금융소득 현황이 다음과 같을 때 종합소득 산출세액으로 옳은 것은? 〈변형〉 ★★

> • 정기예금 이자: 55,100,000원
> • 우리사주 배당금: 20,000,000원
> • 환매조건부채권 이자(RP): 30,000,000원
> • 농업회사법인 출자금 배당: 10,000,000원
> 단, 종합소득 공제는 5,100,000원, 누진 공제액은 5,760,000원으로 한다.

① 9,580,000원
② 11,914,000원
③ 14,380,000원
④ 16,780,000원

② 금융소득 중 비과세 및 분리과세 소득을 제외한 금융소득이 2천만 원을 초과하는 경우 금융소득 전체를 종합과세한다. 다만, 2천만 원을 초과하는 금융소득만 다른 종합소득과 합산하여 산출세액을 계산하고 2천만 원 이하 금액은 원천징수세율(14%)을 적용하여 산출세액을 계산한다.

- 금융소득 = 이자소득 + 배당소득
- 종합과세 제외 금융소득 = 비과세 되는 금융소득 + 분리과세 되는 금융소득
- 종합과세 대상 금융소득 = 금융소득 − 종합과세 제외 금융소득

'우리사주 배당금'과 '농업회사법인 출자금 배당'은 비과세 금융소득에 해당하므로 이 부분은 제외하고 계산을 해야 한다.

- 종합과세 되는 금융소득금액 = 정기예금 이자 + 환매조건부채권 이자(RP)
  = 55,100,000 + 30,000,000 = 85,100,000원
- 기준금액초과 금융소득: 85,100,000 − 20,000,000 = 65,100,000원

종합소득 산출세액은 '금융소득을 기본세율로 과세 시 산출세액'과 '금융소득을 원천징수세율로 과세 시 산출세액' 중 큰 금액으로 한다. 종합소득 산출세액을 계산하면,

㉠ 금융소득을 기본세율로 과세 시 산출 세액
  = (2천만 원 초과금액 − 종합소득공제) × 기본세율 + 2천만 원 × 14%
  = [(65,100,000 − 5,100,000) × 기본세율 − 누진 공제] + 20,000,000 × 14%
  = 60,000,000 × 24% − 5,760,000 + 20,000,000 × 14%
  = 14,400,000 − 5,760,000 + 2,800,000 = 11,440,000원

㉡ 금융소득을 원천징수세율로 과세 시 산출 세액 = 금융소득 × 14%
  = 85,100,000 × 14% = 11,914,000원

∴ 종합소득 산출세액은 ㉠, ㉡ 중 큰 금액인 11,914,000원이다.

비과세 금융소득

- 「소득세법」에 의한 비과세 금융소득
  - 「공익신탁법」에 의한 공익신탁의 이익
  - 장기저축성보험의 보험차익
- 「조세특례제한법」에 의한 비과세 금융소득
  - 개인연금저축의 이자 · 배당
  - 장기주택마련저축의 이자 · 배당
  - 비과세종합저축의 이자 · 배당(1명당 저축원금 5천만 원 이하)
  - 조합 등 예탁금의 이자 및 출자금에 대한 배당
  - 재형저축에 대한 이자 · 배당
  - 농어가목돈마련저축의 이자
  - 우리사주조합원이 지급 받는 배당
  - 농업협동조합근로자의 자사출자지분 배당
  - 영농 · 영어조합법인의 배당
  - 농업회사법인 출자금의 배당
  - 재외동포전용 투자신탁 등의 배당(1억 원 이하)
  - 녹색예금, 녹색채권의 이자와 녹색투자신탁 등의 배당
  - 경과규정에 의한 국민주택채권 등 이자
  - 개인종합자산관리계좌(ISA)에서 발생하는 금융소득(이자소득과 배당소득)의 합계액 중 200만 원 또는 400만 원까지의 금액

답 ②

13 우체국 예금상품 및 체크카드에 대한 설명으로 옳은 것을 모두 고른 것은? 〈변형〉 ★

> ㄱ. 성공파트너 법인용 체크카드의 현금 입출금 기능은 개인사업자에 한하여 선택 가능하다.
> ㄴ. 우체국 소상공인정기예금은 노란우산공제에 가입하거나 신용카드 가맹점 결제계좌 약정 시 우대금리를 제공한다.
> ㄷ. 우체국페이, E클래스 펀드, e-Postbank정기예금, e-Postbank예금은 우체국 창구를 통한 가입이 불가하다.
> ㄹ. 우체국 라이프+플러스 체크카드는 캐시백이 가능한 카드로, 교통카드로 사용이 불가하며 점자카드 발급 및 해외에서 사용이 가능하다.

① ㄱ, ㄴ
② ㄴ, ㄷ
③ ㄷ, ㄹ
④ ㄱ, ㄹ

ㄱ. 법인용 체크카드로는 성공파트너, e-나라도움(법인형), 정부구매, Biz플러스가 있다. 성공파트너, e-나라도움(법인형), Biz플러스는 법인용 체크카드의 현금 입출금 기능은 개인사업자에 한하여 선택 가능하다. 정부구매의 경우 현금카드 기능을 제공하지 않는다.

ㄹ. 우체국 라이프+플러스 체크카드는 쇼핑, 레저, 반려동물 업종 등의 캐시백이 가능한 카드이다. 교통카드 및 가족카드로는 사용이 불가하며, 점자카드 발급 및 해외에서 사용이 가능하다.

ㄴ. 우체국 소상공인정기예금은 소상공인·소기업 대표자를 대상으로 노란우산공제에 가입하거나 우체국 수시입출식 예금 실적에 따라 우대금리를 제공하는 서민자산 형성 지원을 위한 공익형 정기예금이다.

ㄷ. • 우체국페이는 핀테크를 접목시킨 간편결제 및 간편송금 서비스를 제공하는 우체국예금 모바일뱅킹 서비스 앱으로, 상품 가입은 비대면 계좌개설로 이루어진다. 간편결제, 간편송금(이체)이 가능하며, 모바일에서 우체국 체크카드 및 모바일카드 신청 및 발급이 가능하다.
• E클래스 펀드는 종류형 펀드의 일종으로 온라인 가입용 인터넷 전용펀드이다.
• e-Postbank정기예금은 인터넷뱅킹, 스마트뱅킹으로 가입이 가능한 온라인 전용상품으로 온라인 예·적금 가입, 자동이체 약정, 체크카드 이용실적에 따라 우대금리를 제공하는 정기예금이다.
• e-Postbank예금은 인터넷뱅킹, 스마트뱅킹 또는 우체국 창구를 통해 가입하고 별도의 통장 발행 없이 전자금융채널(인터넷뱅킹, 스마트뱅킹, 폰뱅킹, 자동화기기)을 통해 거래하는 입출금이 자유로운 예금이다.

답 ④

14 「예금자보호법」에서 정한 예금보험제도에 대한 설명으로 옳은 것은? ★

① 은행, 보험회사, 종합금융회사, 수협은행, 외국은행 국내지점은 보호대상 금융회사이다.

② 외화예금, 양도성예금증서(CD), 환매조건부채권(RP), 주택청약저축은 비보호 금융상품이다.

③ 서울시가 시중은행에 가입한 정기예금 1억 원은 5천만 원 한도 내에서 예금자보호를 받는다.

④ 금융회사가 예금을 지급할 수 없게 되면 법에 의해 금융감독원이 대신하여 예금을 지급하는 공적 보험제도이다.

해설

① 보호대상 금융회사는 은행, 보험회사(생명보험·손해보험회사), 투자매매업자·투자중개업자, 종합금융회사, 상호저축은행이다. 농협은행, 수협은행 및 외국은행 국내지점은 보호대상 금융회사이지만 농·수협지역조합, 신용협동조합, 새마을금고는 현재 예금보험공사의 보호대상 금융회사는 아니며, 관련 법률에 따른 자체 기금에 의해 보호된다. 우체국의 경우 예금보험공사의 보호대상 금융회사는 아니지만, 「우체국예금·보험에 관한 법률」에 의거하여 우체국예금(이자 포함)과 우체국보험 계약에 따른 보험금 등 전액에 대하여 국가에서 지급을 책임지고 있다.

② 외화예금은 보호 금융상품에 해당한다.

③ 예금자보호제도는 원금과 소정이자를 합하여 1인당 5천만 원까지만 보호되며 초과금액은 보호되지 않는다. 그러나 정부, 지방자치단체(국·공립학교 포함), 한국은행, 금융감독원, 예금보험공사, 부보금융회사의 예금은 보호대상에서 제외한다.

④ 예금보험은 예금자를 보호하기 위한 목적으로 법에 의해 운영되는 공적보험이기 때문에, 「예금자보호법」에 의거하여 금융회사가 파산 등으로 예금을 지급할 수 없는 경우 예금보험공사가 예금지급을 보장한다. 예금보험제도를 통해 금융회사의 보험료, 정부와 금융회사의 출연금, 예금보험기금채권 등으로 예금보험기금을 조성해두었다가 금융회사가 고객들에게 예금을 지급하지 못하는 경우에 대신 지급해준다.

답 ①

15 우체국 보험상품에 대한 설명으로 옳은 것은? 〈변형〉 ★★

① 무배당 우체국연금보험 2109와 우체국연금저축보험 2109의 연금 개시 나이는 만 55세부터이다.

② 무배당 우체국더든든한자녀지킴이보험 2203의 경우, 임신 24주 태아는 주계약 가입대상이고 무배당 선천이상특약Ⅱ 2109의 가입대상이 아니다.

③ 무배당 우체국간편건강보험(325)(20년 갱신형) 2409의 경우, 주계약은 종신까지 갱신 가능하고 특약은 100세까지 갱신 가능하다.

④ 무배당 우체국든든한종신보험 2109는 보험기간 중 계약이 해지될 경우, 예정해약환급금은 1종(해약환급금 50% 지급형)이 2종(표준형)보다 적다.

해설

② 무배당 우체국더든든한자녀지킴이보험 2203은 자녀 출생 시부터 최대 100세까지 필요한 보장을 설계하여, 태아 가입 시 자녀와 산모의 위험까지 보장이 가능하다(해당 특약 가입 시). 2종(든든형)의 주계약 가입나이는 0~20세이나 임신 사실이 확인된 태아도 가입 가능하며, 무배당 선천이상특약Ⅱ 2109와 무배당 신생아보장특약 2203의 경우는 임신 23주 이내 태아만 가입 가능하다.

① 무배당 우체국연금보험 2109는 45세 이후부터 연금을 받을 수 있어(연금개시 나이: 종신연금형·상속연금형·확정기간연금형 45~75세/더블연금형 45~70세) 노후를 위한 준비를 할 수 있다. 우체국연금저축보험 2109의 연금 개시 나이는 만 55세부터 80세까지이다.

③ 무배당 우체국간편건강보험(325)(20년 갱신형) 2409는 주계약은 재해사망으로 간소화하고 필요한 담보는 특약으로 가입할 수 있도록 설계하여 고객 선택권을 확대하였다.

④ 보험기간이 아니라 보험료 납입기간이다. 1종(해약환급금 50% 지급형)은 보험료 납입기간 중 계약이 해지될 경우 2종(표준형)의 해약환급금 대비 적은 해약환급금을 지급하는 대신 2종(표준형)보다 저렴한 보험료로 보험을 가입할 수 있도록 한 상품이다.

답 ②

16 우체국보험의 계약유지에 대한 설명으로 옳은 것은? 〈변형〉 ★

① 피보험자는 해지된 날부터 3년 이내에 체신관서가 정한 절차에 따라 계약의 부활을 청약할 수 있다.

② 보험계약자가 보험수익자를 변경하는 경우, 보험금의 지급사유가 발생한 후에 보험수익자의 동의를 받아야 한다.

③ 보험료의 자동대출 납입 기간은 최초 자동대출 납입일부터 1년을 한도로 하며 그 이후의 기간은 보험계약자가 재신청을 하여야 한다.

④ 보험계약자가 고의로 보험금 지급사유를 발생시킨 경우, 체신관서는 그 사실을 안 날부터 1개월 이내에 계약을 해지할 수 있으며 책임준비금을 보험계약자에게 지급한다.

③ 보험료 미납으로 실효(해지)될 상태에 있는 보험계약에 대하여 계약자의 신청이 있는 경우 해약환급금 범위 내에서 자동대출(환급금대출)하여 보험료를 납입할 수 있다. 보험료의 자동대출납입기간은 최초 자동대출납입일부터 1년을 한도로 하며 그 이후의 기간에 대한 보험료의 자동대출 납입을 위해서는 재신청을 하여야 한다.

① 부활이란 계약자에게 편의를 제공하기 위하여 법령에서 규정한 바에 따라 보험료납입 연체로 인하여 해지(효력상실)된 계약의 계속적인 유지를 원할 경우 소정의 절차에 따라 계약의 효력을 부활시키는 제도이다. 우체국보험 약관에 의거하여 보험료의 납입연체로 인한 해지계약이지만 해약환급금을 받지 않은 경우 계약자는 해지된 날부터 3년 이내에 체신관서가 정한 절차에 따라 계약의 부활(효력회복)을 청약할 수 있다.

② 계약자는 보험수익자를 변경할 수 있으며 이 경우에는 체신관서의 승낙이 필요하지는 않는다. 다만, 변경된 보험수익자가 체신관서에 권리를 대항하기 위해서는 계약자가 보험수익자가 변경되었음을 체신관서에 통지하여야 하며, 보험수익자를 변경하고자 할 경우에는 보험금의 지급사유가 발생하기 전에 피보험자가 서면으로 동의하여야 한다.

④ 다음의 중대 사유와 같은 사실이 있을 경우에 체신관서는 그 사실을 안 날부터 1개월 이내에 계약을 해지할 수 있다. 이 경우 체신관서는 그 취지를 계약자에게 통지하고 해당 상품의 약관에 따른 해약환급금을 지급한다.
  • 계약자, 피보험자 또는 보험수익자가 고의로 보험금 지급사유를 발생시킨 경우
  • 계약자, 피보험자 또는 보험수익자가 보험금 청구에 관한 서류에 고의로 사실과 다른 것을 기재하였거나 그 서류 또는 증거를 위조 또는 변조한 경우(다만, 이미 보험금 지급사유가 발생한 경우에는 보험금 지급에 영향을 미치지 않음)

답 ③

---

17 현행 「우체국예금 · 보험에 관한 법률 시행규칙」에서 정한 우체국보험에 대한 설명으로 옳은 것은? ★

① 재보험의 가입한도는 영업보험료의 100분의 80 이내이다.
② 우체국보험의 종류에는 보장성보험, 저축성보험, 연금보험, 단체보험이 있다.
③ 계약보험금 한도액은 보험종류별(연금보험 제외)로 피보험자 1인당 5천만 원이다.
④ 세액공제 혜택이 없는 연금보험의 최초 연금액은 피보험자 1인당 1년에 900만 원 이하이다.

④ 일정 연령 이후에 생존하는 경우 연금의 지급을 주된 보장으로 하는 연금보험(「소득세법 시행령」 제40조의2 제2항 제1호에 따른 연금저축계좌에 해당하는 보험은 제외한다)의 최초 연금액은 피보험자 1인당 1년에 900만 원 이하로 한다(「우체국예금 · 보험에 관한 법률 시행규칙」 제36조 제2항).

① 「우체국예금 · 보험에 관한 법률」 제46조의2 제2항에 따른 재보험(再保險)의 가입한도는 사고 보장을 위한 보험료의 100분의 80 이내로 한다(「우체국예금 · 보험에 관한 법률 시행규칙」 제60조의2).

② 「우체국예금 · 보험에 관한 법률 시행규칙」 제35조에 명시된 보험의 종류에는 보장성보험, 저축성보험, 연금보험이 있다. 단체보험은 해당하지 않는다.

③ 「우체국예금 · 보험에 관한 법률」 제28조에 따른 계약보험금 한도액은 보험종류별(제35조 제1항 제3호의 연금보험은 제외한다)로 피보험자 1인당 4천만 원(제35조 제1항 제1호의 보장성보험 중 우체국보험사업을 관장하는 기관의 장이 「국가공무원법」 제52조에 따라 그 소속 공무원의 후생 · 복지를 위하여 실시하는 단체보험상품의 경우에는 2억 원으로 한다)으로 하되, 보험종류별 계약보험금한도액은 우정사업본부장이 정한다(「우체국예금 · 보험에 관한 법률 시행규칙」 제36조 제1항).

답 ④

18 우체국 보험상품의 보험세제에 대한 설명으로 옳은 것은? 〈변형〉 ★★

① 무배당 어깨동무보험 2109의 경우, 연간 납입보험료 100만 원 한도 내에서 연간 납입보험료의 12%가 세액공제 금액이 된다.

② 무배당 그린보너스저축보험플러스 2203은 보험계약자, 피보험자, 보험수익자가 동일하여야 월적립식 저축성보험 비과세를 받을 수 있다.

③ 무배당 파워적립보험 2109는 보험기간이 10년인 경우, 납입기간은 보험종류에 관계없이 월적립식 저축성보험 비과세 요건의 납입기간을 충족한다.

④ 무배당 우체국연금보험 2109에 가입한 만 65세 연금소득자가 종신연금형으로 연금수령 시 연금소득은 금융소득종합과세 대상에 포함된다.

19 글의 내용과 일치하는 것은? ★

Even if schools which are detached from parental control are not tyrannical, it may be argued that they are educationally ineffective. Schools can educate successfully, it is often argued, only when they act in partnership with parents, especially by encouraging parent involvement in the school. The detached-school ideal seems to neglect this important pedagogical point. I contend, however, that while parent involvement is very important in boosting students' achievement, this does not mean that parents must be given greater control over or input into the aims and content of the school. The available research demonstrates that parent involvement programs generally work equally well when there is a gap between the values espoused by the school and by the parents as when both school and parents embrace the same educational values.

① The schools under parental control are educationally ineffective.

② The detached-school ideal appears to neglect the importance of boosting students' achievement.

③ It is argued that the school can educate successfully through the partnership with the parents.

④ Parent involvement programs work well only when both school and parents have the same educational values.

③ 두 번째 문장에서 'Schools can educate successfully, it is often argued, only when they act in partnership with parents, ~'라고 했으므로, 글의 내용과 일치하는 것은 'It is argued that the school can educate successfully through the partnership with the parents(학교가 학부모와 협력할 경우에만 성공적으로 교육할 수 있다고 주장된 다).'이다.

① 학부모의 통제하에 있는 학교는 교육적으로 효과가 없다. → 첫 번째 문장에서 'Even if schools which are detached from parental control are not tyrannical, it may be argued that they are educationally ineffective.'라 고 했으므로 글의 내용과 일치하지 않는다.

② (학부모와) 분리된 학교의 이상은 학생의 성취도를 높이는 것의 중요성을 간과하는 것처럼 보인다. → 세 번째 문장 에서 'The detached-school ideal seems to neglect this important pedagogical point.'라고 했으므로, 글의 내용 과 일치하지 않는다.

④ 학부모 참여 프로그램은 학교와 학부모 모두 동일한 교육적 가치를 가지고 있을 때만 효과적이다. → 마지막 문장에 서 학교와 부모가 옹호하는 가치에 차이가 있을 때도 효과적이라고 제시하였다.

[해석]
학부모의 통제를 벗어난 학교는 전제적이지 않다고 해도, 교육적으로 효과가 없다고 주장될 수도 있다. 특히 학교 내 학 부모의 참여를 독려함으로써 학교가 학부모와 협력할 경우에만 성공적으로 교육할 수 있다고 주장하는 경우가 종종 있 다. (학부모와) 분리된 학교라는 이상은 이 중요한 교육적인 요점을 간과하고 있는 것 같다. 나는. 하지만, 학부모의 개입 이 학생의 성취도를 진작시키는 데 있어 매우 중요하기는 하지만, 이것이 학부모에게 학교의 목표와 내용에 대한 더 큰 통제력을 부여하거나 정보를 제공해야만 한다는 뜻은 아니라고 주장한다. 이용 가능한 연구에 따르면 일반적으로 학부 모 참여 프로그램은 학교와 학부모가 동일한 교육적인 가치를 수용할 때와 마찬가지로 학교에 의해 채택한 가치와 학 부모에 의해 채택된 가치 사이에 차이가 있을 때도 동일하게 잘 작용하는 것으로 나타난다.

[어휘]
detached: 분리한, 공정한
tyrannical: 전제적인, 폭군의, 압제적인
ineffective: 무효의, 효과[효력] 없는
in partnership with: ~와 협력하여
neglect: 무시하다, 간과하다, 소홀히 하다
pedagogical: 교육학의
demonstrate: 나타내다, 입증하다, 설명하다
espouse: 채택하다, (주의 · 정책 등을) 지지하다
embrace: 받아들이다[수용하다]

답 ③

20 다음에 제시된 문장이 〈보기〉에 들어갈 위치로 가장 알맞은 것은?　　　　★★

> This all amounts to heightened activity and noise levels, which have the potential to be particularly serious for children experiencing auditory function deficit.

보기

> Hearing impairment or auditory function deficit in young children can have a major impact on their development of speech and communication, resulting in a detrimental effect on their ability to learn at school. This is likely to have major consequences for the individual and the population as a whole. 　㉠　 The New Zealand Ministry of Health has found from research carried out over two decades that 6-10% of children in that country are affected by hearing loss. 　㉡　 A preliminary study in New Zealand has shown that classroom noise presents a major concern for teachers and pupils. 　㉢　 Modern teaching practices, the organization of desks in the classroom, poor classroom acoustics, and mechanical means of ventilation such as air-conditioning units all contribute to the number of children unable to comprehend the teacher's voice. Education researchers Nelson and Soli have also suggested that recent trends in learning often involve collaborative interaction of multiple minds and tools as much as individual possession of information. 　㉣

① ㉠　　　　　② ㉡　　　　　③ ㉢　　　　　④ ㉣

해설 ④ 제시된 문장에서 'This all amounts to heightened activity and noise levels, ~(이것은 모두 결과적으로 활동 및 소음 수준을 높이게 되어 청각 기능 장애를 겪는 아이들에게 특히 심각할 수 있다.)'라고 했는데, 마지막 문장에서 '최근 학습의 추세는 종종 개인이 정보를 보유하는 것 못지않게 다양한 생각과 도구의 협력적인 상호작용이 포함된다.' 라고 했으므로, 글의 흐름상 제시된 글이 들어갈 위치로 알맞은 것은 마지막 문장 다음인 '㉣'이다.

해석
어린이들에게 있어서 청각 장애 또는 청각 기능의 장애는 그들의 언어 능력과 의사소통의 발전에 지대한 영향을 미칠 수 있으며, 결과적으로 그들의 학교에서의 학습 능력에 악영향을 초래한다. 이는 개인과 전체 인구에 중대한 결과를 가져올 가능성이 있다. 뉴질랜드 보건부는 지난 20년 이상 동안에 수행된 연구에서 그 나라 어린이들의 6~10%가 난청에 의해 영향을 받고 있다는 것을 발견했다. 뉴질랜드의 한 예비 연구는 교실의 소음이 교사와 학생에게 주요한 우려스러운 상황을 야기한다는 것을 밝혔다. 현대적인 교습 관행, 교실의 책상 구성, 열악한 교실 음향, 에어컨 시설과 같은 기계적인 환기 수단이 모두 교사의 목소리를 이해하지 못하는 아이들의 수의 원인이 된다. 교육 연구원인 Nelson과 Soli 는 또한 최근 학습의 추세는 종종 개인이 정보를 보유하는 것 못지않게 다양한 생각과 도구의 협력적인 상호작용이 포함된다는 것을 시사했다. 이것은 모두 결과적으로 활동 및 소음 수준을 높이게 되어, 청각 기능 장애를 겪는 아이들에게 특히 심각할 수 있다.

어휘
amount to: 결과적으로 …이 되다, …에 해당[상당]하다　　potential: 가능성 있는, 잠재적인
auditory: 청각의　　deficit: 결손
hearing impairment: 청각 장애　　detrimental: 해로운
hearing loss: 난청, 청력 상실　　present: (문제 등을) 야기하다[겪게 하다]
preliminary: 예비의　　pupil: 학생
acoustics: 음향 시설　　ventilation: 환기, 통풍
contribute: (…의) 한 원인이 되다

답 ④

02 컴퓨터일반

※ 2024년도 시험부터 제외되는 '자료구조알고리즘'과 '프로그래밍언어론' 문항은 ×표시하였습니다.

01 동기식 전송(Synchronous Transmission)에 대한 설명으로 옳지 <u>않은</u> 것은? ★★

① 정해진 숫자만큼의 문자열을 묶어 일시에 전송한다.
② 작은 비트블록 앞뒤에 Start Bit와 Stop Bit를 삽입하여 비트블록을 동기화한다.
③ 2,400bps 이상 속도의 전송과 원거리 전송에 이용된다.
④ 블록과 블록 사이에 유휴시간(Idle Time)이 없어 전송효율이 높다.

> **해설** ② 비동기식 전송에 대한 설명이다.
> ① · ③ · ④ 동기식 전송에 대한 설명이다.
>
> **비동기식 전송**
>
> | 전송 단위 | 문자(구성: Start Bit, 전송문자, 패리티 비트, Stop Bit) |
> |---|---|
> | 휴지 시간 | 있음(불규칙) |
> | 전송 속도 | 1,200bps 이하, 저속, 단거리 전송에 사용 |
> | 구조/가격 | 동기화가 단순하고, 저비용 |
> | 전송 효율 | 문자마다 시작과 정지를 알리기 위한 비트가 2~3비트씩 추가되므로 전송 효율이 떨어짐 |
>
> **동기식 전송**
>
> | 전송 단위 | 프레임(미리 정해진 수만큼의 문자열을 한 프레임으로 만들어 일시에 전송) |
> |---|---|
> | 휴지 시간 | 없음 |
> | 전송 속도 | 2,400bps 이하, 고속, 원거리 전송에 사용 |
> | 구조/가격 | 단말기는 버퍼(기억장치)가 필요, 고비용, 송/수신 동기를 유지하기 위해 클럭을 계속적으로 공급 또는 동기 문자 전송 |
> | 전송 효율 | 휴지 시간이 없으므로 전송효율이 높음 |
> | 종류 | 비트 동기 방식, 블록 동기 방식(문자 동기 방식, 비트 동기 방식) |
>
> 답 ②

02 어떤 프로젝트를 완성하기 위해 작업 분할(Work Breakdown)을 통해 파악된, 다음 소작업(activity) 목록을 AOE(Activity On Edge) 네트워크로 표현하였을 때, 이 프로젝트가 끝날 수 있는 가장 빠른 소요시간은? ★★

소작업 이름	소요시간	선행 소작업
a	5	없음
b	5	없음
c	8	a, b
d	2	c
e	3	b, c
f	4	d
g	5	e, f

① 13　　　　　　　　　　　　② 21

③ 24　　　　　　　　　　　　④ 32

해당 문제는 임계경로를 구하는 문제이다(단, g 작업 소요시간이 0이 아닌 5이므로 포함해서 계산해야 함).

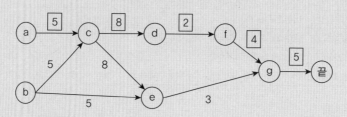

③ • 작업: a-c-d-f-g-끝
　 • 시간: 5+8+2+4+5=24

임계경로
작업개시에서 종료까지의 모든 경로 중 가장 작업 시간이 오래 걸리는 경로를 의미한다.

AOE
• 정점(노드)은 작업, 간선은 작업들의 선후관계와 작업에 필요한 시간을 의미한다.
• 프로젝트에 대한 성능 평가 방법으로 프로젝트에 필요한 최소 시간을 결정한다.
• 최소 시간의 의미는 시간이 가장 오래 걸리는 작업의 경우를 의미한다.
• 프로젝트 완료를 위한 최소 시간은 시작 정점에서 최종 정점까지의 가장 긴 경로를 계산한다.

답 ③

03 다음에 제시된 입력 데이터를 엑셀 서식의 표시 형식 코드에 따라 출력한 결과로 옳은 것은? ★★★

입력 데이터: 1234.5
표시 형식 코드: #,##0

① 1,234

② 1,235

③ 1,234.5

④ 1,234.50

② #,##0은 천 단위마다 쉼표를 삽입하고 자릿값이 없을 경우에는 0을 출력하라는 의미이며, 소수부가 존재하는 경우 5 이상이면 반올림되어 정수로 표시한다. 따라서 1,235가 나타난다.

형식	데이터	결과	1234.5
	#,##0.0		1,234.5
	#,##0.00		1,234.50

目 ②

04 객체지향 소프트웨어 개발 및 UML Diagram에 대한 설명이다. ㉠~㉢에 들어갈 내용을 바르게 짝 지은 것은? ★★

> • (㉠)은/는 외부에서 인식할 수 있는 특성이 담긴 소프트웨어의 골격이 되는 기본 구조로, 시스템 전체에 대한 큰 밑그림이다. 소프트웨어 품질 요구 사항은 (㉠)을/를 결정하는 데 주요한 요소로 작용한다.
> • (㉡)은/는 두 개 이상의 클래스에서 동일한 메시지에 대해 객체가 다르게 반응하는 것이다.
> • (㉢)은/는 객체 간의 메시지 통신을 분석하기 위한 것으로 시스템의 동작을 정형화하고 객체들의 메시지 교환을 시각화한다.

	㉠	㉡	㉢
①	소프트웨어 아키텍처	다형성	시퀀스 모델
②	유스케이스	다형성	시퀀스 모델
③	클래스 다이어그램	캡슐화	상태 모델
④	디자인 패턴	캡슐화	상태 모델

 해설
• 유스케이스: 시스템을 블랙박스로 보고 행위자 입장에서 시스템을 어떻게 사용하는지 분석하는 것을 의미하고, 시스템의 기능을 정의하고 범위를 결정함으로써 시스템과 외부 환경 변수를 구분하고 상호 관계를 정립하는 것을 말한다.
• 클래스 다이어그램: 클래스와 클래스 사이의 관계를 나타낸 다이어그램을 말한다.
• 캡슐화: 알고리즘이나 자료 구조를 모듈 내부에 포함하여 자세한 내부 사항을 모듈 인터페이스 안에 숨기는 개념을 말한다.
• 상태 모델: 외부에서 보이는 시스템이나 객체의 동작을 나타낸 다이어그램을 말한다.

정답 ①

05 공개키 암호방식에 대한 설명으로 옳은 것은? ★★

① 송신자는 전송메시지에 대한 MAC(Message Authentication Code)을 생성하고 수신자는 그 MAC을 점검함으로써 메시지가 전송과정에서 변조되었는지 여부를 확인한다.
② 송신자는 수신자의 개인키를 이용하여 암호화한 메시지를 송신하고 수신자는 수신한 메시지를 자신의 공개키를 이용하여 복호화한다.
③ 송수신자 규모가 동일할 경우, 공개키 암호방식이 대칭키 암호방식보다 더 많은 키들을 필요로 하기 때문에 인증기관이 키 관리를 담당한다.
④ 키 운영의 신뢰성을 공식적으로 제공하기 위하여 인증기관은 고객별로 개인키와 키 소유자 정보를 만들고 이를 해당 고객에게 인증서로 제공한다.

① MAC은 해시함수＋대칭키(비밀키)로 메시지 무결성(변조확인)을 인증하고 거짓행세(메세지 인증으로 검출)를 검출할 수 있다.

② 송신자는 수신자의 공개키를 이용하여 암호화한 메시지를 송신하고 수신자는 수신한 메시지를 자신의 개인키를 이용하여 복호화한다.

③ 송수신자 규모가 동일할 경우, 공개키 암호화 방식이 대칭키 암호방식보다 더 적은 키들을 필요로 하고 인증기관이 키 관리를 담당한다.

④ 키 운영의 신뢰성을 공식적으로 제공하기 위하여 인증기관은 고객별로 공개키와 키 소유자 정보를 만들고 이를 해당 고객에게 인증서로 제공한다.

공개키(비대칭키)와 비밀키(대칭키)

구분	비밀키	공개키
특징	• 암호화키와 복호화키가 동일 • 암호화 알고리즘: DES	• 암호화키와 복호화키가 다름 • 암호화 알고리즘: RSA • 암호화키는 공개, 복호화키는 관리자가 비밀리에 관리
장점	• 암호화, 복호화 속도 빠름 • 키의 길이가 상대적으로 짧음	키 분배 용이
단점	• 키 분배 어려움 • 전사 서명 불가능 • 사용자의 증가로 관리할 키 개수 증가 • 응용이 제한적	• 전자 서명 가능 • 암호화, 복호화 속도 느림 • 알고리즘 복잡, 파일의 크기가 큼

📋 정답 없음

* 해당 문제는 당초 ①이 정답으로 공개되었으나, 이의 신청이 받아들여져 정답 없음으로 응시생 전원 정답 처리되었습니다.

06 온라인에서 멀티미디어 콘텐츠의 불법 유통을 방지하기 위해 삽입된 워터마킹 기술의 특성으로 옳지 <u>않은</u> 것은? ★★

① 부인 방지성   ② 비가시성
③ 강인성   ④ 권리정보 추출성

① 부인 방지성은 메시지(전자우편)의 송수신이나 교환 후, 또는 통신이나 처리가 실행된 후에 그 사실을 사후에 증명함으로써 사실 부인을 방지하는 보안 기술을 말한다.

워터마킹의 요구 조건
비가시성(보이지 않음), 강인성(변형에도 지워지지 않는 성질), 명확성, 보안성, 원본 없이 추출(권리정보 추출성)

📋 ①

07 프로세스 관리 과정에서 발생할 수 있는 교착상태(Deadlock)를 예방하기 위한 조치로 옳은 것은?

★★

① 상호배제(Mutual Exclusion) 조건을 제거하고자 할 경우, 프로세스 A가 점유하고 있던 자원에 대하여 프로세스 B로부터 할당 요청이 있을 때 프로세스 B에게도 해당자원을 할당하여 준다. 운영체제는 프로세스 A와 프로세스 B가 종료되는 시점에서 일관성을 점검하여 프로세스 A와 프로세스 B 중 하나를 철회시킨다.

② 점유대기(Hold and Wait) 조건을 제거하고자 할 경우, 자원을 점유한 프로세스가 다른 자원을 요청하였지만 할당받지 못하면 일단 자신이 점유한 자원을 반납한다. 이후 그 프로세스는 반납하였던 자원과 요청하였던 자원을 함께 요청한다.

③ 비선점(No Preemption) 조건을 제거하고자 할 경우, 프로세스는 시작시점에서 자신이 사용할 모든 자원들에 대하여 일괄할당을 요청한다. 일괄할당이 이루어지지 않을 경우, 일괄할당이 이루어지기까지 지연됨에 따른 성능저하가 발생할 수 있다.

④ 환형대기(Circular Wait) 조건을 제거하고자 할 경우, 자원들의 할당 순서를 정한다. 자원 R_i가 자원 R_k보다 먼저 할당되는 것으로 정하였을 경우, 프로세스 A가 R_i를 할당받은 후 R_k를 요청한 상태에서 프로세스 B가 R_k를 할당받은 후 R_i를 요청하면 교착상태가 발생하므로 운영체제는 프로세스 B의 자원요청을 거부한다.

 ① 상호배제를 제외한 3가지 조건 중 하나를 부정한다.
② 비선점 부정에 대한 설명이다.
③ 점유와 대기 부정에 대한 설명이다.

교착상태 예방 방법 3가지
- 점유와 대기 부정: 프로세스가 실행되기 전 필요한 모든 자원을 할당하여 프로세스 대기를 없애거나 자원이 점유되지 않은 상태에서 자원을 요구한다.
- 비선점 부정: 자원을 점유하고 있는 프로세스가 다른 자원을 요구할 때 점유하고 있는 자원을 반납하고, 요구한 자원을 사용하기 위해 기다린다.
- 환형 대기 부정: 자원을 선형 순서로 분류하여 고유 번호를 할당하고, 각 프로세스는 현재 점유한 자원의 고유 번호보다 앞뒤 어느 한쪽 방향으로만 자원을 요구한다.

교착상태 필요충분조건 4가지
- 상호배제: 한 프로세스가 사용 중이면 다른 프로세스가 기다리는 경우로 프로세스에게 필요한 자원의 배타적 통제권을 요구한다. 한 번에 한 개의 프로세스만이 공유 자원을 사용한다.
- 점유와 대기: 프로세스들은 할당된 자원을 가진 상태에서 다른 자원을 기다린다.
- 비선점: 다른 프로세스에 할당된 자원은 사용이 끝날 때까지 강제로 빼앗을 수 없다.
- 환형대기: 각 프로세스는 순환적으로 다음 프로세스가 요구하는 자원을 가지고 있고, 자신에게 할당된 자원을 점유하면서 앞뒤에 있는 프로세스의 자원을 요구한다.

답 ④

08 순차 파일과 인덱스 순차 파일에 대한 설명으로 옳은 것의 총 개수는? ★★★

> ㄱ. 순차 파일에서의 데이터 레코드 증가는 적용된 순차 기준으로 마지막 위치에서 이루어진다.
> ㄴ. 순차 파일에서는 접근 조건으로 제시된 순차 대상 필드 값 범위에 해당하는 대량의 데이터 레코드들을 접근할 때 효과적이다.
> ㄷ. 순차 파일에서의 데이터 레코드 증가는 오버플로우 블록을 생성시키지 않는다.
> ㄹ. 인덱스 순차 파일의 인덱스에는 인덱스 대상 필드 값과 그 값을 가지는 데이터 레코드를 접근할 수 있게 하는 위치 값이 기록된다.
> ㅁ. 인덱스 순차 파일에서는 인덱스 갱신 없이 데이터 레코드를 추가하거나 삭제하는 것이 가능하다.
> ㅂ. 인덱스 순차 파일에서는 접근 조건에 해당하는 인덱스 대상 필드 값을 가지는 소량의 데이터 레코드를 순차 파일보다 효과적으로 접근할 수 있다.
> ㅅ. 인덱스를 다중레벨로 구성할 경우, 최하위 레벨은 순차 파일 형식으로 구성된다.

① 2개   ② 3개
③ 4개   ④ 5개

 해설

ㄱ. (×) 새로운 레코드를 삽입하는 경우 마지막 또는 지정한 위치에 삽입 가능하다. 단, 지정한 위치에 삽입하는 경우 삽입할 위치 이후의 파일을 복사해야 하므로 시간이 걸릴 수 있다(데이터 이동시간이 발생할 수 있지만 지정한 위치에 삽입 가능).
ㅁ. (×) 인덱스 순차 파일에서는 인덱스 갱신 없이 데이터 레코드를 추가하거나 삭제하는 것이 불가능하다(인덱스 갱신 필수).
ㅅ. (×) 인덱스를 다중레벨로 구성할 경우, 최하위 레벨은 데이터로 구성한다.

순차 파일
• 생성되는 순서에 따라 레코드를 순차적으로 저장하므로 저장 매체의 효율이 가장 높다.
• 입력되는 데이터의 논리적인 순서에 따라 물리적으로 연속된 위치에 기록하는 방식이다.
• 처리속도가 빠르고, 매체의 공간 효율이 좋지만 검색 시 불편하다(처음부터 검색).
• 자기 테이프만 가능하다.

색인(Index) 순차 파일
• 순차처리, 랜덤처리가 가능하다.
• 기본 데이터 영역, 색인 영역, 오버플로우 영역으로 구성한다.
• 실제 데이터 처리 외에 인덱스를 처리하는 시간이 소모되므로 처리속도가 느리다.
• 일반적으로 자기 디스크에 많이 사용한다(자기 테이프 사용 불가).
• 파일에 레코드를 추가하거나 삭제할 때 파일의 전체 내용을 복사하지 않아도 되므로 레코드의 삽입 및 삭제가 용이하다.
• 검색 시 효율적이다.

답 ③

09 Java 프로그램의 실행 결과로 옳은 것은? ★★★

```
public class B extends  A {                    public class A {
  int a = 20;                                    int a = 10;
  public B( ) {                                  public A( ) {
    System.out.print("다");                        System.out.print("가");
  }                                              }
  public B(int x) {                              public A(int x) {
    System.out.print("라");                        System.out.print("나");
  }                                              }
}                                                public static void main(String[] a){
                                                   B b1 = new B( );
                                                   A b2 = new B(1);
                                                   System.out.print(b1.a + b2.a);
                                                 }
                                               }
```

① 다라30   ② 다라40

③ 가다가라30   ④ 가다가라40

해설
③ 해당 문제는 상속과 생성자에 관한 문제이며, 실행과정은 다음과 같다.
- main( ) 메소드 실행(B 생성자 생성)
- public B( )를 실행해야 하지만 public class B extends A(상속관계)이므로 public A( ) 먼저 실행, "가" 출력
- public B( ) 실행, "다" 출력
- public B(int x)를 실행해야 하지만 public class B extends A(상속관계)이므로 public A( ) 먼저 실행, "가" 출력
- public B(int x) 실행, "라" 출력
- main( ) 실행 b1.a = 20, b2.a = 10이므로 20 + 10 = 30 ∴ 30 출력

생성자
객체의 초기화를 위해 사용한다. 반드시 클래스의 이름과 동일한 이름으로 정의하고, 하나의 클래스는 여러 개의 생성자를 가질 수 있다.

상속
클래스에서 상속의 의미는 상위 클래스에서 선언된 속성과 기능이 하위 클래스에 상속됨을 의미한다. 상속관계의 상위 클래스가 있다면 상위 클래스의 생성자가 먼저 수행되며, extends는 상속을 의미한다.

답 ③

C 언어로 작성된 프로그램의 실행 결과로 옳은 것은? ★★

```
#include <stdio.h>

double h(double *f, int d, double x){
        int i;
        double res=0.0;
        for(i=d-1; i>=0; i--){
                res=res * x+f[i];
        }
        return res;
}

int main( ) {
        double f[]={1, 2, 3, 4};
        printf("%3.1f\n", h(f, 4, 2));
        return 0;
}
```

① 11.0   ② 26.0

③ 49.0   ④ 112.0

해설 ③ • main( )에서 f라는 배열 생성

1	2	3	4
f[0]	f[1]	f[2]	f[3]

C 언어 첨자는 0부터 시작

• h(f,4,2) 함수 호출

double *f, int d, double x)

      f   4   2를 의미

• i 는 d가 4이므로 3부터 0까지 1씩 감소(3, 2, 1, 0 반복문 4번 수행)

구분	res=res * x+f[i]
i=3	4 =0 * 2+f[3] 　　　　4
i=2	11 =4 * 2+f[2] 　　　　3
i=1	24 =11 * 2+f[1] 　　　　2
i=0	49 =24 * 2+f[0] 　　　　1

• 출력형식이 3.1f이므로 49.0 출력

답 ③

11 (가), (나)에서 설명하는 악성 프로그램의 용어를 바르게 짝 지은 것은? ★

> (가) 사용자 컴퓨터의 데이터를 암호화시켜 파일을 사용할 수 없도록 한 후 암호화를 풀어주는 대가로 금
>   전을 요구하는 악성 프로그램
> (나) 'ㅇㅇㅇ초대장' 등의 내용을 담은 문자 메시지 내에 링크된 인터넷 주소를 클릭하면 악성 코드가 설치
>   되어 사용자의 정보를 빼가거나 소액결제를 진행하는 악성 프로그램

	(가)	(나)
①	스파이웨어	트로이목마
②	랜섬웨어	파밍(Pharming)
③	스파이웨어	피싱(Phishing)
④	랜섬웨어	스미싱(Smishing)

- 스파이웨어: 사용자 동의 없이 설치되어 컴퓨터의 정보를 수집하고 전송하는 악성 소프트웨어로 신용카드와 같은 금
  융 정보 및 주민등록번호와 같은 신상정보, 암호를 비롯한 각종 정보를 수집한다.
- 트로이목마: 악성 루틴이 숨어 있는 프로그램으로 겉보기에는 정상적인 프로그램으로 보이지만 실행하면 악성코드
  로 실행한다.
- 파밍: 새로운 피싱 기법의 하나로 사용자가 자신의 웹브라우저에서 정확한 웹페이지 주소를 입력해도 가짜 웹페이지
  에 접속하게 하여 개인정보를 훔치는 것을 말한다.
- 피싱: 전자우편 또는 메신저를 사용해서 신뢰할 수 있는 사람 또는 기업이 보낸 메시지인 것처럼 가장함으로써 비밀
  번호 및 신용카드 정보와 같이 기밀을 요하는 정보를 부정하게 얻는 것을 말한다.

답 ④

12 다음에서 설명하는 디자인 패턴으로 옳은 것은?　　　　　　　　　　　　　　　　　　　　　★

> 클라이언트와 서브시스템 사이에 ○○○ 객체를 세워놓음으로써 복잡한 관계를 구조화한 디자인 패턴이
> 다. ○○○ 패턴을 사용하면 서브시스템의 복잡한 구조를 의식하지 않고, ○○○에서 제공하는 단순화된
> 하나의 인터페이스만 사용하므로 클래스 간의 의존관계가 줄어들고 복잡성 또한 낮아지는 효과를 가져
> 온다.

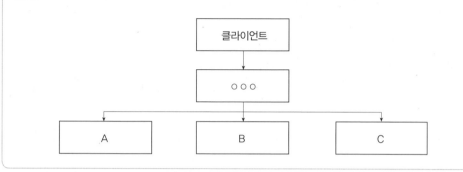

① MVC pattern
② facade pattern
③ mediator pattern
④ bridge pattern

 ② facade pattern(퍼사드 패턴): 소프트웨어 공학 디자인 패턴 중 하나이며 객체 지향 프로그래밍 분야에서 자주 사용
　한다. 단순화된 인터페이스를 통해서 서브시스템을 더 쉽게 사용할 수 있도록 하기위한 용도로 쓰인다. facade는
　'건물의 정면'을 의미하고, 클래스 라이브러리 같은 어떤 소프트웨어의 다른 커다란 코드 부분에 대한 간략화된 인터
　페이스를 제공하는 객체를 말한다.
① MVC pattern(모델-뷰-컨트롤러 패턴): 소프트웨어 디자인 패턴으로 사용자 인터페이스로부터 비즈니스 로직을 분
　리하여 애플리케이션의 시각적 요소나 그 이면에서 실행되는 비즈니스 로직을 서로 영향 없이 쉽게 고칠 수 있는 애
　플리케이션을 만들 수 있다. 모델은 애플리케이션 정보를 의미하고 뷰는 텍스트, 체크박스 항목 등과 같은 사용자
　인터페이스 요소이며 컨트롤러는 데이터와 비즈니스 로직 사이의 상호동작을 관리한다.
③ mediator pattern(중재자 패턴): 소프트웨어 공학에서 어떻게 객체들의 집합이 상호작용하는지를 함축해 놓은 객체
　를 정의하고 이 패턴은 프로그램의 실행 행위를 변경할 수 있기 때문에 행위 패턴으로 간주된다.
④ bridge pattern(브리지 패턴): 구현부에서 추상층을 분리하여 각자 독립적으로 변형·확장이 가능하고, 기능과 구현
　에서 두 개를 별도의 클래스로 구현한다.

답 ②

13 SQL의 명령을 DDL, DML, DCL로 구분할 경우, 이를 바르게 짝 지은 것은? ★

	DDL	DML	DCL
①	RENAME	SELECT	COMMIT
②	UPDATE	SELECT	GRANT
③	RENAME	ALTER	COMMIT
④	UPDATE	ALTER	GRANT

 ① • DDL: CREATE, ALTER, DROP, RENAME, TRUNCATE, COMMENT
　　• DML: SELECT, INSERT, UPDATE, DELETE, MERGE, CALL, EXPLAIN PLAN, LOCK TABLE
　　• DCL: GRANT, REVOKE, COMMIT, ROLLBACK

답 ①

14 ㉠과 ㉡에 들어갈 용어를 바르게 짝 지은 것은? ★★

(㉠)은/는 구글에서 개발해서 공개한 인공지능 응용프로그램 개발용 오픈소스 프레임워크이다. 이 프레임워크를 사용할 때 인공지능 소프트웨어가 이미지 및 음성을 인식하기 위해서는 신경망의 (㉡) 모델을 주로 사용한다.

	㉠	㉡
①	텐서플로우	논리곱 신경망
②	알파고	퍼셉트론
③	노드레드	인공 신경망
④	텐서플로우	합성곱 신경망

 • 알파고: 구글의 딥마인드가 개발한 인공지능 바둑 프로그램을 말한다.
• 퍼셉트론: 인공 신경망의 한 종류로 다수의 입력으로부터 하나의 결과를 내보내는 알고리즘을 말한다. 실제 뇌를 구성하는 신경 세포 뉴런의 동작과 유사하다는 특징이 있다.
• 노드레드: 하드웨어 장치들, API, 온라인 서비스를 사물인터넷의 일부로 와이어링시키기 위해 본래 IBM이 개발한 시각 프로그래밍을 위한 플로 기반 개발 도구를 말한다.
• 인공 신경망: 기계학습과 인지과학에서 생물학의 신경망에서 영감을 얻은 통계학적 학습 알고리즘을 말한다.

답 ④

15 아래에 제시된 K-map(카르노 맵)을 NAND 게이트들로만 구성한 것으로 옳은 것은? ★★★

ab \ cd	00	01	11	10
00	1	0	0	0
01	1	1	1	0
11	0	1	1	0
10	1	1	0	0

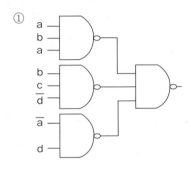

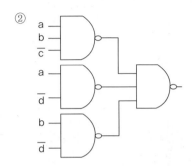

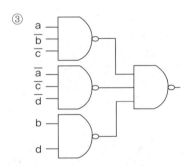

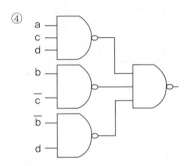

③ • 가능한 크게 묶고(1, 2, 4, 8, …) 변하지 않는 변수에 대해서만 곱의 합으로 표시한다.
   → $ab'c'+a'c'd'+bd$

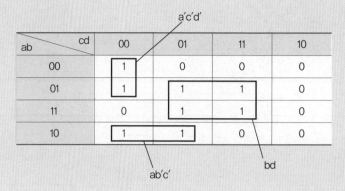

• NAND 게이트들로만 구성

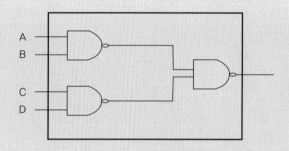

• NAND 게이트를 이용하면 OR 게이트와 동일하다.
   → $((AB)'*(CD)')' = ((AB)')' + ((CD)')' = AB + CD$
• 식: $ab'c'+a'c'd'+bd$

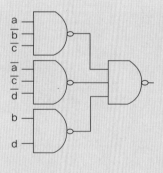

답 ③

다음은 숫자를 처리하는 C 프로그램이다. 프로그램에서 ㉠과 ㉡에 들어갈 내용과 3 2 1 4를 입력하였을 때의 출력 결과를 바르게 짝 지은 것은?(단, 다음 프로그램에 문법적 오류는 없다고 가정한다)

★★★

```
#include <stdio.h>
#include <stdlib.h>

void a (int n, int *num) {
    for (int i=0; i < n; i++)
        scanf("%d", &(num[i]));
}
void c(int *a, int *b) {
    int t;
    t=*a; *a=*b; *b=t;
}
void b(int n, int *lt) {
    int a, b;
    for (a=0; a < n-1; a++)
      for (b=a+1; b < n; b++)
            if (lt[a] > lt[b]) c ( ㉠ , ㉡ ) ;
}
int main( ) {
    int n;
    int *num;
    printf("How many numbers?");
    scanf("%d", &n);
    num=(int *)malloc(sizeof(int) * n);
    a(n, num);
    b(n, num);
    for (int i=0; i < n; i++)
      printf("%d ", num[i]);
}
```

	㉠	㉡	출력 결과
①	lt+a	lt+b	1 2 3 4
②	lt+a	lt+b	1 2 4
③	lt[a]	lt[b]	4 3 2 1
④	lt[a]	lt[b]	4 2 1

② 입력값 3, 2, 1, 4를 scanf에 차례로 입력하여 결괏값을 찾는 문제이다. a(n, num)와 b(n, num)를 차례로 호출한다. b에서 lt[a]는 lt+a와 동일한 의미이다. printf("%d", num[i])의 결과에 따라 1, 2, 4를 출력한다.

답 ②

17 엑셀 시트를 이용해 수식을 실행한 결과, 값이 나머지와 다른 것은? ★★

	A
1	3
2	7
3	5
4	3
5	0
6	1

① =GCD(A1,A6)
② =MEDIAN(A1:A6)
③ =MODE(A1:A6)
④ =POWER(A1,A6)

 해설

① 최대공약수를 구하는 수식이다.
  → =GCD(A1,A6)=GCD(3,1)=최대공약수는 1
② 중간값을 구하는 수식이다.
  → =MEDIAN(A1:A6) 0 1 3 3 5 7이므로 중간값은 3
                3+3=6/2=3
③ 최빈값(가장 많이 나오는 값)을 구하는 수식이다.
  → =MODE(A1:A6) 3 7 5 3 0 1이므로 3
④ 거듭제곱을 구하는 수식이다.
  → =POWER(3,1) 3의 1승은 3

답 ①

18 RISC(Reduced Instruction Set Computer)에 대한 설명으로 옳은 것의 총 개수는? ★★

> ㄱ. 칩 제작을 위한 R&D 비용이 감소한다.
> ㄴ. 개별 명령어 디코딩 시간이 CISC(Complex Instruction Set Computer)보다 많이 소요된다.
> ㄷ. 동일한 기능을 구현할 경우, CISC보다 적은 수의 레지스터가 필요하다.
> ㄹ. 복잡한 연산을 수행하려면 명령어를 반복수행하여야 하므로 CISC의 경우보다 프로그램이 복잡해진다.
> ㅁ. 각 명령어는 한 클럭에 실행하도록 고정되어 있어 파이프라인 성능을 향상시킬 수 있다.
> ㅂ. 마이크로코드 설계가 어렵다.
> ㅅ. 고정된 명령어이므로 명령어 디코딩 속도가 빠르다.

① 2개   ② 3개
③ 4개   ④ 5개

 ③ ㄱ, ㄹ, ㅁ, ㅅ이 옳은 내용이다.

RISC와 CICS

구분	RISC	CISC
명령어 종류	적음	많음
명령어 길이	고정	가변
전력소모	적음	많음
처리속도	빠름	느림
설계	간단	복잡
프로그래밍(구현)	복잡	간단
레지스터 수	많음	적음
제어	하드와이어 방식	마이크로 프로그래밍 방식
용도	워크스테이션	PC용
비용	감소	증가

📄 ③

19 참조 무결성에 대한 설명으로 옳지 <u>않은</u> 것은? ★

① 검색 연산의 수행 결과는 어떠한 참조 무결성 제약조건도 위배하지 않는다.
② 참조하는 릴레이션에서 튜플이 삭제되는 경우, 참조 무결성 제약조건이 위배될 수 있다.
③ 외래키 값은 참조되는 릴레이션의 어떤 튜플의 기본 키 값과 같거나 널(NULL) 값일 수 있다.
④ 참조 무결성 제약조건은 DBMS에 의하여 유지된다.

 ② 참조하는 릴레이션이 아니라 참조당하는 릴레이션에서 튜플이 삭제되는 경우, 제약조건이 위배될 수 있다.

참조 무결성
2개의 릴레이션에서 기본키와 외래키가 관련된 무결성을 의미한다. 외래키 값은 널이거나 참조 릴레이션에 있는 기본키와 같아야 하는데, 기본키는 널 값을 허용하지 않는다. 참조 무결성은 DBMS에 의해 관리한다.

답 ②

20 프로세스(Process)와 쓰레드(Thread)에 대한 설명으로 옳지 <u>않은</u> 것은? ★★

① 프로세스 내 쓰레드 간 통신은 커널 개입을 필요로 하지 않기 때문에 프로세스 간 통신보다 더 효율적으로 이루어진다.
② 멀티프로세서는 탑재 프로세서마다 쓰레드를 실행시킬 수 있기 때문에 프로세스의 처리율을 향상시킬 수 있다.
③ 한 프로세스 내의 모든 쓰레드들은 정적 영역(Static Area)을 공유한다.
④ 한 프로세스의 어떤 쓰레드가 스택 영역(Stack Area)에 있는 데이터 내용을 변경하면 해당 프로세스의 다른 쓰레드가 변경된 내용을 확인할 수 있다.

 ④ 레지스터 영역과 스택 영역은 공유될 수 없으며 한 프로세스의 어떤 쓰레드가 스택 영역에 있는 데이터 내용을 변경한다 하더라도 다른 쓰레드가 변경된 내용을 확인할 수 없다.

쓰레드
• 프로세스 내의 작업 단위로 시스템의 여러 자원을 할당받아 실행하는 프로그램의 단위이다.
• 하나의 프로세스에 하나의 쓰레드가 존재하는 경우 단일 쓰레드, 두 개 이상의 쓰레드가 존재하는 경우에는 다중 쓰레드라고 한다.
• 독립적 스케줄링의 최소 단위로 경량 프로세스라고 한다.
• 하나의 프로세스를 여러 개의 쓰레드로 생성하여 병행성을 증진한다.
• 프로세스의 자원과 메모리를 공유하고 실행환경을 공유시켜 기억장소의 낭비를 절약한다.
• 기억장치를 통해 효율적으로 통신한다.
• 자신만의 스택과 레지스터로 독립된 제어 흐름을 유지한다.
• 각각의 쓰레드가 서로 다른 프로세서상에서 병렬로 작동하는 것이 가능하다.
• 프로그램 처리율과 하드웨어의 성능을 향상시키고, 프로세스 간 통신을 원활하게 해준다.
• 프로세스의 생성이나 문맥 교환 등의 오버헤드를 줄여 운영 체제의 성능이 개선된다.

답 ④

PART 06

2018년 기출문제

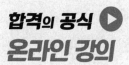

우편 및 금융상식(기초영어 포함)

※ 2024년도 시험부터 '우편 및 금융상식'은 '우편일반', '예금일반', '보험일반'으로 분리하여 출제합니다.

01 우편사업의 보호 규정에 대한 설명으로 옳지 <u>않은</u> 것은? ★★

① 우편을 위한 용도로만 사용되는 물건은 압류할 수 없다.

② 우편물과 그 취급에 필요한 물건은 해손(海損)을 부담하지 않는다.

③ 우편을 위한 용도로만 사용되는 물건은 제세공과금의 부과 대상이 되지 않는다.

④ 우편물의 발송 준비를 마치기 전이라도 우편관서는 그 압류를 거부할 수 있다.

> **해설**
> ④ 우편관서에서 운송 중이거나 발송 준비를 마친 우편물에 대해서는 압류를 거부할 수 있다.
> ① 우편업무를 위해서만 사용하는 물건과 우편업무를 위해 사용 중인 물건은 압류할 수 없다.
> ② 항해 중 침몰을 피하기 위해 화물을 버려야 하는 경우에도 우편물과 우편업무에 필요한 물건에 대해서는 부담을 면제받는다.
> ③ 우편업무를 위해서만 사용하는 물건(우편에 관한 서류를 포함)에 대해서는 국세ㆍ지방세 등의 제세공과금을 매기지 않는다.
>
> 답 ④

02 우편사업이 제공하는 선택적 우편 서비스에 해당하는 것은? ★

① 중량이 800g인 서류를 송달하는 경우

② 중량이 25kg인 쌀자루를 송달하는 경우

③ 중량이 20g인 서신을 내용증명으로 송달하는 경우

④ 중량이 2kg인 의류를 배달증명으로 송달하는 경우

우편 서비스는 보편적 우편 서비스와 선택적 우편 서비스로 구분한다. 보편적 우편 서비스란 국가가 국민에게 제공하여야 할 가장 기본적인 보편적 통신 서비스를 말하며, 선택적 우편 서비스란 보편적 우편 서비스에 부가하거나 부수하여 제공하는 서비스로 이용자가 선택적으로 이용할 수 있는 서비스를 말한다.
② 20kg을 초과하는 소포우편물이므로 선택적 우편 서비스에 해당한다.

우편 서비스 대상

보편적 우편 서비스	선택적 우편 서비스
① 2kg 이하의 통상우편물 ② 20kg 이하의 소포우편물 ③ ① 또는 ②의 우편물의 기록취급 등 특수취급우편물 ④ 그 밖에 대통령령으로 정하는 우편물	① 2kg을 초과하는 통상우편물 ② 20kg을 초과하는 소포우편물 ③ ① 또는 ②의 우편물의 기록취급 등 특수하게 취급하는 우편물 ④ 우편과 다른 기술 또는 서비스가 결합된 서비스 예 전자우편, 모사전송(FAX)우편, 우편물 방문접수 등 ⑤ 우편시설, 우표, 우편엽서, 우편요금 표시 인영이 인쇄된 봉투 또는 우편차량장비 등을 이용하는 서비스 ⑥ 우편 이용과 관련된 용품의 제조 및 판매 ⑦ 그 밖에 우편 서비스에 부가하거나 부수하여 제공하는 서비스

답 ②

---

03 내용증명에 대한 설명으로 옳은 것은?　　　　　　　　★★

① 내용문서의 원본과 등본은 양면으로 작성할 수 있다.
② 우체국에서 내용증명을 발송한 사실만으로 법적 효력이 발생한다.
③ 수취인에게 우편물을 배달하거나 교부한 경우, 그 사실을 배달 우체국에서 증명하여 발송인에게 통지하는 제도이다.
④ 내용문을 정정한 경우 '정정' 글자를 난외나 끝부분 빈 곳에 쓰고 발송인의 인장이나 지장을 찍어야 한다. 다만, 발송인이 외국인일 경우에 한하여 서명을 할 수 있다.

 ② 우편관서는 내용과 발송 사실만을 증명할 뿐, 그 사실만으로 법적 효력이 발생하는 것은 아니다.
③ 내용증명이란 발송인이 수취인에게 어떤 내용의 문서를 언제 발송하였다는 사실을 우편관서가 공적으로 증명해주는 우편 서비스이다.
④ 내용문서의 원본이나 등본의 문자나 기호를 정정·삽입·삭제한 경우에는 정정·삽입·삭제한 문자와 정정·삽입·삭제한 글자 수를 난외나 끝부분 빈 곳에 적고 그곳에 발송인의 인장 또는 지장을 찍거나 서명을 하여야 한다. 즉, 외국인일 경우에 한하여 서명을 할 수 있는 것은 아니다.

답 ①

04 우편 서비스에 대한 설명으로 옳은 것을 〈보기〉에서 모두 고른 것은? 〈변형〉 ★★★

>
> ㄱ. 인터넷우표는 반드시 수취인 주소가 있어야 한다.
> ㄴ. 민원우편은 국민이 직접 민원서류를 발급받는 대신 우편으로 신청하면 민원서류를 등기취급하여 송
>   달한다.
> ㄷ. 준등기 우편은 전국 우체국에서 접수가 가능하며 요금은 1,800원으로 전자우편 제작수수료가 포함된
>   가격이다.
> ㄹ. 모사전송 우편 서비스의 이용 수수료는 내용문 최초 1매 500원, 추가 1매당 200원이며, 복사비는 무
>   료이다.

① ㄱ, ㄴ   ② ㄱ, ㄷ
③ ㄴ, ㄹ   ④ ㄷ, ㄹ

> **해설**
> ㄱ. 인터넷우표는 고객편의 제고와 위조·변조를 방지하기 위하여 단독으로 사용할 수 없으며 수취인 주소가 함께 있
>   어야 한다.
> ㄴ. 민원우편이란 국민들이 일상생활에 필요한 각종 민원서류를 관계기관에 직접 나가서 발급받는 대신 우편이나 인
>   터넷으로 신청하면 이를 송달하는 부가취급 서비스이다.
> ㄷ. 준등기 우편은 200g 이하의 국내 통상 우편물을 대상으로 하며, 전국 우체국에서 접수 가능하다. 요금은 1,800원으
>   로 정액 요금이나 전자우편 제작수수료는 별도이다.
> ㄹ. 모사전송 우편 서비스의 이용 수수료는 내용문 최초 1매 500원, 추가 1매당 200원이며 복사비는 1장당 50원이다.
>
> 답 ①

05 국내 우편요금 제도에 대한 설명으로 옳은 것은? ★★

① 요금별납은 우편요금이 같고 동일인이 한 번에 발송하는 우편물로 최소 접수 통수에는 제한이 없다.
② 우편요금 체납 금액은 국세징수법에 따른 체납 처분의 예에 따라 징수하되 연체료는 가산하지 않는다.
③ 요금수취인부담의 취급 대상은 통상우편물, 등기소포우편물, 계약 등기이며, 각 우편물에 부가서
   비스를 취급할 수 있다.
④ 요금후납은 1개월간 발송 예정 우편물의 요금에 해당하는 금액을 담보금으로 제공하고, 1개월간의
   요금을 다음 달 20일까지 납부하는 제도이다.

>
> ① 요금별납은 10통 이상의 통상우편물이나 소포우편물 발송 시 이용 가능하므로 최소 접수 통수의 제한이 있다.
> ② 요금 등의 체납 금액은 국세징수법에 따른 체납 처분의 예에 따라 징수한다(「우편법」 제24조 제1항). 제1항의 경우
>   체납 요금 등에 대하여는 대통령령으로 정하는 바에 따라 연체료를 가산하여 징수한다(동법 동조 제2항).
> ④ 요금후납이란 우편물의 요금(부가취급수수료 포함)을 우편물을 발송할 때에 납부하지 않고 1개월간 발송 예정 우편물
>   의 요금액의 2배에 해당하는 금액을 담보금으로 제공받고, 1개월간의 요금을 다음 달 20일까지 납부하는 제도이다.
>
> 답 ③

06 우편물 배달에 대한 설명으로 옳지 <u>않은</u> 것은? ★★

① 수취인이 2명 이상인 경우에는 그중 1인에게 배달한다.

② 동일한 건물 내에 다수의 수취인이 있을 경우에는 관리인에게 배달할 수 있다.

③ 특별송달, 보험통상은 수취인의 요청이 있을 경우에는 무인우편물 보관함에 배달할 수 있다.

④ 등기우편물을 무인우편물 보관함에 배달하는 경우에는 무인우편물 보관함에서 제공하는 배달확인이 가능한 증명자료로 수령사실 확인을 대신할 수 있다.

> **해설**
>
> ③ 특별송달, 보험등기 등 수취인의 직접 수령한 사실의 확인이 필요한 우편물은 무인우편물 보관함에 배달할 수 없다.
>
> ① 우편물은 관할 배달우편관서에서 그 우편물의 표면에 기재된 곳에 배달한다. 이 경우 2인 이상을 수취인으로 정한 우편물은 그중 1인에게 배달한다(「우편법 시행령」 제42조 제1항).
>
> ② 동일건축물 또는 동일구내의 수취인에게 배달할 우편물로서 그 건축물 또는 구내의 관리사무소, 접수처 또는 관리인에게 배달하는 경우 우편물을 해당 우편물의 표면에 기재된 곳 외의 곳에 배달할 수 있다(「우편법 시행령」 제43조 제1호).
>
> ④ 등기우편물을 무인우편물 보관함에 배달하거나 전자 잠금장치가 설치된 우편수취함에 배달하는 경우에는 해당 무인우편물 보관함 또는 우편수취함에서 배달확인이 가능한 증명자료로 그 수령사실의 확인을 갈음할 수 있다(「우편법 시행령」 제42조 제3항).
>
> 답 ③

 07 국제통상우편물에 대한 설명으로 옳은 것은? ★

① 항공서간은 세계 모든 지역에 대해 단일요금이 적용된다.

② 소설 원고, 신문 원고, 필서한 악보는 인쇄물로 취급하지 않는다.

③ 소형포장물에는 개인적인 통신문 성격의 서류를 동봉할 수 없다.

④ 시각장애인용 우편물은 항공부가요금을 포함한 모든 요금이 면제된다.

> **해설**
>
> ② 소설 원고, 신문 원고, 필서한 악보는 인쇄물로 취급한다.
>
> ③ 소형포장물에는 현실적이고 개인적인 통신문 성격의 서류 동봉이 가능하다.
>
> ④ 시각장애인용 우편물은 항공부가요금을 제외한 모든 요금이 면제된다.
>
> 답 ①

08 K-Packet에 대한 설명으로 옳은 것을 〈보기〉에서 모두 고른 것은? 〈변형〉 ★★★

<blockquote>
보
기

ㄱ. 월 최소 계약물량은 제한이 있다.
ㄴ. 이용실적에 따른 요금감액 제도가 있다.
ㄷ. 해외로 발송하는 2kg 이하 소형물품을 e-Shipping으로 접수하는 전자상거래 전용 국제우편 서비스이다.
ㄹ. 1회 배달 성공률을 높이기 위하여 수취인의 서명을 기재하여 배달한다.
</blockquote>

① ㄱ, ㄷ
② ㄱ, ㄹ
③ ㄴ, ㄷ
④ ㄴ, ㄹ

<blockquote>
해
설

ㄴ. 계약고객에 한해 등기소형포장물 요금 감액을 제공하고 있다.
ㄷ. K-Packet은 2kg 이하 소형물품을 인터넷우체국이 제공하는 API 시스템을 통해 온라인으로 접수하는 전자상거래용 국제우편 서비스이다. API(Application Program Interface) 시스템이란 이용자의 정보시스템과 인터넷우체국 사업자포털시스템 간 우편번호, 종추적정보, 접수정보 등을 교환할 수 있도록 제공하는 IT서비스이다.
ㄱ. 지방우정청, 총괄우체국과 계약하여 이용하며 월 최소 계약물량은 제한이 없다.
ㄹ. 1회 배달 성공률 향상을 위해 해외우정과 제휴하여 배달국가에서 수취인 서명 없이 배달한다.

답 ③
</blockquote>

09 IBRS(International Business Reply Service) EMS에 대한 설명으로 옳지 <u>않은</u> 것은? ★★

① 수취인이 요금을 부담하는 제도이다.
② 모든 우체국에서 취급하며, 통당 요금은 5,000원이다.
③ 접수 중량은 최대 2kg까지이며, 일본에만 발송이 가능하다.
④ 국내 소비자가 해외 인터넷쇼핑몰에서 구매한 상품을 반품할 때 이용하는 국제우편 상품이다.

<blockquote>
해
설

해외 전자상거래용 반품 서비스(IBRS EMS)는 인터넷쇼핑몰 등을 이용하는 온라인 해외거래 물량 증가에 따라 늘어나는 반품 요구를 충족하기 위해 기존의 국제우편요금수취인부담 제도(IBRS)를 활용하여 반품을 수월하게 하는 서비스이다. 최대 무게 2kg의 EMS에 한정하며 발송 가능한 국가는 일본이다.
② 취급우체국은 계약국제특급 이용우체국(집배국)에 한정하며 통당 요금은 10,000원이다.

답 ②
</blockquote>

10 예금의 입금과 지급 업무에 대한 설명으로 옳지 <u>않은</u> 것은? ★★

① 기한부 예금을 중도해지하는 경우, 반드시 예금주 본인의 의사를 확인하는 것이 필요하다.

② 금융기관은 진정한 예금주에게 변제한 때에 한하여 예금채무를 면하게 되는 것이 원칙이다.

③ 송금인의 단순착오로 인해 수취인의 계좌번호가 잘못 입력되어 이체가 완료된 경우, 언제든지 수취인의 동의 없이도 송금액을 돌려받을 수 있다.

④ 금융기관이 실제 받은 금액보다 과다한 금액으로 통장을 발행한 경우, 실제 입금한 금액에 한하여 예금계약이 성립하고 초과된 부분에 대하여는 예금계약이 성립하지 않는다.

 ③ 착오송금이란 송금인의 착오로 인해 송금금액, 수취금융회사, 수취인 계좌번호 등이 잘못 입력돼 이체된 거래로서, 착오송금액은 법적으로 수취인의 예금이기 때문에 송금인은 수취인의 동의 없이는 자금을 돌려받을 수 없다.

답 ③

11 보험계약 고지의무에 대한 설명으로 옳은 것을 〈보기〉에서 모두 고른 것은? 〈변형〉 ★★★

보기
ㄱ. 고지의무 당사자는 보험계약자, 피보험자, 보험수익자이다.
ㄴ. 고지의무는 청약 시에 이행하고, 부활 청약 시에는 면제된다.
ㄷ. 보험자가 고지의무 위반 사실을 안 날로부터 1개월 이상 지났거나 보장개시일부터 보험금 지급사유가 발생하지 않고 2년 이상 지났을 때에는 보험계약을 해지할 수 없다.
ㄹ. 보험자는 고지의무 위반 사실이 보험금 지급 사유 발생에 영향을 미치지 않았음이 증명된 경우 보험금을 지급할 책임이 있다.

① ㄱ, ㄴ
② ㄱ, ㄷ
③ ㄴ, ㄹ
④ ㄷ, ㄹ

 ㄷ. 보험자가 계약 당시에 고지의무 위반 사실을 알았거나 중대한 과실로 알지 못한 경우 또는 보험자가 고지의무 위반 사실을 안 날로부터 1개월 이상 지났거나 보장개시일로부터 보험금 지급사유가 발생하지 않고 2년 이상 지났을 때에는 보험계약을 해지할 수 없다.
ㄹ. 보험자는 고지의무를 위반한 사실 또는 위험이 현저하게 변경되거나 증가된 사실이 보험사고 발생에 영향을 미치지 아니하였음이 증명된 경우에는 보험금을 지급할 책임이 있다(「상법」 제655조 단서).
ㄱ. 고지의무의 당사자는 보험계약자 또는 피보험자 및 이들의 대리인이다.
ㄴ. 고지의무는 계약 청약 시뿐만 아니라 부활 시에도 이행하여야 한다.

답 ④

12 우체국 보험상품에 대한 설명으로 옳은 것은? 〈변형〉 ★★

① 무배당 우체국실속정기보험 2109는 1종(일반가입)과 2종(간편가입)을 중복가입할 수 없다.
② 어깨동무연금보험 2109는 장애인 부모의 부양능력 약화 위험 및 장애아동을 고려하여 15세부터 연금수급이 가능하다.
③ 무배당 우체국든든한종신보험 2109에 주계약 보험가입금액 2천만 원 이상 가입할 경우, 주계약뿐만 아니라 특약보험료도 할인받을 수 있다.
④ 무배당 우체국더든든한자녀지킴이보험 2203의 경우, 임신 23주 태아는 2종(든든형) 주계약 가입대상이고 무배당 선천이상특약Ⅱ 2109의 가입대상은 아니다.

> **해설**
> ① 무배당 우체국실속정기보험 2109는 1종(일반가입)과 2종(간편가입) 중복가입이 불가하며, 다만 순수형 및 환급형의 중복가입은 가입금액 이내에서 가능하다.
> ② 어깨동무연금보험 2109는 일반연금보다 더 많은 연금을 받도록 설계하여 장애인의 안정적인 노후생활을 보장하기 위한 장애인 전용 연금보험으로, 장애인 부모의 부양능력 약화 위험 및 장애아동을 고려하여 20세부터 연금수급이 가능하다.
> ③ 무배당 우체국든든한종신보험 2109에 주계약 보험가입금액 2천만 원 이상 가입할 경우 고액 할인이 적용되는데, 이는 특약보험료를 제외한 주계약 보험료에 한해 적용된다.
> ④ 무배당 우체국더든든한자녀지킴이보험 2203은 자녀 출생 시부터 최대 100세까지 꼭 필요한 보장만 담은 어린이 종합보험이다. 2종(든든형) 주계약의 가입나이는 0~20세이나 임신 사실이 확인된 태아도 가입 가능하며, 무배당 선천이상특약Ⅱ 2109의 경우 임신 23주 태아도 가입 가능하다.
>
> 답 ①

13 우체국 해외송금 서비스에 대한 설명으로 옳지 <u>않은</u> 것은? 〈변형〉 ★★★

① 머니그램(MoneyGram) 특급송금은 수취인의 계좌를 통해 당발송금이 가능하다.
② 우체국의 해외송금 업무는 크게 시중은행과의 제휴를 통한 SWIFT(계좌송금) · MoneyGram(무계좌 실시간 송금)과 유로지로 네트워크를 통해 우체국이 자체적으로 제공하는 Eurogiro, 핀테크 송금서비스인 간편 해외송금으로 구분할 수 있다.
③ SWIFT는 국제은행 간의 금융통신망으로, 우체국은 신한은행과 제휴를 통한 신한은행 SWIFT망을 통해 전 세계금융기관을 대상으로 해외송금 서비스를 운영하고 있다.
④ 유로지로(Eurogiro) 해외송금은 유럽지역 우체국 금융기관이 주체가 되어 설립한 Eurogiro社의 네트워크를 사용하는 EDI(전자 문서 교환)방식의 국제금융 송금 서비스로 우정사업자와 민간 금융기관이 회원으로 가입 후 회원 간 쌍무협정을 통해 해외송금을 거래한다.

① 머니그램(MoneyGram) 특급송금은 머니그램社와 제휴한 Agent 간 네트워크상 정보에 의해 자금을 송금·수취하는 무계좌 거래로서, 송금번호(REF.NO)만으로 송금 후 약 10분 만에 수취가 가능한 특급해외송금 서비스이다. 우체국은 신한은행 및 머니그램社와 제휴를 통해 계좌번호 없이 8자리 송금번호 및 수취인 영문명으로 해외로 자금을 송금한 후 약 10분 뒤 수취인 지역 내 머니그램 Agent를 방문하여 수취 가능한 특급송금 서비스를 제공하고 있다.

우체국 해외송금 비교

구분	SWIFT 송금	유로지로	머니그램 특급송금
송금통화	USD 등 13종	USD, EUR	USD
소요시간	3~5 영업일	3~5 영업일	송금 후 10분
거래유형	계좌송금	주소지/계좌송금	수취인 방문 지급

답 ①

14 〈보기〉에서 설명하는 보험계약의 법적 성질을 올바르게 연결한 것은?　　　　　　　　★★

보기
ㄱ. 우연한 사고의 발생에 의해 보험자의 보험금 지급 의무가 확정된다.
ㄴ. 보험계약자는 보험료를 모두 납부한 후에도 보험자에 대한 통지 의무 등을 진다.
ㄷ. 보험계약의 기술성과 단체성으로 인하여 계약 내용의 정형성이 요구된다.

	ㄱ	ㄴ	ㄷ
①	위험계약성	쌍무계약성	부합계약성
②	사행계약성	계속계약성	부합계약성
③	위험계약성	계속계약성	상행위성
④	사행계약성	쌍무계약성	상행위성

 ㄱ. 사행계약성: 보험계약에서 보험자의 보험금 지급 의무는 우연한 사고의 발생을 전제로 하고 있으나 정보의 비대칭성으로 보험범죄나 인위적 사고의 유발과 같은 도덕적 위험이 내재해 있으며 이를 규제하기 위하여 피보험이익, 실손보상원칙, 최대선의원칙 등을 두고 보험의 투기화를 막는 제도적 장치를 마련하고 있다.
ㄴ. 계속계약성: 보험계약은 보험회사가 일정기간 안에 보험사고가 발생하면 보험금을 지급하는 것을 내용으로 하여 그 기간 동안에 보험관계가 지속되는 계속계약의 성질을 지니며, 「상법」상 독립한 계약이다. 따라서 보험계약자 등은 보험료를 모두 납부한 후에도 보험자에 대한 통지 의무와 같은 보험계약상의 의무를 진다.
ㄷ. 부합계약성: 보험계약은 다수인을 상대로 체결되고 보험의 기술성과 단체성으로 인하여 그 정형성이 요구되므로 부합계약에 속한다.

답 ②

15 우체국 예금상품에 대한 설명으로 옳은 것은? 〈변형〉 ★★★

① 우체국 아이LOVE적금은 14세 미만 어린이의 목돈 마련을 위한 주니어 전용 적금이다.
② 우체국 국민연금안심통장과 우체국 생활든든통장은 압류방지 전용 통장이다.
③ 우체국 생활든든통장은 입출금이 자유로운 예금으로, 대학생 · 취업준비생 · 사회초년생의 안정적인 사회 진출을 지원하는 통장이다.
④ 우체국 선거비관리통장은 선거 입후보자의 선거비용과 선거관리위원회의 선거경비 관리를 위한 입출금 통장이다.

① 우체국 아이LOVE적금은 어린이의 목돈 마련을 위한 주니어 전용 적금으로 19세 미만 실명의 개인만 가입할 수 있다.
② 우체국 국민연금안심통장은 국민연금 수급권자의 연금수급 권리를 보호하기 위해 관련 법에 따라 압류대상에서 제외하는 압류방지 전용 통장이지만, 우체국 생활든든통장은 그렇지 않다.
③ 우체국 생활든든통장은 50세 이상 고객의 기초연금, 급여, 용돈 수령 및 체크카드 이용 시 금융 수수료 면제, 우체국 보험료 자동이체 또는 공과금 자동이체 시 캐시백, 창구소포 할인쿠폰 등 다양한 서비스를 제공하는 시니어 특화 입출금이 자유로운 예금이다.

정답 ④

16 금리에 대한 설명으로 옳지 <u>않은</u> 것은? ★★

① 명목금리는 실질금리에서 물가상승률을 뺀 금리이다.
② 채권가격이 내려가면 채권수익률은 올라가고, 채권가격이 올라가면 채권수익률은 내려간다.
③ 표면금리는 계약증서상 기재된 금리를 말하며 실효금리는 실제로 지급받거나 부담하게 되는 금리를 뜻한다.
④ 단리는 원금에 대한 이자만 계산하는 방식이고, 복리는 원금에 대한 이자뿐만 아니라 이자에 대한 이자도 함께 계산하는 방식이다.

① 명목금리는 물가상승에 따른 구매력의 변화를 감안하지 않은 금리이며 실질금리는 명목금리에서 물가상승률을 뺀 금리이다. 따라서 명목금리는 실질금리에 물가상승률을 더한 금리이다.

정답 ①

17 보장성보험에 대한 설명으로 옳지 <u>않은</u> 것은? 〈변형〉 ★★

① 만기 시 환급되는 금액이 없거나 이미 납입한 보험료보다 적거나 같다.

② 과세 기간 중 해지할 경우 해지 시점까지 납입한 보험료에 대해 세액공제가 가능하다.

③ 기본공제대상자의 소득금액 요건은 연간 100만 원 이하이다.

④ 근로소득자와 사업소득자는 연간 납입보험료의 일정액을 세액공제 받을 수 있다.

④ 보장성보험 세액공제란 근로소득자(일용근로자 제외)가 보장성보험에 가입한 경우 납입한 보험료(연간 100만 원 한도)의 12%에 해당하는 금액을 해당 과세기간의 종합소득산출세액에서 공제해 주는 제도이다. 즉, 기본공제대상자는 근로소득자이며 사업소득자는 해당하지 않는다.

① 보장성보험은 주로 사망, 질병, 재해 등 각종 위험보장에 중점을 둔 보험으로, 만기 시 환급되는 금액이 없거나 기납입 보험료보다 적거나 같다.

② 과세 기간 중 보장성보험을 해지할 경우 해지 시점까지 납입한 보험료에 대해 세액공제가 가능하며 이미 세액공제 받은 보험료에 대한 추징 또한 없다.

③ 피보험자에 해당하는 기본공제대상자는 본인을 포함한 부양가족으로 근로소득자 본인에 대해서는 별도의 요건이 없으나, 배우자 및 부양가족 등은 근로소득자 본인이 보험료를 납입하더라도 소득 및 연령 요건 미충족 시 세액공제를 받을 수 없다. 다만, 기본공제대상자가 장애인일 경우 연령에 상관없이 소득금액 요건만 충족 시 세액공제가 가능하다.

目 ④

18 〈보기〉의 내용을 모두 충족하는 보험상품으로 옳은 것은? 〈변형〉 ★★

> 보기
> • 최초 계약 가입 나이는 0~65세
> • 보험기간은 10년 만기(종신갱신형)
> • 3대 질병 진단(최대 3,000만 원), 중증 수술(최대 500만 원) 및 중증 장해(최대 5,000만 원) 시 치료비 보장
> • 각종 질병, 사고 및 주요성인질환 종합 보장
> • 10년 만기 생존 시마다 건강관리자금 지급

① 무배당 우체국노후실손의료비보험(갱신형) 2109
② 무배당 우체국급여실손의료비보험(갱신형) 2109
③ 무배당 우체국건강클리닉보험(갱신형) 2109
④ 무배당 우체국간편건강보험(325)(갱신형) 2409

해설

③ 〈보기〉의 내용을 모두 충족하는 보험상품은 무배당 우체국건강클리닉보험(갱신형) 2109이다.

보험상품		최초 계약 가입 나이	보험기간	건강관리자금 지급
무배당 우체국노후실손의료비보험 (갱신형) 2109		61~75세	1년	–
무배당 우체국급여실손의료비보험 (갱신형) 2109		0~60세	1년	–
무배당 우체국건강클리닉보험 (갱신형) 2109		0~65세	10년 만기 (종신갱신형)	10년 만기 생존 시마다
무배당 우체국간편건강보험(325) (갱신형) 2409	1종	30~80세	20년 만기	–
	2종	15~70세		

답 ③

19 다음 글의 빈칸에 들어갈 말로 가장 적절한 것은? ★★

_____ is probably the best understood of the mental pollutants. From the dull roar of rush-hour traffic to the drone of the fridge to the buzz coming out of the computer, it is perpetually seeping into our mental environment. Trying to make sense of the world above the din of our wired world is like living next to a freeway—we get used to it, but at a much diminished level of mindfulness and wellbeing. Quiet feels foreign now, but quiet may be just what we need. Quiet may be to a healthy mind what clean air and water and a chemical-free diet are to a healthy body. It is no longer easy to manufacture quietude, nor is it always practical to do so. But there are ways to pick up the trash in our mindscape: Switch off the TV set in the dentist's waiting room. Lose that loud fridge. Turn off the stereo. Put the computer under the table.

① Stimulus ② Music
③ Noise ④ Dust

 ③ 두 번째 문장에서 출퇴근 시간대의 교통 소음, 냉장고와 컴퓨터에서 나오는 소음이 우리의 정신에 끊임없이 스며들고 있다고 하였고, 마지막 문장에서 TV, 오디오 등을 끄라고 했으므로 빈칸에 들어갈 말로 가장 적절한 것은 Noise(소음)이다.
① 자극
② 음악
④ 먼지

해석

소음은 아마 정신적 오염 물질로 가장 널리 알려져 있을 것이다. 출퇴근 시간대 차량들이 웅웅거리는 소리부터 냉장고의 웅웅 소리, 컴퓨터에서 나오는 윙윙거리는 소리에 이르기까지, 그것은 끊임없이 우리의 정신적 환경에 스며들고 있다. 우리들의 유선 세계 소음 위에 있는 세상을 이해하려는 노력은 마치 고속도로 옆에 사는 것과 같다. 즉, 우리는 그것에 익숙해지긴 했지만, 마음 챙김과 웰빙 수준은 훨씬 낮아진 상태이다. 지금은 조용함이 낯설게 느껴지지만 단지 조용한 것이 우리가 필요한 것일 수 있다. 고요함과 건강한 마음의 관계는 깨끗한 공기, 물, 화학 성분이 없는 식단과 건강한 신체의 관계와 같다. 조용한 상태를 만드는 것은 더 이상 쉽지 않으며, 그것이 항상 실현 가능한 것도 아니다. 하지만 우리 정신세계에서 쓰레기를 치우는 방법들이 있는데, 그것은 치과 대기실에 있는 TV 끄기, 시끄러운 냉장고를 포기하기, 스테레오 끄기, 컴퓨터를 테이블 아래에 두기이다.

어휘

drone: (낮게) 웅웅[윙윙]거리는 소리
seep: (물기 등이) 스미다, 배다
din: 소음
quietude: 조용한 상태, 정적, 고요

답 ③

20 다음 글의 내용과 일치하지 않는 것은? ★★★

> To learn to read, children need to be helped to read. This issue is as simple and difficult as that. Dyslexia is a name, not an explanation. Dyslexia means, quite literally, being unable to read. Children who experience difficulty learning to read are frequently called dyslexic, but their difficulty does not arise because they are dyslexic or because they have dyslexia; they are dyslexic because they cannot read. To say that dyslexia is a cause of not being able to read is analogous to saying that lameness is a cause of not being able to walk. We were all dyslexic at one stage of our lives and become dyslexic again whenever we are confronted by something that we cannot read. The cure for dyslexia is to read.

① 어린이들이 글을 읽기 위해서는 도움이 필요하다.
② 난독증은 글을 읽을 수 없게 만드는 원인으로 작용한다.
③ 우리 모두는 삶의 어떤 시기에 난독 상태를 겪은 바 있다.
④ 독서는 난독증을 치유하는 길이다.

② 다섯 번째 문장의 후반부에서 '~ but their difficulty does not arise because they are dyslexic or because they have dyslexia; they are dyslexic because they cannot read.'라고 난독증이 글을 읽지 못하는 원인이 아니라 읽지 못하기 때문에 난독증이 된다고 했으므로, 글의 내용과 일치하지 않는 것은 인과관계를 반대로 서술한 ②이다.

① 첫 번째 문장에서 'To learn to read, children need to be helped to read.'라고 했으므로, 글의 내용과 일치한다.

③ 마지막에서 두 번째 문장에서 'We were all dyslexic at one stage of our lives ~'라고 했으므로, 글의 내용과 일치한다.

④ 마지막 문장에서 'The cure for dyslexia is to read.'라고 했으므로, 글의 내용과 일치한다.

해석

읽기를 배우기 위해서, 아이들은 읽는 것을 도움받아야 한다. 이 문제는 그만큼 간단하면서도 어렵다. 난독증은 명칭이지, 원인이 아니다. 난독증은 말 그대로 읽을 수 없다는 뜻이다. 읽기를 배우는 데 어려움을 겪는 아이들을 흔히 난독증이라고 부르는데, 그들의 장애는 그들이 난독증이거나 독서 장애를 가지고 있기 때문에 생기는 것은 아니라, 읽을 수 없기 때문에 난독증인 것이다. 난독증이 책을 읽을 수 없는 원인이라고 말하는 것은 절름발이가 걷지 못하는 원인이라고 말하는 것과 유사하다. 우리는 모두 우리의 생애의 한 시기에 난독증이었으며 우리가 읽을 수 없는 무언가에 의해 직면될 때마다 다시 난독증이 된다. 난독증의 치료법은 책을 읽는 것이다.

어휘

dyslexia: 난독증, 독서 장애
analogous: 유사한
lameness: 절름발이

답 ②

컴퓨터일반

※ 2024년도 시험부터 제외되는 '자료구조알고리즘'과 '프로그래밍언어론' 문항은 ×표시하였습니다.

01 다음에서 설명하는 입·출력 장치로 옳은 것은? ★★

> • 중앙처리장치로부터 입·출력을 지시받은 후에는 자신의 명령어를 실행시켜 입·출력을 수행하는 독립된 프로세서이다.
> • 하나의 명령어에 의해 여러 개의 블록을 입·출력할 수 있다.

① 버스(Bus)
② 채널(Channel)
③ 스풀링(Spooling)
④ DMA(Direct Memory Access)

해설

② 채널(Channel): 입·출력 장치와 주기억장치 사이의 속도 차이를 개선하기 위한 장치로 DMA 개념을 확장한 방식이다. 채널 명령어를 분석하여 주기억장치에 직접적으로 접근해서 입·출력을 수행하며 여러 개의 블록을 전송할수 있고 전송 시에는 DMA를 이용할 수 있다. 채널이 입·출력을 수행하는 동안 CPU는 다른 프로그램을 수행할수 있기 때문에 CPU의 효율을 향상시킬 수 있다. 또한 CPU의 간섭없이 독립적으로 입·출력 동작을 수행하며, 작업이끝나면 CPU에게 인터럽트로 알려준다.
① 버스(Bus): CPU와 각종 입·출력 장치 및 주변기기 사이에 정보가 전달되는 전송로 또는 통로이며 버스를 통해 동시에 전달될 수 있는 비트의 수를 버스 폭(Bus Width)이라고 한다.
③ 스풀링(Spooling): 입·출력 장치의 효율을 높이기 위해 입·출력 장치의 내용을 디스크 등에 모아두었다가 처리하며 입·출력과 다른 동작을 병행하여 처리하기 때문에 '병행 처리 기법'이라고도 한다.
④ DMA(Direct Memory Access): 기억장치와 입·출력 장치 사이에서 전용의 데이터 전송로를 설치하여 주어진 명령에 의해 블록 단위로 전송되는 방식을 말하며, 정보를 교환할 때 CPU의 개입 없이 직접적으로 정보 교환이 이루어진다. DMA 제어기가 자료 전송을 종료하면 인터럽트를 발생시켜 CPU에 알려준다.

답 ②

02 고객계좌 테이블에서 잔고가 100,000원에서 3,000,000원 사이인 고객들의 등급을 '우대고객'으로 변경하고자 〈보기〉와 같은 SQL문을 작성하였다. ㉠과 ㉡의 내용으로 옳은 것은? ★

> **보기**
> UPDATE 고객계좌
> (㉠) 등급='우대고객'
> WHERE 잔고 (㉡) 100000 AND 3000000

	㉠	㉡
①	SET	IN
②	SET	BETWEEN
③	VALUES	IN
④	VALUES	BETWEEN

해설

② DML(데이터 조작어) 중 UPDATE(갱신)문에 대한 SQL문으로, ㉠에는 SET이 들어가야 하며 WHERE 검색문에 AND가 있고 100000과 3000000 사이의 값을 조건으로 하고 있으므로 ㉡은 BETWEEN이 옳다.

UPDATE문
- 기존 레코드의 열 값을 갱신할 경우 사용하며, 연산자를 이용하여 빠르게 레코드를 수정한다.
- 조건을 만족하는 각 튜플에 대하여 SET절의 지시에 따라 갱신한다.
- 조건을 지정하지 않으면 모든 레코드가 갱신된다.
- UPDATE 테이블 SET 열_이름=식 [WHERE 조건];

BETWEEN 연산자
- 두 개의 검사 값에서 구하고자 하는 값 사이에 포함되는지를 체크한다.
- [WHERE 조건 BETWEEN ⓐ AND ⓑ]

답 ②

03 네트워크 장치에 대한 설명으로 옳지 <u>않은</u> 것은? ★★

① 허브(Hub)는 여러 대의 단말 장치가 하나의 근거리 통신망(LAN)에 접속할 수 있도록 지원하는 중계 장치이다.

② 리피터(Repeater)는 물리 계층(Physical Layer)에서 동작하며 전송 신호를 재생·중계해 주는 증폭 장치이다.

③ 브리지(Bridge)는 데이터 링크 계층(Data Link Layer)에서 동작하며 같은 MAC 프로토콜(Protocol)을 사용하는 근거리 통신망 사이를 연결하는 통신 장치이다.

④ 게이트웨이(Gateway)는 네트워크 계층(Network Layer)에서 동작하며 동일 전송 프로토콜을 사용하는 분리된 2개 이상의 네트워크를 연결해 주는 통신 장치이다.

④ 게이트웨이(Gateway)는 OSI 7계층 참조 모델의 상위 계층에서 동작한다.

게이트웨이(Gateway)
- 서로 다른 형태의 네트워크를 상호 접속하는 장치로 필요한 경우 형식, 주소, 프로토콜의 변환을 수행한다(LAN과 외부 네트워크를 연결).
- OSI 7계층 참조 모델의 상위 계층(전송, 세션, 표현, 응용)에서 동작한다.
- 프로토콜이 다른 네트워크 사이를 결합하는 것으로 TCP/IP 구조에서는 라우터와 게이트웨이를 동일하게 간주한다.

답 ④

04 ㉠에 들어갈 용어로 옳은 것은? ★★

(㉠)(은)는 유사한 문제를 해결하기 위해 설계들을 분류하고 각 문제 유형별로 가장 적합한 설계를 일반화하여 체계적으로 정리해 놓은 것으로 소프트웨어 개발에서 효율성과 재사용성을 높일 수 있다.

① 디자인 패턴
② 요구사항 정의서
③ 소프트웨어 개발 생명주기
④ 소프트웨어 프로세스 모델

① 디자인 패턴은 소프트웨어 설계에서 자주 사용하는 설계 형태를 정형화하여 유형별로 가장 적절한 설계를 만들어 둔 것을 말한다. 디자인 패턴을 이용하면 효율성과 재사용성을 높일 수 있다. 디자인 패턴이 알고리즘과 같이 프로그램 코드로 바로 변환될 수 있는 형태는 아니지만, 특정한 상황에서 구조적인 문제를 해결하는 방식을 설명해 준다.

답 ①

05 결합도(Coupling)는 모듈 간의 상호 의존 정도 또는 모듈 간의 연관 관계를 의미한다. 아래에 나타낸 결합도를 약한 정도에서 강한 정도 순으로 올바르게 나열한 것은? ★

> ㄱ. 내용 결합도(Content Coupling)
> ㄴ. 제어 결합도(Control Coupling)
> ㄷ. 자료 결합도(Data Coupling)
> ㄹ. 공통 결합도(Common Coupling)

① ㄷ - ㄴ - ㄹ - ㄱ   ② ㄷ - ㄹ - ㄱ - ㄴ
③ ㄹ - ㄴ - ㄷ - ㄱ   ④ ㄹ - ㄷ - ㄱ - ㄴ

 ① 결합도가 낮은 순으로 정리하면 '자료 - 구조 - 제어 - 외부 - 공통 - 내용' 순으로 정리할 수 있다. 따라서 ㄷ - ㄴ - ㄹ - ㄱ의 순이 된다.

결합도의 특징
- 한 모듈과 다른 모듈 간의 상호 의존도 또는 두 모듈 사이의 연관 관계를 의미한다.
- 시스템을 설계할 때 필요한 설계 지침으로 모듈 분리가 자유롭다.
- 낮은 결합도를 유지해야 좋은데 이를 유지하려면 불필요한 관련성을 제거하고, 인터페이스의 수를 줄여야 한다.

결합도 낮음 (가장 바람직)	자료 ↔ 구조 ↔ 제어 ↔ 외부 ↔ 공통 ↔ 내용	결합도 높음 (바람직하지 않음)

답 ①

 06 컴퓨터 알고리즘에 대한 설명으로 옳지 <u>않은</u> 것을 〈보기〉에서 모두 고른 것은? ★★★

> ㄱ. 힙 정렬(Heap Sort) 알고리즘의 시간 복잡도는 $O(n^2)$이다.
> ㄴ. 0/1 배낭(0/1 Knapsack) 문제에 대하여 다항시간(Polynomial time) 내에 해결 가능한 알고리즘이 개발되었다.
> ㄷ. 모든 NP(Non-deterministic Polynomial time) 문제는 컴퓨터를 이용하여 다항시간에 해결할 수 없다.

① ㄱ   ② ㄱ, ㄴ
③ ㄴ, ㄷ   ④ ㄱ, ㄴ, ㄷ

ㄱ. 힙 정렬(Heap Sort)의 알고리즘의 시간 복잡도는 $O(n^{\log n})$이다.
ㄴ. 0/1 배낭(0/1 Knapsack) 문제에 대하여 다항시간(Polynomial time) 내에 해결하기 힘든 알고리즘이며 현재로서 해결 불가능한 문제를 말한다.
ㄷ. NP 문제는 컴퓨터를 이용하여 다항시간에 해결할 수 없지만, 가정-검증 과정의 검증을 거친 NP 문제는 P 문제로 편입되기 때문에 모든 NP 문제라고는 할 수 없다.

답 ④

07 JAVA 프로그램의 실행 결과로 옳은 것은? ★★

```
class Test {
    public static void main(String[] args) {
        int a=101;
        System.out.println((a>>2) << 3);
    }
}
```

① 0   ② 200
③ 404   ④ 600

해설 ② • 위 JAVA 프로그램은 shift 연산을 통해 구할 수 있다.
        – 좌측 shift는 /2n을, 우측 shift는 ×2n을 의미한다.
        – a를 좌측으로 2bit, 우측으로 3bit를 shift시키면 좌측은 /2²=/4이며, 우측은 ×2³이기 때문에 ×8이 된다. 이를
          a에 대입하면 101/4=25(소수점 이하는 절삭) → 25×8=200이 나오게 된다.
      • 또한 2진법을 이용해 구하는 방법은 다음과 같다.
        101을 2진수로 전환하면
        01100101 ← 101
        00011001 ← 2bit 우측으로 shift(좌측에 00 삽입)
        11001000 ← 3bit 좌측으로 shift(우측에 000 삽입)
        ∴ 11001000을 10진수로 변환하면 200이 된다.

                                                                            답 ②

---

08 암호 방식에 대한 설명으로 옳은 것을 〈보기〉에서 모두 고른 것은? ★★

보기
ㄱ. 대칭키 암호 방식(Symmetric Key Cryptosystem)은 암호화 키와 복호화 키가 동일하다.
ㄴ. 공개키 암호 방식(Public Key Cryptosystem)은 사용자 수가 증가하면 관리해야 할 키의 수가 증가하
    여 키 변화의 빈도가 높다.
ㄷ. 대칭키 암호 방식은 공개키 암호 방식에 비하여 암호화 속도가 빠르다.
ㄹ. 공개키 암호 방식은 송신자와 발신자가 서로 같은 키를 사용하여 통신을 수행한다.

① ㄱ, ㄴ   ② ㄱ, ㄷ
③ ㄴ, ㄷ   ④ ㄴ, ㄹ

ㄴ. 공개키 암호 방식은 사용자 수 증가에 따라 관리해야 할 키의 개수가 대칭키에 비해 상대적으로 적으며 키 변화의
빈도가 낮다. 사용자 수가 증가하면 관리해야 할 키의 수가 증가하여 키 변화의 빈도가 높은 것은 대칭키 암호 방식
이다.
ㄹ. 공개키 암호 방식은 송신자와 발신자가 서로 다른 암호화 키와 복호화 키를 사용하여 통신을 수행한다. 암호화 키와
복호화 키가 서로 같은 것은 대칭키 암호 방식이다.

답 ②

09 학생 테이블에 튜플들이 아래와 같이 저장되어 있을 때, 〈NULL, '김영희', '서울'〉 튜플을 삽입하고자 한다.
해당 연산에 대한 [결과]와 [원인]으로 옳은 것은?(단, 학생 테이블의 기본키는 학번이다) ★★

학번	이름	주소
1	김철희	경기
2	이철수	천안
3	박민수	제주

　　[결과]　　　　　　[원인]
① 삽입 가능　　　무결성 제약조건 만족
② 삽입 불가　　　　관계 무결성 위반
③ 삽입 불가　　　　개체 무결성 위반
④ 삽입 불가　　　　참조 무결성 위반

③ 해당 튜플에는 기본키(학번)가 빠진 채 입력되었기 때문에 개체 무결성 위반으로 삽입이 불가능하다.

개체 무결성(Entity Integrity) 제약 조건
• 하나의 릴레이션에서 기본키와 관련된 무결성이다.
• 한 릴레이션의 기본키를 구성하는 어떠한 속성 값도 널(NULL) 값이나 중복 값을 가질 수 없다(정확성 유지).
• 하나의 릴레이션으로 삽입되거나 변경되는 튜플들에 대하여 정확한 값을 유지하는 성질로 하나의 릴레이션에 있는
튜플은 중복된 튜플이 있어서는 안 된다.

답 ③

10 10진수 −2.75를 아래와 같이 IEEE 754 표준에 따른 32비트 단정도 부동소수점(Single Precision Floating Point) 표현 방식에 따라 2진수로 표기했을 때 옳은 것은? ★★★

부호	지수부	가수부
(부호: 1비트, 지수부: 8비트, 가수부: 23비트)		

① 1000 0000 0000 0000 0000 0000 0000 1011
② 1000 0000 1011 0000 0000 0000 0000 0000
③ 1010 0000 0110 0000 0000 0000 0000 0000
④ 1100 0000 0011 0000 0000 0000 0000 0000

④ 10진수를 IEEE 754 표준에 따른 32비트 단정도 부동소수점 표현 방식은 다음과 같다.
- −2.75를 이진수로 전환한다(2 = 10으로 표기, 0.5 = 10, 0.25 = 01로 표현). → (−10.11)
- 0이 아닌 유효숫자를 일의 자리로 옮기는 정규화를 수행한다. → (-1.011×2^1)
- 형식에 맞게 값을 채운다.
  - 부호 = 음수 → 1
  - 지수 = 1 + 127 = 128 = 10000000
  - 가수 = 011(소수점 좌측의 숫자는 히든비트로 숨기고 나머지만 표시)
- 가수 011 아래의 나머지 비트는 모두 0으로 처리
따라서 1100 0000 0011 0000 0000 0000 0000 00000이 된다.

답 ④

11 ㉠에 들어갈 용어로 옳은 것은? ★★★

주기억장치의 물리적 크기의 한계를 해결하기 위한 기법으로 주기억장치의 크기에 상관없이 프로그램이 메모리의 주소를 논리적인 관점에서 참조할 수 있도록 하는 것을 (㉠)라고 한다.

① 레지스터(Register)
② 정적 메모리(Static Memory)
③ 가상 메모리(Virtual Memory)
④ 플래시 메모리(Flash Memory)

③ 가상 메모리(Virtual Memory)는 보조기억장치의 일부를 주기억장치처럼 사용하는 것으로 용량이 작은 주기억장치의 물리적 한계를 해결하고 프로그램이 메모리의 주소를 논리적 관점에서 참조할 수 있도록 하는 기법을 말한다. 윈도우즈의 경우 기본적으로 실제 장착된 메모리의 약 1.5배 크기를 가상 메모리로 설정하여 활용한다.

답 ③

12 C 프로그램의 실행 결과로 옳은 것은? ★★

```
#include〈stdio.h〉
int main( )
{
    int i, sum=0;
    for(i=1; i<=10; i+=2) {
        if(i%2 && i%3) continue;
        sum +=i;
    }
    printf("%d\n", sum);
    return 0;
}
```

① 6   ② 12
③ 25   ④ 55

② • for(i=1; i<=10; i+=2) → 조건에서 i는 1보다 크거나 같으며 2씩 증가한다고 되어 있으므로, 이 조건에 맞는 i
   는 10보다 작은 홀수인 1, 3, 5, 7, 9이다.
 • if(i%2 && i%3) continue; → 1%2(2로 나누었을 때 나머지가 1 ⇒ 3, 5, 7, 9)와 1%3(3으로 나누었을 때 나머지
   가 1 또는 2 ⇒ 5, 7)을 모두 만족(AND)할 경우에 건너뛰고(Continue) 나머지를 구한다(=3, 9).
 • 나머지 값인 3과 9를 더한다. → 12
 따라서 답은 12가 된다.

답 ②

13 다음에서 설명하는 소프트웨어 개발 방법론으로 옳은 것은? ★★

> 프로세스와 도구 중심이 아닌 개발 과정의 소통을 중요하게 생각하는 소프트웨어 개발 방법론으로 반복적인 개발을 통한 잦은 출시를 목표로 한다.

① 애자일 개발 방법론
② 구조적 개발 방법론
③ 객체지향 개발 방법론
④ 컴포넌트 기반 개발 방법론

① 애자일 개발 방법론(Agile Software Development)은 소프트웨어 개발 방법의 일종으로 개발 대상을 다수의 작은 기능으로 분할하여 하나의 기능을 하나의 반복 주기 내에 개발하는 방법을 말한다. 변화에 신속 · 유연하며 적응적인 소프트웨어 개발을 목표로 하고 도구 중심이 아닌 개발 과정에서의 개개인과의 소통을 중시한다. 또한 동작 가능한 소프트웨어를 고객에게 짧은 간격으로 출시 · 전달한다.

답 ①

14 불 대수(Boolean Algebra)에 대한 최소화로 옳지 <u>않은</u> 것은? ★★★

① $A(A+B)=A$
② $A+\overline{A}B=A+B$
③ $A(\overline{A}+B)=AB$
④ $AB+A\overline{B}+\overline{A}B=A$

$AB+A\overline{B}+\overline{A}B=A$
$=A(B+\overline{B})+\overline{A}B$ → A로 묶어 간략화 진행. $(B+\overline{B})$는 1
$=A+\overline{A}B$ → 분배법칙을 이용하여 간략화 진행
$=(A+\overline{A})(A+B)$ → $(A+\overline{A})$는 1
$=A+B$
따라서 불 대수에 대한 최소화로 옳지 않은 것은 ④가 된다.

답 ④

15 배열(Array)과 연결리스트(Linked List)에 대한 설명으로 옳지 <u>않은</u> 것은? ★★

① 연결리스트는 배열에 비하여 희소 행렬을 표현하는 데 비효율적이다.

② 연결리스트에 비하여 배열은 원소를 임의의 위치에 삽입하는 비용이 크다.

③ 연결리스트에 비하여 배열은 임의의 위치에 있는 원소를 접근할 때 효율적이다.

④ n개의 원소를 관리할 때, 연결리스트가 n크기의 배열보다 메모리 사용량이 더 크다.

① 연결리스트는 연속적 기억 공간이 없어도 저장이 가능하며, 배열에 비해 희소 행렬을 표현하는 데 효율적이다.

연결리스트(Linked List)
- 자료를 구성할 때 포인터 자료를 포함해서 하나의 자료를 구성하는 형태로 포인터를 이용하여 현재 자료와 관련이 있는 자료를 연결한다(포인터를 위한 추가 공간이 필요).
- 자료와 함께 다음 데이터의 위치를 알려주는 포인터로 실제 자료들을 연결한 형태이다.
- 노드의 삽입과 삭제가 용이하며, 메모리 단편화를 방지할 수 있다(Garbage Collection).
- 포인터로 연결되기 때문에 액세스 속도가 느리며, 링크 포인터만큼 기억 공간을 소모한다.
- 연결리스트 중에 중간 노드 연결이 끊어지면 그 다음 노드를 찾기가 힘들다.

📖 ①

16 프로세스 P1, P2, P3, P4를 선입선출(First In First Out) 방식으로 스케줄링을 수행할 경우 평균응답시간으로 옳은 것은?(단, 응답시간은 프로세스 도착시간부터 처리가 종료될 때까지의 시간을 말한다) ★★

프로세스	도착시간	처리시간
P1	0	2
P2	2	2
P3	3	3
P4	4	9

① 3   ② 4

③ 5   ④ 6

③ • 선입선출(FIFO) 방식은 복수의 신호나 잡(Job)이 처리 대기로 있을 때 처리의 우선순위를 붙이지 않고, 먼저 도착한 순서대로 처리하는 방식이다.
- 각 프로세스의 응답(반환)시간은 각 처리시간에 도착시간을 빼는 방식으로 구하며 공식은 다음과 같다.
  - P1의 응답시간: 2(=2-0) → (P1 처리시간-P1 도착시간)
  - P2의 응답시간: 2(=2+2-2) → (P1+P2 처리시간-P2 도착시간)
  - P3의 응답시간: 4(=2+2+3-3) → (P1+P2+P3 처리시간-P3 도착시간)
  - P4의 응답시간: 12(=2+2+3+9-4) → (P1+P2+P3+P4 처리시간-P4 도착시간)
  ∴ 프로세스 전체응답시간=2+2+4+12=20이므로 평균응답시간은 5가 된다.

📖 ③

17 TCP/IP 프로토콜에 대한 설명으로 옳은 것은? ★★

① TCP는 비연결형 프로토콜 방식을 사용한다.
② TCP는 네트워크 계층(Network Layer)에 속한다.
③ IP는 잘못 전송된 패킷에 대하여 재전송을 요청하는 기능을 제공한다.
④ IP는 각 패킷의 주소 부분을 처리하여 패킷이 목적지에 도달할 수 있도록 한다.

 ① 비연결형 프로토콜 방식을 사용하는 것은 UDP이다. TCP는 연결형 프로토콜 방식을 사용한다.
② TCP는 OSI 7계층 중 전송 계층(Transport Layer)에 해당한다.
③ 잘못 전송된 패킷에 대하여 재전송을 요구하는 것은 TCP에 해당한다.

TCP/IP
- 가장 기본적인 프로토콜로 네트워크에서 연결된 시스템 간의 데이터를 전송한다.
- 컴퓨터 기종에 관계없이 인터넷 환경에서의 정보 교환이 가능하다.
- OSI 계층 구조에서 총 4개의 계층(링크 계층, 인터넷 계층, 전송 계층, 응용 계층)으로 이루어진다(네트워크 환경에 따라 여러 개의 프로토콜을 허용).

프로토콜	설명
TCP	• 메시지나 파일을 작은 패킷으로 나누어 전송하거나 수신된 패킷을 원래의 메시지로 재조립한다. • 신뢰성과 보안성이 우수하며, 연결형 프로토콜 방식을 사용한다. • 접속형(Connection-Oriented) 서비스, 전이중(Full-Duplex) 전송 서비스 등을 제공한다. • OSI 7계층 중 전송 계층(Transport Layer)에 해당한다.
IP	• 각 패킷의 주소 부분을 처리하여 패킷이 목적지에 정확하게 도달할 수 있도록 한다. • 인터넷의 중심이며, 비연결형 프로토콜 방식을 사용한다. • 경로 설정(Routing) 서비스 등을 제공한다. • OSI 7계층 중 네트워크 계층(Network Layer)에 해당한다.

답 ④

18 다음에서 설명하는 용어로 가장 옳은 것은? ★★

프랭크 로젠블라트(Frank Rosenblatt)가 고안한 것으로 인공신경망 및 딥러닝의 기반이 되는 알고리즘이다.

① 빠른 정렬(Quick Sort)
② 맵 리듀스(Map Reduce)
③ 퍼셉트론(Perceptron)
④ 디지털 포렌식(Digital Forensics)

 ③ 퍼셉트론은 1957년 코넬 항공 연구소에서 근무하던 프랭크 로젠블라트가 인간의 두뇌를 모델로 하여 고안한 신경 알고리즘을 말하며 시냅스의 결합으로 네트워크를 형성한 인공 뉴런이 학습을 통해 시냅스의 결합 세기를 변화시켜 문제 해결 능력을 가지는 비선형 모델이다.

답 ③

19 관계형 데이터베이스의 뷰(View)에 대한 장점으로 옳지 <u>않은</u> 것은? ★★

① 뷰는 데이터의 논리적 독립성을 일정 부분 제공할 수 있다.

② 뷰를 통해 데이터의 접근을 제어함으로써 보안을 제공할 수 있다.

③ 뷰에 대한 연산의 제약이 없어서 효율적인 응용프로그램의 개발이 가능하다.

④ 뷰는 여러 사용자의 상이한 응용이나 요구를 지원할 수 있어서 데이터 관리를 단순하게 한다.

③ 뷰(View)는 CREATE VIEW 명령을 이용하여 정의하며, 뷰를 이용한 또 다른 뷰를 생성할 수 있지만 삽입, 갱신, 삭제 연산에서 제약이 있다는 단점이 있다.

뷰(View)의 장점
• 논리적 데이터 독립성을 제공할 수 있다.
• 여러 사용자의 상이한 응용이나 요구를 편리하게 지원하여 사용자의 데이터 관리를 간편하게 해준다.
• 뷰를 통해 데이터의 접근을 제어함으로써 숨겨진 데이터를 위한 자동 보안이 제공된다.

답 ③

20 다음에서 설명하는 알고리즘 설계 기법으로 가장 알맞은 것은? ★★★

해결하고자 하는 문제의 최적해(Optimal Solution)가 부분 문제들의 최적해들로 구성되어 있을 경우, 이를 이용하여 문제의 최적해를 구하는 기법이다.

① 동적 계획법(Dynamic Programming)
② 탐욕적 알고리즘(Greedy Algorithm)
③ 재귀 프로그래밍(Recursive Programming)
④ 근사 알고리즘(Approximation Algorithm)

① 탐욕적 알고리즘과 혼동될 수 있지만 탐욕적 알고리즘이 반드시 최적해를 구하는 것은 아니므로 부분에 대해 가장 최적해를 얻는 알고리즘은 동적 계획법임을 알 수 있다.

탐욕적 알고리즘
탐욕적 알고리즘은 최적해를 구하는 데에 사용되는 근사적인 방법으로, 여러 경우 중 하나를 결정해야 할 때마다 그 순간에 최적이라고 생각되는 것을 선택해 나가는 방식으로 진행하여 최종적인 해답에 도달한다. 순간마다 하는 선택은 그 순간에 대해 지역적으로는 최적이지만, 그 선택들을 계속 수집하여 최종적(전역적)인 해답을 만들었다고 해서, 그것이 최적이라는 보장은 없다.

답 ①

인생의 실패는 성공이 얼마나 가까이 있는지도 모르고 포기했을 때 생긴다.

– 토마스 에디슨 –

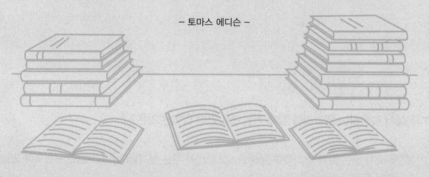

PART 07

2016년 기출문제

우편 및 금융상식(기초영어 포함)

※ 2024년도 시험부터 '우편 및 금융상식'은 '우편일반', '예금일반', '보험일반'으로 분리하여 출제합니다.

01 〈보기〉에서 국내우편물 제한 부피 및 무게에 관한 설명으로 옳은 것을 모두 고른 것은? ★★★

> **보기**
>
> ㄱ. 통상우편물의 최대 무게: 8,000g
> ㄴ. 통상우편물의 최소 부피
> - 평면의 길이 14cm, 너비 9cm
> - 원통형은 '지름의 2배'와 길이를 합하여 23cm(단, 길이는 14cm 이상)
> ㄷ. 소포우편물의 최소 부피
> - 가로 · 세로 · 높이 세 변을 합하여 35cm(단, 가로는 17cm 이상, 세로는 12cm 이상)
> - 원통형은 '지름의 2배'와 길이를 합하여 35cm(단, 지름은 3.5cm 이상, 길이는 17cm 이상)
> ㄹ. 소포우편물의 최대 부피: 가로 · 세로 · 높이 세 변을 합하여 1m 이내(단, 어느 변이나 90cm를 초과할 수 없음)

① ㄱ, ㄴ
② ㄱ, ㄹ
③ ㄴ, ㄷ
④ ㄷ, ㄹ

해설 ㄱ. 통상우편물의 최대 무게는 6,000g이다.
ㄹ. 소포우편물의 최대 부피는 가로 · 세로 · 높이 세 변을 합하여 1m 60cm(단, 어느 변이나 1m를 초과할 수 없음)이다.

답 ③

02 우편 서비스의 종류와 이용조건에 관한 설명으로 옳지 <u>않은</u> 것은? ★★

① 30kg 이하 소포우편물은 보편적 우편 서비스에 해당한다.

② 2kg을 초과하는 통상우편물은 선택적 우편 서비스 대상이다.

③ 일반소포우편물의 송달기준은 접수한 다음 날부터 3일 이내이다.

④ 소포우편물에는 원칙적으로 서신을 넣을 수 없으나 물건과 관련이 있는 납품서, 영수증, 설명서 등은 함께 넣어 보낼 수 있다.

 ① 「우편법」 제14조 제2항에서는 2kg 이하의 통상우편물과 20kg 이하의 소포우편물을 보편적 우편 서비스로 정하고 있다.

구분	보편적 우편 서비스	선택적 우편 서비스
통상우편물	2kg 이하	2kg 초과
소포우편물	20kg 이하	20kg 초과

정답 ①

03 국내우편요금 제도에 관한 설명으로 옳지 <u>않은</u> 것은? ★★

① 요금수취인부담 우편물의 취급대상은 통상우편물, 등기소포우편물, 계약등기이다.

② 한 사람이 매월 100통 이상 보내는 통상 · 소포우편물은 우편요금 후납우편물의 취급대상이다.

③ 우편요금 별납우편물은 관할 지방우정청장이 지정하는 우체국(우편취급국 포함)에서만 취급이 가능하다.

④ 요금수취인부담 우편물의 발송유효기간은 3년 이내로 제한하며 배달우체국장과 이용자와의 계약으로 정한다.

 ④ 요금수취인부담 우편물의 발송유효기간은 요금수취인부담 계약일로부터 2년이 원칙이다. 다만, 국가기관, 지방자치단체 또는 정부투자기관에 있어서는 발송유효기간을 제한하지 아니할 수 있어 2년을 초과하여 발송유효기간을 정할 수 있다.

정답 ④

04 우편사서함 사용계약에 관한 설명으로 옳은 것은? ★★

① 우편사서함은 2인 이상이 공동으로 사용할 수 있고, 법인, 공공기관 등 단체의 우편물 수령인은 10명까지 등록할 수 있다.

② 우편물을 다량으로 받는 고객은 우편물을 정해진 날짜에 찾아갈 수 있으며, 수취인 주거지나 주소변경이 있을 경우에는 이용할 수 없다.

③ 우편사서함의 사용계약을 하려는 사람은 계약신청서와 등기우편물 수령을 위하여 본인의 서명표를 우체국에 제출하면 된다.

④ 국가기관, 지방자치단체, 일일배달 예정 물량이 100통 이상인 다량이용자, 우편물배달 주소지가 사서함 설치 우체국의 관할구역인 신청자 순으로 우선 계약을 할 수 있다.

> **해설**
> ① 우편사서함은 2인 이상이 공동으로 사용할 수 없다. 또한 법인, 공공기관 등 단체의 우편물 수령인은 5명까지 등록 가능하다.
> ② 우편사서함은 우편물을 다량으로 받는 고객이 우편물을 수시로 찾아갈 수 있으며, 수취인 주거지나 주소변경에 관계없이 이용할 수 있다.
> ③ 우편사서함의 사용계약을 하려는 사람은 계약신청서와 등기우편물 수령을 위하여 본인과 대리수령인의 서명표를 우체국에 제출하면 된다.
>
> 답 ④

05 우편물의 발송에 관한 설명으로 옳은 것은? 〈변형〉 ★★

① 우편물의 발송순서는 별도로 정하지 않으며, 일반우편물을 담은 운송용기는 운송송달증을 등록한 뒤에 발송한다.

② 일반우편물은 형태별로 분류하여 해당 우편상자에 담되 우편물량이 적을 경우에는 형태별로 묶어 담고 운송용기 국명표는 혼재 표시된 국명표를 사용한다.

③ 부가취급우편물은 덮개가 있는 우편상자에 담아 덮개에 운송용기 국명표를 부착하고 필요시 묶음끈을 사용하여 봉함한 후 발송한다.

④ 운반차에 우편물 적재 시 여러 형태의 우편물을 함께 넣을 때에는 작업을 쉽게 하기 위하여 등기소포 → 일반소포 → 등기통상 → 일반통상 → 중계우편물의 순으로 적재한다.

> **해설**
> ① 우편물의 발송순서는 특급우편물, 등기우편물, 일반우편물 순으로 발송한다.
> ③ 부가취급우편물은 덮개가 있는 우편상자에 담아 덮개에 운송용기 국명표를 부착하고 반드시 묶음끈을 사용하여 봉함한 후 발송한다.
> ④ 운반차에 우편물 적재 시 여러 형태의 우편물을 함께 넣을 때에는 작업을 쉽게 하기 위하여 '일반소포 → 등기소포 → 일반통상 → 등기통상 → 중계우편물'의 순으로 적재한다.
>
> 답 ②

06 국내우편물 배달에 관한 설명으로 옳은 것은? ★★

① 보관우편물의 보관기간은 우편물이 도착한 다음 날부터 계산하여 15일이다.

② 수취인이 2명 이상인 경우에는 그중 1인에게 배달하는 것이 우편물 배달의 일반원칙이다.

③ 우편사서함 번호와 주소가 함께 기재된 우편물 중 익일특급우편물은 주소지에 배달하여야 한다.

④ 배달의 우선순위에서 일반통상우편물(국제선편통상우편물 중 서장 및 엽서 포함)은 제1순위에 해당된다.

① 보관우편물의 보관기간은 우편물이 도착한 다음 날부터 계산하여 10일이다(「우편법 시행규칙」 제121조의2).

③ 사서함 번호와 주소가 함께 기록된 우편물 가운데 특별송달, 보험취급, 맞춤형 계약등기 우편물은 주소지에 배달한다.

④ 배달의 우선순위에서 일반통상우편물(국제선편통상우편물 중 서장 및 엽서 포함)은 제2순위에 해당된다.

제1순위	기록취급우편물, 국제항공우편물
제2순위	준등기우편물, 일반통상우편물(국제선편통상우편물 중 서장 및 엽서 포함)
제3순위	제1순위, 제2순위 이외의 우편물

답 ②

07 국제특급우편(EMS)에 관한 설명으로 옳은 것은? 〈변형〉 ★★

① 행방조사 결과 우체국의 잘못으로 송달예정기간보다 24시간 이상 늦어진 것으로 판정된 경우 납부한 우편요금이 환불된다.

② 신속성, 신뢰성, 비정기성, 안정성을 보장한다.

③ 여권을 포함한 신분증, 동전, 화폐 등의 물품을 접수하고 있다.

④ 마그네틱 테이프, 상품 견본, 컴퓨터 데이터 등의 물품을 보낼 수 있다.

④ 국제특급우편으로 접수 가능한 물품은, 업무용 서류, 상업용 서류, 컴퓨터 데이터, 상품 견본, 마그네틱 테이프, 마이크로 필름, 상품으로 규정되어 있다. 국가별 통관 규정이나 국내 법규 등에 따라 수시로 변경되므로, 반드시 포스트넷(내부망) 발송조건 또는 인터넷우체국(외부망)을 확인하여 접수하여야 한다.

① 행방조사 결과 우체국의 잘못으로 배달예정일보다 48시간 이상 늦어진 것으로 판정된 경우 납부한 우편요금이 환불된다(다만, 배달을 시도했으나 수취인이 부재한 경우와 공휴일 및 통관 소요일은 송달예정기간에서 제외되고, EMS 배달보장 서비스 적용 우편물의 경우 우체국에서 제공한 배달소요일수보다 하루라도 늦어진 경우 우편요금이 반환된다).

② 국제특급우편의 특성은 신속성, 신뢰성, 정기성, 안전성이다.

③ 여권을 포함한 신분증, 동전, 화폐 등의 물품은 접수 금지 물품으로 규정되어 있다.

답 ④

08 국제우편에 관한 설명으로 옳지 <u>않은</u> 것은? 〈변형〉 ★★

① 국제회신우표권(International Reply Coupons)은 만국우편연합 국제사무국에서 발행한다.
② 국제우편요금 수취인부담(International Business Reply Service) 우편물은 선편, 항공 등의 부가
취급을 할 수 있다.
③ EMS 배달보장 서비스는 제공된 배달예정일보다 지연된 사실이 확인된 경우 절차를 거쳐 우편요금
을 배상한다.
④ EMS 프리미엄 접수는 우체국에서, 해외운송은 UPS가 수행한다.

 ② IBRS 우편물은 모두 항공 취급하며, 그 밖의 부가취급은 불가하다.

답 ②

09 국제우편 행방조사청구제도와 손해배상제도에 대한 설명으로 옳지 <u>않은</u> 것은? ★★

① 우편물 발송국가 및 도착국가는 물론 제3국(외국)에서도 행방조사를 청구할 수 있다.
② 행방조사청구가 기한 내에 이루어져야 하는 것은 손해배상 요건 중 하나이다.
③ 국제특급우편물 분실, 파손 등으로 지급된 손해배상금은 사고에 대한 책임이 있는 해당 우정청이
부담하는 것을 원칙으로 한다.
④ 손해배상 청구권자는 원칙적으로 수취인에게 배달되기 전까지 발송인이며, 배달된 후에는 수취인
에게 청구 권한이 있다.

 ③ 국제특급우편물 분실, 파손 등으로 지급된 배상금은 원칙적으로 발송우정당국이 부담하고 있으나 상대국에 따라 귀
책사유가 있는 우정당국이 배상하는 경우도 있다.

답 ③

10 〈보기〉와 같이 조건이 주어진 각 상품에 대한 설명으로 옳은 것은? ★★★

> 액면가와 가입금액은 1억 원, 만기는 1년으로 동일하며, 금리는 세전 이율 기준이다.
> (단, 물가상승률은 1.60%이다)
> ㄱ. ○○전자 회사채: 수익률 1.75%
> ㄴ. ○○유통 회사채: 할인율 1.75%
> ㄷ. ○○은행 정기예금: 이자율 1.75%

① ㄱ은 ㄴ보다 표면 금리가 높다.
② ㄱ은 ㄷ보다 실질 금리가 높다.
③ ㄴ은 ㄱ보다 이자 금액이 많다.
④ ㄴ은 ㄷ보다 수익률이 높다.

> **해설**
> ① ㄱ의 표면 금리는 1.75%이고, ㄴ의 표면 금리는 약 1.78%(175만 원/9,825만 원)이다. 따라서 ㄱ보다 ㄴ의 표면 금리가 높다.
> ② ㄱ과 ㄷ의 실질 금리는 0.15%로 동일하다.
> ③ ㄱ과 ㄴ의 이자 금액은 175만 원으로 동일하다.
>
> 답 ④

11 자금세탁방지제도에 대한 설명으로 옳지 않은 것은? ★★

① 자금세탁이란 일반적으로 '자금의 위법한 출처를 숨겨 적법한 것처럼 위장하는 과정'을 의미한다.
② 의심거래보고제도(STR)의 보고대상에 대해 정해진 기준 금액은 없으며 금융기관이 주관적으로 판단하여 보고한다.
③ 금융정보분석원(KoFIU)은 보고된 혐의거래를 조사·수사하여 법집행기관에 기소 등의 의법조치를 의뢰한다.
④ 고객확인제도(CDD)의 확인대상이 되는 '계좌의 신규 개설'에는 양도성 예금증서, 표지어음의 발행, 대여금고 약정도 포함된다.

> **해설**
> ③ 금융정보분석원(KoFIU)은 금융기관 등으로부터 자금세탁 관련 의심거래를 수집·분석하여 불법거래, 자금세탁행위 또는 공중협박 자금조달행위와 관련된다고 판단되는 금융거래 자료를 법 집행기관(검찰청·경찰청·국세청·관세청·금융위·중앙선관위 등)에 제공하는 업무를 주 업무로 하고, 금융기관 등의 의심거래 보고업무에 대한 감독 및 검사, 외국의 FIU와의 협조 및 정보교류 등을 담당한다.
>
> 답 ③

12 우체국예금에 대한 설명으로 옳은 것은? 〈변형〉 ★★

① 잔액이 1만 원 미만으로서 1년 이상 계속하여 거래가 없을 때 거래중지계좌에 해당 계좌를 편입할 수 있다.
② 약관의 조항은 우체국과 예금주 사이에 개별적으로 합의한 사항에 우선한다.
③ 예금주 본인이 전화로 사고신고를 철회하는 것은 영업시간 중에만 가능하다.
④ 듬뿍우대저축에 대한 질권 설정은 사전에 우체국에 통지하고 동의를 받아야 한다.

② 우체국과 예금주 사이에 개별적으로 합의한 사항이 약관 조항과 다를 때는 그 합의사항을 약관에 우선하여 적용한 다(「우체국 예금거래 기본약관」 제21조 제1항).
③ 예금주 본인이 사고신고를 철회할 때에는 우체국에 예금주 본인이 서면 또는 전산통신기기 등으로 하여야 한다(「우체국 예금거래 기본약관」 제13조 제5항).
④ 듬뿍우대저축은 입출금이 자유로운 상품으로, 입출금이 자유로운 예금은 질권 설정을 할 수 없다(「우체국 예금거래 기본약관」 제12조 제2항).

답 ①

13 〈보기〉의 우체국 예금상품에 대한 설명으로 옳은 것을 모두 고른 것은? 〈변형〉 ★★★

보기
ㄱ. 기업든든MMDA통장은 입출금이 자유로우며, 예치금액 별로 금리를 차등 적용하는 상품이다.
ㄴ. 2040+α 자유적금은 일정 조건에 해당하는 경우 우대금리를 제공하는 정기 예금이다.
ㄷ. 우체국 새출발 자유적금은 주거래 고객 확보 및 혜택 제공을 목적으로 각종 이체 실적 보유 고객, 장기거래 등 주거래 이용 실적이 많을수록 우대 혜택이 커지는 자유적립식 예금이다.
ㄹ. 우체국 아이LOVE 적금은 12세 미만의 어린이 · 청소년의 목돈 마련을 위해 사회소외계층, 단체가입, 가족 거래 실적 등에 따라 우대금리를 제공하는 적립식 예금이다.

① ㄱ, ㄴ   ② ㄱ, ㄹ
③ ㄴ, ㄷ   ④ ㄷ, ㄹ

ㄱ. 기업든든MMDA통장은 법인, 고유번호증을 부여받은 단체, 사업자등록증을 가진 개인사업자 등을 대상으로 예치금 액 별로 차등 금리를 적용하는 기업 MMDA 상품으로 입출금이 자유로운 예금이다.
ㄴ. 2040+α 자유적금은 20~40대 직장인과 카드 가맹점 등의 자유로운 목돈 마련을 위해 급여이체 실적, 신용카드 가맹점 결제계좌 이용, 적금 자동이체 실적 등 일정 조건에 해당하는 경우 우대금리를 제공하는 적립식 예금이다.
ㄷ. 우체국 다드림적금에 대한 설명이다.
ㄹ. 우체국 아이LOVE 적금은 19세 미만의 어린이 · 청소년의 목돈 마련을 위해 사회소외계층, 단체가입, 가족 거래 실적 등에 따라 우대금리를 제공하는 적립식 예금으로, 가입 고객을 대상으로 우체국 주니어보험 무료가입, 캐릭터통장 및 통장명 자유선정, 자동 재예치 서비스 등의 부가서비스를 제공한다.

답 ①

14 우체국 체크카드에 대한 설명으로 옳지 <u>않은</u> 것은? 〈변형〉　　　★★★

① 우체국 행복한 체크카드는 쇼핑부터 음식점, 통신료, 주유 등 다양한 혜택을 하나의 카드로 제공한다.

② 우체국 영리한Plus 체크카드는 환경부 인증 페플라스틱을 재활용한 친환경 카드로, 디지털콘텐츠 서비스 최대 20% 캐시백 등 다양한 혜택을 제공한다.

③ 우체국 동행 체크카드는 중증장애인 근로자를 대상으로 교통비를 지원하는 카드이다.

④ 우체국 후불하이패스 체크카드는 평일 출퇴근 시간대 통행료의 20~50%가 자동 할인되며, 현금결제와 충전이 필요 없는 후불 하이패스 카드이다.

① 우체국 어디서나 체크카드에 대한 설명이다. 우체국 행복한 체크카드는 병·의원, 약국, 학원, 마트, 문화 10% 캐시백, 우편 서비스 12% 캐시백 등 의료혜택 특화카드이다.

답 ①

15 우체국보험의 역사를 설명한 〈보기〉의 ㉠~㉢에 들어갈 내용으로 바르게 나열한 것은?　　　★★

• 우체국보험은 (㉠)년 5월에 제정된 「조선간이생명보험령」에 따라 종신보험과 (㉡)으로 시판되었다.
• 1952년 12월 「국민생명보험법」 및 「우편연금법」이 제정되면서 '간이생명보험'이 (㉢)으로 개칭되었다.

	㉠	㉡	㉢
①	1925	양로보험	우편생명보험
②	1929	양로보험	국민생명보험
③	1925	연금보험	우편생명보험
④	1929	연금보험	국민생명보험

㉠·㉡ 우체국보험은 1929년 5월에 제정된 「조선간이생명보험령」에 따라 조선총독부 체신국이 종신보험과 양로보험을 시판하기 시작했다.
㉢ 1952년 12월 「국민생명보험법」 및 「우편연금법」이 제정되면서 '간이생명보험'이 '국민생명보험'으로 개칭되었다.

답 ②

16 보험료 계산의 기초에 대한 설명으로 옳지 <u>않은</u> 것은? ★★

① 예정이율이 낮아지면 보험료는 비싸지고, 예정이율이 높아지면 보험료는 싸진다.

② 예정사업비율이 낮아지면 보험료는 싸지고, 예정사업비율이 높아지면 보험료는 비싸진다.

③ 순보험료는 장래의 보험금 지급의 재원(財源)이 되는 보험료로, 위험보험료와 저축보험료로 분리할 수 있다.

④ 보험료는 대수의 법칙에 의거하여 예정사망률, 예정이율, 예정사업비율의 3대 예정률을 기초로 계산한다.

> **해설** ④ 보험료는 수지상등의 원칙에 의거하여 예정사망률, 예정이율, 예정사업비율의 3대 예정률을 기초로 계산한다.
>
> **수지상등(收支相等)의 원칙**
> 계약자 등의 입장에서 개별적으로 보면 수입과 지출이 안 맞는 것처럼 보이지만 전체적으로 본다면 생명보험은 보험가입자가 납입하는 보험료 총액과 보험회사가 지급하는 보험금 및 경비(사업비)의 총액이 동일하도록 되어 있다는 원칙
>
> 답 ④

17 우체국 보험상품에 대한 설명으로 옳지 <u>않은</u> 것은? 〈변형〉 ★★★

① 무배당 우체국New100세건강보험 2203은 "국민체력100" 체력 인증 시 보험료 지원혜택을 제공한다.

② 무배당 우체국건강클리닉보험(갱신형) 2109의 갱신계약 가입나이는 10세 이상이다.

③ 무배당 우체국안전벨트보험 2109는 나이에 따라 보험료가 책정된다.

④ 무배당 우체국더든든한자녀지킴이보험 2203 2종(든든형)의 가입나이는 0~20세이다.

> **해설** ③ 무배당 우체국안전벨트보험 2109는 성별에 따른 차이는 있으나 나이에 관계 없이 동일한 보험료가 적용된다.
>
> 답 ③

18 다음의 우체국 보험상품 중 보장성보험 상품만으로 바르게 짝 지어진 것은? 〈변형〉 ★★

① 무배당 우체국안전벨트보험 2109, 무배당 만원의행복보험 2109, 무배당 청소년꿈보험 2109

② 무배당 우체국통합건강보험 2109, 무배당 우체국하나로OK건강종신보험 2402, 무배당 우체국온라인정기보험보험 2109

③ 무배당 우체국예금제휴보험 2109, 무배당 청소년꿈보험 2109, 무배당 우체국안전벨트보험 2109

④ 무배당 알찬전환특약 2109, 무배당 우체국실속정기보험 2109, 무배당 우체국치아보험(갱신형) 2109

①·③ 무배당 청소년꿈보험은 저축성보험이다.
④ 무배당 알찬전환특약은 저축성보험이다.

보장성보험(37종)
생존 시 지급되는 보험금의 합계액이 이미 납입한 보험료를 초과하지 아니하는 보험

• 무배당 우체국든든한종신보험 2109	• 무배당 우체국통합건강보험 2109
• 무배당 우체국건강클리닉보험(갱신형) 2109	• 무배당 우체국간편건강보험(325)(20년갱신형) 2409
• 무배당 우체국New100세건강보험 2203	• 무배당 우체국간편건강보험(355)(20년갱신형) 2409
• 무배당 우체국하나로OK건강종신보험 2402	• 무배당 우체국더간편건강보험(갱신형) 2407
• 무배당 우체국와이드건강보험 2112	• 무배당 우체국치아보험(갱신형) 2109
• 무배당 우체국실속정기보험 2109	• 무배당 우체국치매간병보험 2109
• 무배당 우체국암케어보험 2406	• 무배당 내가만든희망보험 2109
• 무배당 우체국더든든한자녀지킴이보험 2203	• 무배당 우체국간병비보험 2309
• 무배당 어깨동무보험 2109	• 무배당 우체국당뇨안심보험 2109
• 무배당 에버리치상해보험 2109	• 무배당 우체국나르미안전보험 2109
• 무배당 우체국예금제휴보험 2109	• 무배당 win-win단체플랜보험 2109
• 무배당 우체국단체보장보험 2501	• 무배당 우체국온라인어린이보험 2109
• 무배당 우체국안전벨트보험 2109	• 무배당 우체국온라인암보험 2109
• 무배당 우체국급여실손의료비보험(갱신형) 2109	• 무배당 우체국온라인3대질병보험 2109
• 무배당 우체국급여실손의료비보험(계약전환·단체개인전환·개인중지재개용)(갱신형) 2109	• 무배당 우체국온라인정기보험 2109
	• 무배당 우체국온라인입원수술보험 2112
• 무배당 우체국노후실손의료비보험(갱신형) 2109	• 무배당 우체국온라인종합건강보험(갱신형) 2201
• 무배당 우체국간편실손의료비보험(갱신형) 2109	• 무배당 우체국온라인치매간병보험 2201
• 무배당 만원의행복보험 2109	• 무배당 우체국대한민국엄마보험 2309

답 ②

19 다음 두 사람의 대화에서 A가 B의 수표를 바로 현금으로 교환하여 주지 <u>못하는</u> 이유는? ★★

> A: How can I help you?
> B: I received a bank draft from Malaysia. And I want to exchange it in Korean currency.
> A: Which currency is the draft?
> B: It is 20 US dollars.
> A: Sorry, sir. We can't exchange it right now.
> B: Why is that?
> A: We have to mail it to the issuing bank and once they pay, we will credit the amount in your account.
> B: How long does it take for me to get the money?
> A: It will take a week or so.
> B: All right. I'll check my account then. Thanks.

① 수표에 표시된 화폐의 잔고가 부족하기 때문이다.
② 발행은행에 수표를 보내서 결제받은 돈을 입금해 주기 때문이다.
③ B의 개인 신용등급이 낮아서 거래의 승인이 불가하기 때문이다.
④ 수표 금액이 적어서 우편료와 수수료의 발생으로 거래가 어렵기 때문이다.

해설
② 대화에서 B가 말레이시아에서 은행 환어음을 받았고 한화로 환전하고 싶다고 하자 A가 지금 당장은 환전이 불가능하다고 하면서 'We have to mail it to the issuing bank and once they pay, we will credit the amount in your account.'라고 했으므로, A가 B의 수표를 바로 현금으로 교환하여 주지 못하는 이유는 '발행은행에 수표를 보내서 결제받은 돈을 입금해 주기 때문이다.'이다.

해석
A: 무엇을 도와드릴까요?
B: 말레이시아에서 은행 환어음을 받았어요. 나는 그것을 한화로 환전하고 싶어요.
A: 어음은 어떤 통화인가요?
B: 20달러입니다.
A: 죄송합니다. 고객님. 지금 당장은 환전이 불가능합니다.
B: 왜 그렇죠?
A: 저희가 발행은행에 어음을 보내야 하고 그들이 결제하면, 계좌에 입금해 드리겠습니다.
B: 제가 돈을 받으려면 얼마나 걸리지요?
A: 1주일 정도 걸릴 것 같습니다.
B: 알겠습니다. 그럼 계좌를 확인해보겠습니다. 감사합니다.

어휘
bank draft: 은행 환어음
exchange: 환전하다
issuing bank: 신용장 개설은행
credit: 입금하다
account: 계좌
check: 알아보다[확인하다]

답 ②

20 다음 글에서 밑줄 친 부분이 어법상 틀린 것은? ★

> The connectedness of words to real people and things, and not just to information about those people and things, ① has a practical application that is very much in the news. The fastest-growing crime in the beginning of this century is identity theft. An identity thief uses information ② connected with your name, such as your social security number or the number and password of your credit card or bank account, to commit fraud or steal your assets. Victims of identity theft may lose out on jobs, loans, and college admissions, can ③ turn away at airport security checkpoints, and can even get arrested for a crime committed by the thief. They can spend many years and much money ④ reclaiming their identity.

해설

③ 문맥상 신원도용 피해자들(Victims of identity theft)이 공항검색대에서 '거절당하는'의 수동 의미가 되어야 하므로, 밑줄 친 turn away는 수동태 형태인 be turned away로 고쳐야 한다.

① 'has'를 받는 주어가 'The connectedness of words ~ people and things'로 3인칭 단수이므로 동사 has가 어법상 적절하게 사용되었다.

② 앞의 명사(information)를 수식하는 분사로 '연결된'이라는 수동의 의미이므로, 과거분사 connected가 어법상 적절하게 사용되었다.

④ spend+목적어+(전치사)+명사[-ing]는 '…하는 데 돈을/시간을 쓰다'의 뜻이므로, reclaiming이 어법상 적절하게 사용되었다.

해석

실제 사람들과 사물에 대한 단어들의 결합관계는 단지 그 사람들과 사물에 대한 정보를 주는 것이 아니라 뉴스에 많이 나오는 실제적인 응용을 갖고 있다. 이번 세기 초에 급속도로 증가하는 범죄는 신원도용 범죄이다. 명의도용범은 사회보장번호 또는 신용카드 번호나 은행 계좌번호와 비밀번호처럼 여러분의 이름과 연관된 정보를 이용해서 사기를 치거나 자산을 훔친다. 신원도용 피해자들은 직업, 대출, 대학 입학에서 손해를 볼 수 있고, 공항 보안검색대에서 거절당할 수 있으며, 심지어 명의도용범이 저지른 범죄로 인해 체포될 수 있다. 그들은 자신들의 신원을 되찾는 데 많은 시간과 많은 돈을 쓸 수 있다.

어휘

connectedness: 결합관계, 유대감
practical: 현실[실질/실제]적인
application: 응용
fastestgrowing: 급속도로 성장하는
crime: 범죄
identity theft: 신원도용
identity thief: 명의도용범
commit fraud: 사기를 치다
assets: 자산
lose out on: (~을) 놓치다, 손해를 보다
loan: 대출[융자](금)
turn away: 거부[거절]하다
security checkpoints: 보안검색대
reclaim: 되찾다[돌려 달라고 하다]

답 ③

컴퓨터일반

※ 2024년도 시험부터 제외되는 '자료구조알고리즘'과 '프로그래밍언어론' 문항은 ×표시하였습니다.

01 2진수 11110000과 10101010에 대해 XOR 논리 연산을 수행한 결괏값을 16진수로 바르게 표현한 것은? ★

① 5A
② 6B
③ A5
④ B6

> **해설**
>
> ① XOR 연산을 수행하면 XOR $\dfrac{\begin{array}{r}11110000\\101010100\end{array}}{01011010}$ 이 된다.
>
> 결괏값 '01011010'을 16진수로 변환하면 0101 | 10100이므로, 5A$_{(16)}$가 된다.
>
> 답 ①

02 무선 네트워크 방식에 대한 설명으로 옳은 것은? ★★★

① 블루투스(Bluetooth)는 동일한 유형의 기기 간에만 통신이 가능하다.
② NFC 방식이 블루투스 방식보다 최대 전송 속도가 빠르다.
③ NFC 방식은 액세스 포인트(access point) 없이 두 장치 간의 통신이 가능하다.
④ 최대 통신 가능 거리를 가까운 것에서 먼 순서로 나열하면 Bluetooth < Wi-Fi < NFC < LTE 순이다.

③ NFC는 비접촉식 RFID 기술 표준에서 확장되었기 때문에 접점 없이 통신이 가능하고, 가까운 통신 거리에서 저속 통신을 수행한다.

무선 네트워크 방식
- 블루투스(Bluetooth)
  - 휴대가 가능한 장치(핸드폰, PDA, 노트북 등)들 간 양방향 정보 전송이 가능한 근거리 무선 통신 방식
  - 주로 10미터 안팎의 초단거리에서 저전력 무선 연결이 필요할 때 사용
- 와이파이(Wi-Fi)
  - 한국형 무선 인터넷 플랫폼
  - 무선 접속 장치(AP; Access Point)가 설치된 곳에서 전파나 적외선 전송 방식을 이용하여 일정 거리 안에서 무선 인터넷을 할 수 있는 근거리 통신망을 칭하는 기술
- NFC
  - 10cm 이내의 가까운 거리에서 다양한 무선 데이터를 주고받는 통신 기술
  - 무선태그(RFID) 기술 중 하나로 13.56MHz의 주파수 대역을 사용하는 비접촉식 통신 기술
  - 통신 거리가 짧기 때문에 상대적으로 보안이 우수
  - 가격이 저렴하여 차세대 근거리 통신 기술로 주목받음
  - 데이터 읽기와 쓰기 기능 모두 사용 가능
  - 블루투스 등 기존의 근거리 통신 기술과 비슷하지만, 블루투스처럼 기기간 설정을 하지 않아도 됨
- LTE
  - 4G 이동통신 기술
  - 빠른 고속 무선 데이터 패킷통신 규격

답 ③

03 〈보기〉의 프로세스 P1, P2, P3을 시간 할당량(time quantum)이 2인 RR(Round-Robin) 알고리즘으로 스케줄링할 때, 평균 응답시간으로 옳은 것은?(단, 응답시간이란 프로세스의 도착시간부터 처리가 종료될 때까지의 시간을 말한다. 계산 결괏값을 소수점 둘째 자리에서 반올림한다) ★★

프로세스	도착시간	실행시간
P1	0	3
P2	1	4
P3	3	2

① 5.7

② 6.0

③ 7.0

④ 7.3

① 라운드 로빈 알고리즘에 의해 각 프로세스의 도착 및 실행되는 형태를 보면 다음과 같다.

구분	0	1	2	3	4	5	6	7	8	9
P1	3	2	(1)	(1)	1	–	–	–	–	–
P2		(4)	4	3	(2)	2	1	–	–	–
P3				(2)	(2)	(2)	(2)	2	1	–

문제의 조건에서 응답시간을 프로세스의 도착시간부터 처리가 종료될 때까지의 시간이라 설정하였고 위의 표와 조건내용을 반영해서 각 프로세스의 응답시간을 구하면 다음과 같다.
P1=5-0=5
P2=7-1=6
P3=9-3=6
평균 응답시간은 (5+6+6)/30고 소수점 둘째 자리에서 반올림하면 값은 5.7이 된다.

라운드 로빈(RR; Round-Robin)
• 여러 개의 프로세스에 시간 할당량이라는 작은 단위 시간이 정의되어 시간 할당량만큼 CPU를 사용하는 방식으로, 시분할 시스템(Time Sharing System)을 위해 고안되었다.
• 처리기 할당 시간을 주어 시간 안에 작업을 끝내지 못한 경우 처리기를 회수하고 준비 상태로 돌아간 다음 할당 시간을 기다리는 방식이다.
• 프로세스가 CPU에 할당된 시간이 경과될 때까지 작업을 완료하지 못하면 CPU는 다음 대기 중인 프로세스에게 사용 권한이 넘어가고, 현재 실행 중이던 프로세스는 대기 리스트의 가장 뒤로 배치된다.
• 적절한 응답 시간을 보장하는 대화식 사용자에게 효과적이다.
• 시간 할당량이 커지면 FIFO(FCFS) 방식과 같아지고, 시간 할당량이 작아지면 프로세스 문맥 교환이 자주 일어난다.

目 ①

04 다음 C 프로그램의 실행 결과로 옳은 것은? ★★

```
#include <studio.h>
  int main() {
   int a=120, b=45;
   while (a !=b) {
     if (a>b) a=a-b;
     else b=b-a;
   }
   printf("%d", a);
}
```

① 5   ② 15
③ 20   ④ 25

② • lf문: 괄호 안의 조건식이 참이면 다음 문장을, 거짓이면 else 이후의 문장을 처리한다.
- While문
  - 괄호 안의 조건식이 성립되는 동안 반복 처리문을 반복한다.
  - while (a !=b): a와 b가 같지 않을 경우 반복 처리문을 반복한다.
- 프로그램 결과
  - 1회전: a=120, b=45일 경우이며, a가 b보다 크므로 a=75가 된다.
  - 2회전: a=75, b=45일 경우이며, a가 b보다 크므로 a=30이 된다.
  - 3회전: a=30, b=45일 경우이며, a가 b보다 크지 않으므로 b=15가 된다.
  - 4회전: a=30, b=15일 경우이며, a가 b보다 크므로 a=15가 된다.
따라서 a=15, b=15가 되므로, While문에서 a와 b는 서로 같게 되고 반복문을 빠져 나와 a의 정수형 값인 15를 출력하게 된다.

답 ②

05 〈보기〉와 같이 수행되는 정렬 알고리즘으로 옳은 것은? ★★★

> 보기
> 단계 0: 6 5 8 9 4 2
> 단계 1: 6 5 8 2 4 9
> 단계 2: 6 5 4 2 8 9
> 단계 3: 2 5 4 6 8 9
> 단계 4: 2 4 5 6 8 9
> 단계 5: 2 4 5 6 8 9

① 쉘 정렬(shell sort)
② 히프 정렬(heap sort)
③ 버블 정렬(bubble sort)
④ 선택 정렬(selection sort)

④ 선택 정렬(selection sort): 가장 단순한 정렬 기법으로, 다른 정렬[버블(Bubble) 정렬 또는 삽입(Insert) 정렬]보다 이동 횟수를 줄일 수 있다. 레코드에서 최솟값을 찾아 첫 번째 레코드 위치에 놓고, 나머지 (n-1)개 중 다시 최솟값을 찾아 두 번째 레코드 위치에 놓는 방법을 반복 실행하여 정렬하는 기법이다.
① 쉘 정렬(shell sort): 삽입(Insert) 정렬을 확장한 것으로, 입력 파일을 여러 개의 부분적인 파일로 세분화하여 그 부분 파일을 삽입 정렬 기법으로 정렬한다.
② 히프 정렬(heap sort): 전 이진 트리(Complete Binary Tree)로 구성한 후 히프 트리(Heap Tree)로 변환하여 정렬하는 기법이다.
③ 버블 정렬(bubble sort): 인접한 데이터를 비교하면서 그 크기에 따라(순서적이지 않으면) 데이터의 위치를 바꾸어 순서적으로 정렬하는 기법이다.

답 ④

06 직원(사번, 이름, 입사년도, 부서) 테이블에 대한 SQL문 중 문법적으로 옳은 것은? ★★

① SELECT COUNT(부서) FROM 직원 GROUP 부서;

② SELECT * FROM 직원 WHERE 입사년도 IS NULL;

③ SELECT 이름, 입사년도 FROM 직원 WHERE 이름 ='최%';

④ SELECT 이름, 부서 FROM 직원 WHERE 입사년도 =(2014, 2015);

① GROUP BY절: 지정한 필드 목록에서 동일한 값을 갖는 레코드를 하나의 레코드로 결합한다.
  → 형식: Select 필드명 From 테이블명 Group by 필드명;
③ 이름에 대한 조건 지정은 '*, ?'를 사용한다.
  → 이름 ='최*', 이름 ='최?', 이름 ='최??' 등
④ IN 연산자: 리스트상의 값에 포함되었는지를 확인하기 위해 사용되는 연산자이다.
  → 형식: '필드 IN (값1,값2)'

답 ②

07 〈보기〉와 같은 특성을 갖는 하드 디스크의 최대 저장 용량은? ★★★

보기
- 실린더(cylinder) 개수: 32,768개
- 면(surface) 개수: 4개
- 트랙(track)당 섹터(sector) 개수: 256개
- 섹터 크기(sector size): 512bytes

① 4GB   ② 16GB

③ 64GB   ④ 1TB

② 하드 디스크 용량은 실린더 개수×헤드 수×트랙당 섹터 개수×섹터 크기(byte)이다.
  따라서 32,768×4×256×512=17,179,869,184로 16GB가 된다.

기억 용량 단위
- KB(Kilo Byte, 킬로 바이트): 2^{10}=1,024byte
- MB(Mega Byte, 메가 바이트): 2^{20}=1,024KB
- GB(Giga Byte, 기가 바이트): 2^{30}=1,024MB
- TB(Tera Byte, 테라 바이트): 2^{40}=1,024GB
- PB(Peta Byte, 페타 바이트): 2^{50}=1,024TB

답 ②

08 〈보기〉의 직원 테이블에서 키(key)와 관련된 설명으로 옳지 <u>않은</u> 것은?(단, 사번과 주민등록번호는 각각 유일한 값을 갖고, 부서번호는 부서 테이블을 참조하는 속성이며, 나이가 같은 동명이인이 존재할 수 있다) ★★★

>
>
> 직원(사번, 이름, 주민등록번호, 주소, 나이, 성별, 부서번호)

① 부서번호는 외래키이다.
② 사번은 기본키가 될 수 있다.
③ (이름, 나이)는 후보키가 될 수 있다.
④ 주민등록번호는 대체키가 될 수 있다.

> **해설** ③ 후보키(candidate key)는 튜플을 유일하게 식별할 수 있는 속성의 최소 집합키의 특성인 유일성과 최소성(Not Null)을 만족하는 키로, (이름, 나이)는 중복의 가능성이 있어 유일성을 만족하지 못하므로 후보키가 될 수 없다.
>
> 답 ③

09 소프트웨어 테스트에 대한 설명으로 옳지 <u>않은</u> 것은? ★★

① 베타(beta) 테스트는 고객 사이트에서 사용자에 의해서 수행된다.
② 회귀(regression) 테스트는 한 모듈의 수정이 다른 부분에 미치는 영향을 검사한다.
③ 화이트 박스(white box) 테스트는 모듈의 내부 구현보다는 입력과 출력에 의해 기능을 검사한다.
④ 스트레스(stress) 테스트는 비정상적으로 과도한 분량 또는 빈도로 자원을 요청할 때의 영향을 검사한다.

>
>
> **해설** ③ 화이트 박스(white box) 테스트는 테스트 대상의 내부 구조에 대한 정보를 활용하여 테스팅하는 방법이다.
>
> **화이트 박스(White Box) 테스트**
> • 모듈 안의 작동을 직접 관찰할 수 있다.
> • 원시 코드의 모든 문장을 한 번 이상 수행함으로써 수행된다.
> • 프로그램의 제어 구조에 따라 선택, 반복 등을 수행함으로써 논리적 경로를 제어한다.
> • Nassi-Shneiderman 도표를 사용하여 검정 기준을 작성할 수 있다.
> • 프로그램 원시 코드의 논리적 구조를 커버(Cover)하도록 테스트 케이스를 설계하는 프로그램 테스트 방법이다.
> • 화이트 박스 검사의 오류: 세부적 오류, 논리 구조상의 오류, 반복문 오류, 수행 경로 오류 등
> • 화이트 박스 검사의 종류: 기초 경로(Basic Path) 검사, 조건 기준(Condition Coverage) 검사, 구조(Structure) 검사, 루프(Loop) 검사, 논리 위주(Logic Driven) 검사, 데이터 흐름(Data Flow) 검사 등

블랙 박스(Black Box) 검사

- 제품이 수행할 특정 기능을 알기 위해서 각 기능이 완전히 작동되는 것을 입증하는 검사이다.
  → 기능 검사라고도 함
- 설계된 모든 기능이 정상적으로 수행되는지 확인한다.
- 기초적 모델 관점과 데이터 또는 입출력 위주의 검사 방법이다.
- 소프트웨어의 기능이 의도대로 작동하고 있는지, 입력은 적절하게 받아들였는지, 출력은 정확하게 생성되는지를 보여주는 데 사용된다.
- 블랙 박스 검사의 오류: 성능 오류, 부정확한 기능 오류, 인터페이스 오류, 자료 구조상의 오류, 초기화 오류, 종료 오류 등
- 블랙 박스 검사의 종류: 균등(동치) 분할(Equivalence Partitioning) 검사, 경계 값(Boundary Value Analysis) 검사, 오류 예측(Error Guessing) 검사, 원인 효과 그래프(Cause Effect Graph) 검사, 비교(Comparison) 검사 등

답 ③

---

10 〈보기〉에 선언된 배열 A의 원소 A[8][7]의 주소를 행 우선(row-major) 순서와 열 우선(column-major) 순서로 각각 바르게 계산한 것은?(단, 첫 번째 원소 A[0][0]의 주소는 1,000이고 하나의 원소는 1byte를 차지한다) ★★★

보기
char A[20][30];

	행 우선 주소	열 우선 주소
①	1,167	1,148
②	1,167	1,218
③	1,247	1,148
④	1,247	1,218

해설 ③ A[20][30]에서 시작 주소가 1,0000이고 원소의 크기가 1(byte)이며, 행과 열의 첨자는 0인 상태에서 A[8][7]의 주소를 행 우선 주소와 열 우선 주소로 구하면 다음과 같다.
- 행 우선 주소: 1,000+{30×(8-0)+(7-0)}×1 → 1,247
- 열 우선 주소: 1,000+{20×(7-0)+(8-0)}×1 → 1,148

답 ③

11 인터넷 주소 체계인 IPv4와 IPv6의 주소 길이와 주소 표시 방법을 각각 바르게 나열한 것은? ★

	IPv4	IPv6
①	(32비트, 8비트씩 4부분)	(128비트, 16비트씩 8부분)
②	(32비트, 8비트씩 4부분)	(128비트, 8비트씩 16부분)
③	(64비트, 16비트씩 4부분)	(256비트, 32비트씩 8부분)
④	(64비트, 16비트씩 4부분)	(256비트, 16비트씩 16부분)

① • IPv4(Internet Protocol Version 4)
- 주소는 인터넷에 연결된 호스트 컴퓨터의 유일한 주소로, 네트워크 주소와 호스트 주소로 구성되며, 8비트씩 4부분으로 총 32비트 주소 체계이다.
- 각 부분은 점(.)으로 나누어 표시되고, 10진수로 표현하며 각 자리는 0~255까지의 숫자를 사용한다.
  [예] 192.168.100.86
- 5개의 클래스(A~E)로 구성되며, 현재 할당된 주소는 대부분이 C 클래스이다.
• IPv6(Internet Protocol Version 6)
- IPv4의 주소 공간을 4배 확장한 것으로, 16비트씩 8부분 총 128비트 구성이다.
- 각 부분은 콜론(:)으로 구분하며, 16진수로 표현한다.
- 현재 IP 주소의 부족 현상을 해소하기 위한 차세대 IP 주소 체계이다.
- IPv4와의 호환성이 뛰어나며, IPv4와 비교하여 자료 전송 속도가 빠르다.
- 주소의 확장성 · 융통성 · 연동성이 뛰어나며, 품질 보장이 용이하다.
- 실시간 흐름 제어로 향상된 멀티미디어 서비스를 제공할 수 있다.
- 구분: 유니캐스트, 애니캐스트, 멀티캐스트 등

답 ①

12 〈보기〉의 이진 트리에 대해 지정된 방법으로 순회한 결과가 옳지 <u>않은</u> 것은?　　★★

보기

① 중위 순회: D → B → A → E → C → F
② 레벨 순회: A → B → C → D → E → F
③ 전위 순회: A → B → D → C → E → F
④ 후위 순회: D → B → A → E → F → C

해설
④ 후위 순회 방식은 LEFT − RIGHT − ROOT로, D → B → E → F → C → A가 되어야 한다.
　• 순회 방식
　　− 전위 순회: ROOT − LEFT − RIGHT
　　− 중위 순회: LEFT − ROOT − RIGHT

답 ④

13 컴퓨터 시스템의 인터럽트(interrupt)에 대한 설명으로 옳지 <u>않은</u> 것은?　　★★

① 인터럽트는 입출력 연산, 하드웨어 실패, 프로그램 오류 등에 의해서 발생한다.
② 인터럽트 처리 우선순위 결정 방식에는 폴링(polling) 방식과 데이지 체인(daisy chain) 방식이 있다.
③ 인터럽트가 추가된 명령어 사이클은 인출 사이클, 인터럽트 사이클, 실행 사이클의 순서로 수행된다.
④ 인터럽트가 발생할 경우, 진행 중인 프로그램의 재개(resume)에 필요한 레지스터 문맥(register context)을 저장한다.

해설
③ 명령어 사이클의 순서는 인출 사이클, 간접 사이클, 실행 사이클, 인터럽트 사이클 순이다.

답 ③

14 다음은 3년간 연이율 4%로 매월 적립하는 월 복리 정기적금의 만기지급금을 계산한 결과이다. 셀 C2에 들어갈 수식으로 옳은 것은?(단, 만기지급금의 10원 단위 미만은 절사한다) ★★

	A	B	C
1	성명	월적립액	만기지급금
2	김**	₩ 30,000	₩ 1,145,440
3	이**	₩ 50,000	₩ 1,909,070

① =ROUNDDOWN(FV(4%, 3*12, −B2), −1)
② =ROUNDDOWN(FV(4%, 3*12, −B2), −2)
③ =ROUNDDOWN(FV(4%/12, 3*12, −B2), −1)
④ =ROUNDDOWN(FV(4%/12, 3*12, −B2), −2)

 ③ 복리계산에 적용되는 공식은 '=FV(rate, nper, pmt, [pv], [type])'이다. rate는 이자율을 의미하고, nper는 기간, pmt 는 적립투자금액, pv는 거치투자금액을 의미한다. 여기서 rate는 매월 받는 이자이기 때문에 4%/12이고, nper은 기 간이므로 3년(3×12개월)이 된다.

답 ③

15 정점의 개수가 n인 연결 그래프로부터 생성 가능한 신장 트리(spaning tree)의 간선의 개수는? ★

① n−1
② n
③ $\dfrac{n(n-1)}{2}$
④ n^2

 ① 신장 트리(spaning tree)는 그래프의 모든 정점을 포함하면서 순환되지 않는 방식으로 연결되어 있는 최소 서브 그 래프이며, 각 간선에 가중치를 부여했을 때 가중치의 총합이 가장 적은 것을 의미한다. 따라서 정점의 개수가 n일 경 우 n−1개의 간선만을 포함한다.

답 ①

16 〈보기〉는 관계형 데이터베이스의 정규화 작업을 설명한 것이다. 제1정규형, 제2정규형, 제3정규형, BCNF를 생성하는 정규화 작업을 순서대로 나열한 것은? ★

> 보기
> ㄱ. 결정자가 후보키가 아닌 함수 종속성을 제거한다.
> ㄴ. 부분 함수 종속성을 제거한다.
> ㄷ. 속성을 원자값만 갖도록 분해한다.
> ㄹ. 이행적 함수 종속성을 제거한다.

① ㄱ → ㄴ → ㄷ → ㄹ
② ㄱ → ㄷ → ㄹ → ㄴ
③ ㄷ → ㄱ → ㄴ → ㄹ
④ ㄷ → ㄴ → ㄹ → ㄱ

해설
ㄷ. 제1정규형 - 1NF
- 모든 도메인이 원자값만으로 된 릴레이션으로, 모든 속성값은 도메인에 해당된다.
- 하나의 항목에는 중복된 값이 입력될 수 없다.
ㄴ. 제2정규형 - 2NF
- 반드시 제1정규형을 만족해야 하고, 모든 속성들이 기본키에 완전 함수 종속인 경우이다.
- 키가 아닌 모든 속성이 기본키에 충분한 함수적 종속을 만족하는 정규형이다.
- 기본키에서 이행적으로 함수에 종속된 속성이 존재하므로 이상 현상이 발생할 수 있다.
ㄹ. 제3정규형 - 3NF
- 모든 속성들이 기본키에 이행적 함수 종속이 아닌 경우이다.
- 무손실 조인 또는 종속성 보존을 방해하지 않고도 항상 3NF를 얻을 수 있다.
- 제1정규형, 제2정규형을 만족해야 하고, 이행적 함수 종속성(A → B, B → C, A → C)을 제거한다.
ㄱ. 보이스-코드 정규형 - BCNF
- 모든 BCNF 스키마는 3NF에 속하게 되므로 BCNF가 3NF보다 한정적 제한이 더 많다.
- 제3정규형에 속하지만 BCNF에 속하지 않는 릴레이션이 있다.
- 릴레이션 R의 결정자가 모두 후보키인 관계형이다.
- 결정자가 후보키가 아닌 함수 종속을 제거하며, 모든 BCNF가 종속성을 보존하는 것은 아니다.

답 ④

[×]**17** 다음 Java 프로그램의 실행 결과로 옳은 것은? ★★

```
class Division {
    public static void main(String[] args) {
        int a, b, result;
        a=3;
        b=0;
        try {
            result=a/b;
            System.out.print("A");
        }
        catch (ArithmeticException e) {
            System.out.print("B");
        }
        finally {
            System.out.print("C");
        }
            System.out.print("D");
        }
}
```

① ACD　　　　　　　　　　② BCD
③ ABCD　　　　　　　　　④ BACD

18 〈보기〉는 공개키 암호 방식을 전자 서명(digital signature)에 적용하여 A가 B에게 메시지를 전송하는 과정에 대한 설명이다. ㉠, ㉡에 들어갈 내용으로 옳은 것은? ★★★

> (1) A와 B는 개인키와 공개키 쌍을 각각 생성한다.
> (2) A는 (㉠)를 사용하여 암호화한 메시지를 B에게 전송한다.
> (3) B는 (㉡)를 사용하여 수신된 메시지를 해독한다.

	㉠	㉡
①	A의 개인키	A의 공개키
②	A의 개인키	B의 공개키
③	A의 공개키	B의 개인키
④	B의 공개키	B의 개인키

> **해설** ① A는 자신의 개인키를 이용해 암호화하여 메시지를 전송하게 되며, B는 A의 공개키를 이용해 암호화된 해시값을 복호화하고, 원본 문서를 해시값과 비교한다. 이와 같이 전자 서명에 의한 문서는 암호화가 되지 않기 때문에 누구나 읽을 수 있으나, 기밀성은 보장되지 않는다.
>
> 답 ①

19 프로그래밍 언어에 대한 설명으로 옳지 <u>않은</u> 것은? ★★★

① Objective-C, Java, C#은 객체지향 언어이다.
② Python은 정적 타이핑을 지원하는 컴파일러 방식의 언어이다.
③ ASP, JSP, PHP는 서버 측에서 실행되는 스크립트 언어이다.
④ XML은 전자문서를 표현하는 확장 가능한 표준 마크업 언어이다.

> **해설** ② Python은 C 언어와 다르게 인터프리터식 동적 타이핑(Dynamically typed)을 지원하는 대화형 언어이다.
>
> **Python(파이썬)**
> • C 언어를 기반으로 한 오픈소스 고급 프로그래밍 언어이다.
> • 1991년 귀도 반 로섬(Guido van Rossum)에 의해 설계 및 개발되었다.
> • 플랫폼이 독립적이기 때문에 다양한 플랫폼에서 사용 가능하고 또한 기본 제공되는 라이브러리가 매우 많다. 이 때문에 교육을 주된 목적으로 하는 여러 교육기관과 연구기관, 산업계 등에서 사용된다.
> • 인터프리터 형식이기 때문에 사용자가 컴파일을 하지 않고서도 작성한 프로그램을 바로 실행할 수 있을 뿐만 아니라, 한 줄 단위로 실행되기 때문에 사용자가 쉽게 결과를 확인할 수 있다.
>
> 답 ②

20　〈보기〉의 설명에 해당하는 기술로 가장 적절한 것은?　　　　　　★★

> 보 · 서비스 모델은 IaaS, PaaS, SaaS로 구분한다.
> 기 · 필요한 만큼 자원을 임대하여 사용할 수 있다.
> · 가상화 기술, 서비스 프로비저닝(provisioning) 기술, 과금 체계 등을 필요로 한다.

① 빅 데이터(big data)
② 딥 러닝(deep learning)
③ 사물 인터넷(internet of things)
④ 클라우드 컴퓨팅(cloud computing)

 ① 빅 데이터(big data): 큰 데이터를 의미한다. 부피가 크고, 변화의 속도가 빠르며, 속성이 매우 다양한 데이터라는 세 가지 특징을 가진 큰 데이터를 정의하고 있다.
② 딥 러닝(deep learning): 컴퓨터가 여러 데이터를 이용해 마치 사람처럼 스스로 학습할 수 있게 하는 인공 신경망(ANN; Artificial Neural Network)을 기반으로 하는 기계 학습 기술을 말한다.
③ 사물 인터넷(internet of things): 인터넷을 기반으로 모든 사물을 연결하여 사람과 사물, 사물과 사물 간의 정보를 상호 소통하는 지능형 기술 및 서비스를 말한다.

답 ④

PART 08

2014년 기출문제

CHAPTER 01

우편 및 금융상식(기초영어 포함)

※ 2024년도 시험부터 '우편 및 금융상식'은 '우편일반', '예금일반', '보험일반'으로 분리하여 출제합니다.

01 국내우편의 특수취급제도에 대한 설명으로 옳은 것은? 〈변형〉 ★★

① 내용증명의 내용문서는 한글이나 한자 또는 그 밖의 외국어로 자획을 명확하게 기록한 문서에 한정하여 취급한다.
② 보험통상은 등기취급을 전제로 하지 않는다.
③ 특별송달이란 등기취급을 전제로 「우편법」이 정하는 방법에 따라 송달하는 우편물로서, 배달결과를 발송인에게 통지하는 제도이다.
④ 보험소포는 통상우편물을 배달하는 특수취급제도이다.

① 내용문서는 한글이나 한자 또는 그 밖의 외국어로 자획을 명확하게 기록한 문서에 한정하여 취급하며, 숫자, 괄호, 구두점이나 그 밖에 일반적으로 사용하는 단위 등의 기호를 함께 적을 수 있다.
② 보험통상은 등기취급을 전제로 한다.
③ 특별송달이란 등기취급을 전제로 「민사소송법」 제176조의 규정에 의한 방법으로 송달하는 우편물로서 배달우체국에서 배달결과를 발송인에게 통지하는 특수취급제도이다.
④ 보험소포는 소포우편물을 배달하는 특수취급제도이다.

📋 ①

02 국내 우편요금에 대한 설명으로 옳은 것은? ★★

① 우편요금을 별납할 수 있는 우편물은 10통 이상의 통상우편물에 한한다.
② 요금수취인부담 우편물의 발송 유효기간은 이용일로부터 1년을 초과할 수 없다.
③ 국가 또는 지방자치단체에서 발송하는 우편물은 발송우체국장이 후납조건을 따로 정할 수 있다.
④ 우편관서의 과실로 인하여 과다 징수한 우편요금의 반환 청구기간은 우편요금을 납부한 날로부터 30일이다.

① 우편요금을 별납할 수 있는 우편물은 통상우편물과 소포우편물 모두 접수할 수 있으며 10통 이상이 되어야만 한다.
② 요금수취인부담 우편물의 발송 유효기간은 요금수취인부담 계약일로부터 2년이 원칙이다. 다만, 국가기관, 지방자치단체 또는 정부투자기관에 있어서는 발송 유효기간을 제한하지 아니할 수 있어 2년을 초과하여 발송 유효기간을 정할 수 있다.
④ 우편관서의 과실로 인하여 과다 징수한 우편요금의 반환 청구기간은 우편요금을 납부한 날로부터 60일이다.

📋 ③

03 국내통상 익일특급우편물이 접수하고 3일이 지나 배달된 경우 지연배달에 대한 배상금액의 종류로 옳은 것은? 〈변형〉 ★

① 등기취급수수료

② 국내특급수수료

③ 우편요금 및 등기취급수수료

④ 우편요금 및 국내특급수수료

 ④ 국내통상 익일특급우편물이 접수하고 3일 지연배달되었을 경우 지연배달에 대한 배상금액은 우편요금 및 국내특급 수수료이다.

답 ④

04 우편물 배달에 대한 설명으로 옳지 <u>않은</u> 것은? ★★

① 우편물은 그 표면에 기재된 곳에 배달하고, 2인 이상을 수취인으로 하는 경우는 그중 1인에게 배달한다.

② 등기우편물 배달 시의 수령사실 확인은 특수우편물 배달증에 수령인이 서명 또는 날인하는 것으로 한다.

③ 무인우편물 보관함은 보관에 대한 증명 자료를 제공하기 때문에 보험등기우편물을 무인우편물 보관함에 배달할 수 있다.

④ 우편사서함에 배달된 우편물을 정당한 사유 없이 30일 이상 수령하지 아니한 경우에는 사서함 사용계약을 해지할 수 있다.

해설 ③ 보험등기, 특별송달 등 수취인이 직접 수령했다는 사실 확인이 필요한 우편물은 무인우편물 보관함에 배달할 수 없다.

답 ③

05 국제 소형포장물(Small packet)의 내용품 가격이 450SDR인 경우, 해당 우편물에 첨부해야 하는 국제우편 서식으로 옳은 것은? ★

① CN01

② CN07

③ CN22

④ CN23

해설 ④ 국제 소형포장물(Small packet)의 내용품 가격이 300SDR 초과일 때에는 세관신고서(CN23)를 해당 우편물에 첨부한다.

답 ④

06 국제 보통소포우편물의 운송장 작성에 대한 설명으로 옳지 않은 것은? ★★

① 운송장에는 도착국가에서 필요한 서식(송장, 세관신고서)이 포함되어 있지 않기 때문에 발송인은 통관 수속에 필요한 서류를 첨부해야 한다.
② 내용품의 중량을 측정하는 경우 100g 미만의 단수는 100g 단위로 절상한다.
③ 국제소포우편물 운송장은 5면식으로 되어 있다.
④ 별도의 복사지 없이도 제1면의 기록 내용이 제5면까지 복사된다.

> **해설** ① 국제소포우편물 운송장에는 도착국가에서 필요한 서식(송장, 세관신고서)이 포함되어 있으므로 이러한 서식을 별도 작성하여 첨부할 필요가 없다. 다만, 발송인이 필요하다고 인정하는 경우에는 우리나라와 도착국가에서의 통관 수속에 필요한 모든 서류(상업송장, 수출허가서, 수입허가서, 원산지증명서, 건강증명서 등)를 첨부할 수 있다.
>
> 답 ①

07 〈보기〉와 같이 접수된 국제우편물이 상대 국가에서 분실되어 손해배상을 해야 할 경우, 〈조건〉에 따른 배상금액으로 옳은 것은? ★★★

보기

우편물 번호	EM 052 683 101 KR
우편물 종류	EMS
중량	10kg
내용품	책 4권, 바지 2벌, 티셔츠 1벌
내용품 가격	160,000원
우편요금	56,200원

조건
• 접수 시 보험취급되지 않았다.
• 행방조사 청구료 등 기타 비용은 발생하지 않았다.
• 손해배상 기준은 우정사업본부 고시 제2018–32호에 의거한다.

① 160,000원   ② 204,900원
③ 212,500원   ④ 216,200원

> **해설** ② 내용품이 서류가 아닌 국제특급우편물이 분실·도난 또는 훼손된 경우, 70,000원에 1kg당 7,870원을 합산한 금액 범위 내의 실손해액과 납부한 국제특급우편요금이 배상금액이 된다.
> 70,000+(7,870×10kg)=148,700(내용품 가격은 160,000원이나 합산한 금액 범위 내의 실손해액을 적용하므로 148,700이 된다)
> 따라서 148,700+56,200(납부한 국제특급우편요금)=204,900원
>
> 답 ②

08 국제보험소포우편물 운송장의 작성과 첨부에 대하여 옳지 <u>않은</u> 것은? 〈변형〉 ★★

① 내용품은 반드시 객관적인 가치를 지닌 물품이어야 한다.

② 보험가액은 소포우편물 내용물의 실제 가격을 초과할 수 없으며, 소포우편물 가격의 일부만을 보험에 가입하는 것은 허용되지 않는다.

③ 보험소포우편물의 중량은 10g 단위로 표시해야 하며, 10g 미만의 단수는 10g 단위로 절상한다.

④ 보험가액을 잘못 적은 경우 지우거나 고치지 말고 운송장을 다시 작성하도록 발송인에게 요구한다.

> **해설** ② 보험가액은 소포우편물 내용물의 실제 가격을 초과할 수 없지만 소포우편물 가격의 일부만을 보험에 가입하는 것은 허용한다.
>
> 답 ②

09 국제통상우편물을 접수할 때 제한중량이 가장 큰 것은? ★★

① 서장(Letters)

② 인쇄물(Printed papers)

③ 소형포장물(Small packet)

④ 시각장애인용 우편물(Items for the blind)

> **해설** ④ 시각장애인용 우편물(Items for the blind) – 7kg까지
>
> ① 서장(Letters) – 2kg까지
>
> ② 인쇄물(Printed papers) – 5kg까지
>
> ③ 소형포장물(Small packet) – 2kg까지
>
> 답 ④

10 우체국 예금상품 중 아래의 〈보기〉에서 설명하고 있는 예금상품은 어떤 것인가? 〈변형〉   ★★

> 보기 : 인터넷뱅킹, 스마트뱅킹으로 가입이 가능한 온라인 전용상품으로 온라인 예·적금 가입, 자동이체 약정, 체크카드 이용실적에 따라 우대금리를 제공하는 정기예금

① e-Postbank 정기예금
② 우체국 편리한 e정기예금
③ 우체국 ISA 정기예금
④ 우체국 파트너든든 정기예금

 해설 : ① 〈보기〉는 e-Postbank 정기예금에 관한 설명이다.

답 ①

11 모바일뱅킹 중 우체국뱅킹에 대한 설명으로 옳지 <u>않은</u> 것은? 〈변형〉   ★★★

① 현재 우체국예금은 어플리케이션을 기반으로 우체국뱅킹과 우체국페이 서비스를 제공하고 있다.
② 우체국뱅킹 앱은 우체국 전자금융서비스 신청 고객이 우체국 방문 없이 스마트폰에서 우체국 금융서비스를 이용할 수 있는 우체국예금 스마트폰뱅킹 전용 어플리케이션이다.
③ 우체국뱅킹 앱은 QR코드를 활용한 쉽고 편리한 지로/공과금 납부서비스를 제공한다.
④ 우체국뱅킹을 해지하면 우체국 인터넷뱅킹도 자동 해지된다.

 해설 : ④ 우체국 인터넷뱅킹을 해지하면 우체국뱅킹은 자동 해지되나 우체국뱅킹을 해지하더라도 인터넷뱅킹 이용 자격은 계속 유지된다.

답 ④

12 우체국에서 판매대행하고 있는 노란우산공제에 대한 설명으로 옳지 <u>않은</u> 것은? 〈변형〉   ★★★

① 우체국은 청약서 및 제반서류 접수와 부금 수납 등의 업무를 대행한다.

② 기존 가입자 또는 강제해지 후 2년 미경과 시에는 신규 및 (재)청약이 불가하므로 청약 전 기가입여부 등 조회를 필수적으로 실시한다.

③ 노란우산공제는 수급권 보호를 위해 압류와 담보, 양도가 금지된다.

④ 소기업과 소상공인의 생활안정 및 사업재기를 돕기 위해 중소기업중앙회가 운영하는 공제제도이다.

 ② 기존 가입자 또는 강제해지 후 1년 미경과 시에는 신규 및 (재)청약이 불가하므로 청약 전 기가입여부 등 조회를 필수적으로 실시한다.

답 ②

13 「금융실명거래 및 비밀보장에 관한 법률」에 의거하여 금융기관이 금융거래정보를 제공할 때의 업무처리에 대한 설명으로 옳은 것은? 〈변형〉   ★★

① 금융거래정보 등을 제공한 경우에는 그 내용을 표준양식에 따라 기록·관리하여 10년 동안 보관해야 한다.

② 금융거래정보 등의 제공사실에 대한 통보의무를 위반한 경우에는 5,000만 원 이하의 벌금에 처해진다.

③ 금융거래정보 등을 제공한 경우에는 제공한 날로부터 10일 이내에 그 사실을 명의인에게 서면으로 통보하여야 한다.

④ 통보유예 요청을 받은 경우에는 통보유예 기간이 종료된 날로부터 20일 이내에 정보제공 사실을 명의인에게 서면으로 통보하여야 한다.

 ① 금융거래정보 등을 제공한 경우에는 그 내용을 표준양식에 따라 기록·관리하여 5년 동안 보관해야 한다.
② 금융거래정보 등의 제공사실에 대한 통보의무를 위반한 경우에는 3천만 원 이하의 과태료를 부과한다.
④ 통보유예 요청을 받은 경우에는 통보유예 기간이 종료되면 종료일로부터 10일 이내에 명의인에게 정보제공 사실과 통보유예 사유 등을 통보해야 한다.

답 ③

14 생명보험 계약에 대한 설명으로 옳지 **않은** 것은? ★★

① 보험계약에서 정의한 보험사고가 발생함으로써 손해를 입는 사람을 피보험자라 한다.

② 보험계약자가 보험사고에 의한 보장을 받기 위하여 보험자에게 지급하여야 할 금액을 보험료라 한다.

③ 보험에 담보된 재산 또는 생명이나 신체에 관하여 보험자(보험회사)가 보험금 지급을 약속한 사고 (위험)가 발생하는 것을 보험사고라 한다.

④ 보험기간에 대하여 「상법」에서는 보험자의 책임을 최초의 보험료 납입 여부와 상관없이 청약일로부 터 개시된다고 규정하고 있다.

> ④ 보험기간이란 보험에 의한 보장이 제공되는 기간으로 「상법」에서는 보험자의 책임을 최초의 보험료를 지급받은 때로부터 개시한다고 규정하고 있다.
>
> 답 ④

15 우체국의 장애인전용 무배당 어깨동무보험 2109에 대한 설명으로 옳은 것은? ★★

① 보험수익자가 장애인인 경우 연간 4,000만 원 한도로 증여세 면제 혜택이 있다.

② 1종(생활보장형)은 만 50세 이상의 자가 가입할 경우 80세 만기 10년 납에 한한다.

③ 2종(암보장형)의 피보험자 가입나이는 만 15~70세이다.

④ 3종(상해보장형)은 가입 후 매 5년마다 건강관리자금을 지급한다.

> 해설 ② 1종(생활보장형)은 만 50세 이상의 자가 가입할 경우 80세 만기 5년 납에 한한다.
> ③ 2종(암보장형)의 피보험자 가입나이는 0~70세이다.
> ④ 3종(상해보장형)은 가입 후 매 2년마다 계약해당일에 살아 있을 때 건강관리자금을 지급한다(단, 보험기간 중에만 지급).
>
> 답 ①

16 다음 글은 생명보험의 역선택에 대한 설명이다. ㉠~㉢에 들어갈 용어로 옳은 것은? ★★

> 보험계약의 승낙 여부를 결정하는 것을 (㉠)이라 한다. 이는 (㉡)가 행하는 것 인 데 반해 보험금지급 사유 발생확률이 높은 위험을 갖고 있는 사람이 자진하여 보험금 수령을 목적으로 가입함으로써 (㉢)가 불리해지는 경우이다.

	㉠	㉡	㉢
①	보험청약	보험계약자	보험계약자
②	보험청약	피보험자	보험수익자
③	계약선택	체신관서	체신관서
④	계약선택	보험계약자	체신관서

③ 보험계약의 승낙 여부를 결정하는 것을 계약선택이라 한다. 이는 체신관서가 행하는 것인 데 반해 보험금지급사유 발생확률이 높은 위험을 갖고 있는 사람이 자진하여 보험금 수령을 목적으로 가입함으로써 체신관서가 불리해지는 경우이다. 역선택에 의한 위험이 동일 보험단체에 집중하면 대수의 법칙에 의한 위험이 무너져 보험사업 경영의 기초에 영향을 미치게 되므로 체신관서는 역선택 방지에 노력하고 있다.

정답 ③

17 우체국의 보험상품에 대한 설명으로 옳지 <u>않은</u> 것은? 〈변형〉 ★★★

① 무배당 그린보너스저축보험플러스 2203은 만기 유지 시 계약일로부터 최초 1년간 보너스금리를 추가 제공한다.

② 무배당 우체국실손정기보험 2109는 보험가입금액 1,000만 원 선에서 4,000만 원까지 500만 원 단위로 가입이 가능하다.

③ 무배당 우체국New100세건강보험 2203은 다양한 소비자 필요에 따라 특약을 갱신 및 비갱신으로 선택하여 가입 가능하다.

④ 무배당 우체국간병비보험 2309는 장기요양 1~2등급으로 진단 확정되고, 매년 생존 시 최대 5년 동안 간병자금을 매월 지급한다.

해설 ④ 장기요양 1~2등급으로 진단 확정되고, 매년 생존 시 최대 10년 동안 간병자금을 매월 지급한다.

정답 ④

18 생명보험 용어에 대한 설명으로 옳지 <u>않은</u> 것은? 〈변형〉 ★★

① 국가, 지방자치단체 또는 공공법인에 의하여 경영되는 보험을 공영보험이라 한다.

② 위험보험료는 사망보험금, 장해보험금 등 보험사고 발생 시 보험금 지급 재원이 되는 보험료를 말한다.

③ 저축보험료는 만기보험금, 중도보험금 등의 지급 재원이 되는 보험료를 말한다.

④ 생명보험 사업을 영위하는 데 있어서 제1회 이후의 보험료를 수금하는 데 소요되는 일체의 경비를 순보험료라 한다.

해설 ④ 생명보험 사업을 영위하는 데 있어서 제1회 이후의 보험료를 수금하는 데 소요되는 일체의 경비를 수금비라 한다. 순보험료는 장래 보험금 지급의 재원이 되는 보험료로 위험보험료와 저축보험료로 분리할 수 있다.

정답 ④

19 문맥을 고려할 때, 빈칸 ⓐ에 들어갈 알맞은 단어는? ★★

Multi-national companies have tried to put processes in place that are scalable; that is, they have to work for large groups across a big organization. But when things have to get done quickly, companies need to break free of the bureaucracy. In fact, many other companies decide to set up innovative projects to do just this: they pull a team out of the normal workflow, giving them permission to manage the rules flexibly, to free them to think and work differently. In short, such scalable processes sometimes are not necessarily (ⓐ).

① commendable   ② deniable
③ incredulous   ④ unjustifiable

① 첫 문장에서 'Multi-national companies have tried to put processes in place that are scalable'이라고 했고, 다음 문장에서 '하지만 일을 빨리 끝내야 할 때, 기업들은 관료주의에서 벗어날 필요가 있다.'라고 했다. 빈칸 앞 문장에서 '그들은 일반적인 작업 흐름에서 한 팀을 끌어내어, 규칙을 유연하게 관리하고, 다르게 생각하고 일할 수 있도록 자유를 준다.'라고 했고, 빈칸 문장이 '요컨대(In short)'로 시작하고 '반드시 ~한 것은 아니다(are not necessarily)'라는 부분부정이므로 빈칸에는 '그러한 측정 가능한 프로세스(such scalable processes)가 반드시 ~한 것은 아니다'라는 의미에 맞는 단어가 와야 한다. 따라서 문맥상 빈칸 ⓐ에 들어갈 알맞은 단어는 '추천할 만한(commendable)'이다.

② 부인할 수 있는
③ 의심하는
④ 정당화할 수 없는

해석
다국적 기업들은 측정 가능한 프로세스를 시행하려고 노력해 왔다. 다시 말해, 그들은 거대 조직에 걸쳐 대규모 그룹들을 위해 일해야 한다. 하지만 일을 빨리 끝내야 할 때, 기업들은 관료주의에서 벗어날 필요가 있다. 사실, 많은 기업들은 이미 그렇게 하는 혁신적인 프로젝트를 세우기로 결정한다. 그들은 일반적인 작업 흐름에서 한 팀을 끌어내어, 규칙을 유연하게 관리하고, 다르게 생각하고 일할 수 있도록 자유를 준다. 요컨대, 그러한 측정 가능한 프로세스들이 때로 반드시 ⓐ 추천할 만한 것은 아니라는 것이다.

어휘
multi-national company: 다국적 기업
put in place: 확립하다, 시행하다
scalable: (저울로) 달 수 있는
break free of: ~에서 벗어나다
bureaucracy: 관료 (체제)
innovative: 혁신적인
workflow: 작업의 흐름
permission: 승인[허락/허가]
flexibly: 유연하게, 융통성 있게
necessarily: 어쩔 수 없이, 필연적으로

答 ①

20 다음 글의 내용과 일치하지 <u>않는</u> 것은? ★

> The modern post office uses a self-service kiosk that gives postal patrons a do-it-yourself option for a variety of postal services. The kiosk can be used to purchase stamps and print postage for express, priority, first-class mail and parcel postage. It is also a good fit, especially for soldiers in training who may only have the chance to use the post office after business hours. The post office is hoping the kiosk will help shorten the postal service lines, especially at lunchtime. This new tool supplements post office employees to help patrons get in and out more quickly.

① The kiosk is expected to shorten the postal service lines.
② The kiosk gives a self-service for postal patrons.
③ The kiosk is useful for soldiers especially at lunchtime.
④ The kiosk can be used to print postage for priority.

 해설

③ 세 번째 문장에서 'It is also a good fit, especially for soldiers in training who may only have the chance to use the post office after business hours(그것은 우체국 업무시간 이후에나 우체국을 이용할 수 있는 훈련 중인 군인들에게 특히 유용하다).'라고 했으므로, 글의 내용과 일치하지 않는 것은 'The kiosk is useful for soldiers especially at lunchtime(키오스크는 점심시간에 군인들에게 특히 유용하다).'이다.

① 키오스크는 우편 서비스 라인을 단축할 것으로 예상된다. → 네 번째 문장에서 '~ the kiosk will help shorten the postal service lines ~'라고 했으므로, 글의 내용과 일치한다.

② 키오스크는 우편 고객들에게 셀프서비스를 제공한다. → 첫 번째 문장에서 '~ a self-service kiosk that gives postal patrons a do-it-yourself option for a variety of postal services.'라고 했으므로, 글의 내용과 일치한다.

④ 키오스크는 우선취급 우편요금 인쇄에 사용될 수 있다. → 두 번째 문장에서 '~ print postage for express, priority, first-class mail and parcel postage.'라고 했으므로, 글의 내용과 일치한다.

[해석]
현대의 우체국은 고객 스스로 다양한 우편 서비스를 선택할 수 있는 셀프서비스 키오스크를 운용한다. 키오스크는 우표 구매와 특급우편·우선취급 우편·1종 우편물·소포 등의 우편요금 인쇄에 사용될 수 있다. 키오스크는 우체국 업무시간 이후에나 우체국을 이용할 수 있는 훈련 중인 군인들에게 특히 유용하다. 우체국은 특히 키오스크를 통해 점심시간에 우편서비스 라인을 단축하는 데 도움이 되기를 바라고 있다. 이 새로운 도구는 고객들이 더 빨리 들어가고 나오도록 우체국 직원들의 부족을 보완한다.

[어휘]
patron: 고객
purchase: 구입, 구매
postage: 우편요금, 우송료
priority: 우선취급 우편
first-class mail: 제1종 우편물
parcel postage: 소포 우편요금
shorten: 짧게 하다, 단축하다
supplement: (부족을) 보완하다

답 ③

컴퓨터일반

※ 2024년도 시험부터 제외되는 '자료구조알고리즘'과 '프로그래밍언어론' 문항은 ×표시하였습니다.

01 〈보기〉는 네트워크 토폴로지(topology)에 대한 설명이다. ㉠~㉢에 들어갈 내용을 옳게 나열한 것은?

★★

- FDDI는 광케이블로 구성되며 (㉠) 토폴로지를 사용한다.
- 허브 장비가 필요한 (㉡) 토폴로지는 네트워크 관리가 용이하다.
- 터미네이터가 필요한 (㉢) 토폴로지는 전송회선이 단절되면 전체 네트워크가 중단된다.

	㉠	㉡	㉢
①	링형	버스형	트리형
②	링형	트리형	버스형
③	버스형	링형	트리형
④	버스형	트리형	링형

② FDDI(Fiber Distributed Data Interface: 광섬유 분배 데이터 인터페이스)는 광섬유를 사용한 LAN에서의 인터페이스 규격의 일종으로, 100Mb/s의 토큰 링(이중) 방식이 쓰인다.

네트워크 구성형태의 종류

종류	내용
성형	• 포인트 투 포인트 방식으로 회선을 연결하고 단말장치 추가 및 제거가 용이 • 각 단말장치들은 중앙 컴퓨터를 통하여 데이터를 교환 • 하나의 단말장치가 고장나더라도 다른 단말장치에는 영향을 주지 않지만, 중앙 컴퓨터가 고장나면 전체 통신망의 기능이 정지
링형	• 컴퓨터와 단말장치들을 서로 이웃하는 것끼리 포인트 투 포인트 방식으로 연결 • 데이터는 단방향 또는 양방향으로 전송할 수 있으며, 단방향의 경우 컴퓨터, 단말장치, 통신회선 중 어느 하나라도 고장나면 전체 통신망에 영향을 미침 • 양방향 링(이중 링형)은 노드에 이상이 생겼을 경우 다른 방향으로 우회할 수 있으므로 정상적인 통신이 가능함
버스형	• 한 개의 통신회선에 여러 대의 단말장치가 연결되어 있는 형태 • 단말장치가 고장나더라도 통신망 전체에 영향을 주지 않기 때문에 신뢰성을 보장하지만 전송회선이 단절되면 전체 네트워크가 중단됨 • 기밀 보장이 어렵고 통신 회선의 길이에 제한이 있음
계층형	• 중앙 컴퓨터와 일정 지역의 단말장치까지는 하나의 통신회선으로 연결시키고, 이웃하는 단말장치는 일정 지역 내에 설치된 중간 단말장치(허브)로부터 다시 연결시키는 형태 • 분산 처리 시스템을 구성하는 방식
망형	• 모든 지점의 컴퓨터와 단말장치를 서로 연결한 형태로, 노드의 연결성이 높음 • 보통 공중 데이터 통신망에서 사용되며, 통신 회선의 총 경로가 가장 김 • 통신 회선 장애 시 다른 경로를 통하여 데이터를 전송할 수 있음 • 노드의 수가 N개일 때 $N(N-1)/2$개의 회선이 필요

답 ②

02 다음 그래프를 대상으로 Kruskal 알고리즘을 이용한 최소 비용 신장 트리 구성을 한다고 할 때, 이 트리에 포함된 간선 중에서 다섯 번째로 선택된 간선의 비용으로 옳은 것은? ★★★

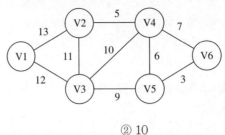

① 9

② 10

③ 11

④ 12

④ 최소 비용 신장 트리는 가중치(간선의 비용)가 가장 작은 간선들을 사이클이 이루어지지 않도록 연결시켜 만든 그래프이다. Kruskal 알고리즘이란 신장 트리 알고리즘과 같이 그래프가 주어지고 노드와 노드 사이 간선에 가중치가 있을 때 가장 최소의 가중치를 갖는 트리를 구성하는 방법이다. 연결 및 비연결 노드를 포함해서 가중치를 비교하고 노드를 선택하는 반면에 Prim 알고리즘은 연결된 노드 중에서만 다음 노드를 결정하게 된다.

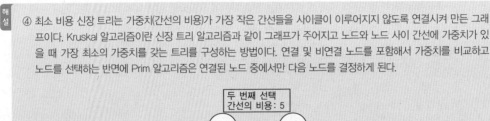

답 ④

03 다음 저장장치 중 접근속도가 빠른 것부터 순서대로 나열한 것은? ★

> ㄱ. 레지스터 ㄴ. 주기억장치
> ㄷ. 캐시메모리 ㄹ. 하드디스크

① ㄱ, ㄷ, ㄴ, ㄹ ② ㄱ, ㄷ, ㄹ, ㄴ
③ ㄷ, ㄱ, ㄴ, ㄹ ④ ㄷ, ㄱ, ㄹ, ㄴ

> **해설**
> ① CPU(중앙처리장치) 안에 있는 레지스터가 가장 접근속도가 빠르다. 캐시메모리는 CPU와 주기억장치 사이에 존재하는 장치이며 자주 사용하는 프로그램과 데이터를 기억한다. 처리속도가 거의 CPU의 속도와 비슷하다. 캐시를 사용하면 주기억장치를 접근하는 횟수가 줄어들어 컴퓨터의 처리 속도가 향상된다.
>
> **고속 / 고가 / 소용량**
> 레지스터 ← 캐시메모리 ← 연관기억장치 ← 주기억장치(RAM ← ROM ← 자기코어) ← 보조기억장치(자기디스크 ← 자기테이프)
>
> 답 ①

04 다음 〈조건〉에 따라 입력키 값을 해시(hash) 테이블에 저장하였을 때 해시 테이블의 내용으로 옳은 것은?

★★★

> **조건**
> • 해시 테이블의 크기는 7이다.
> • 해시 함수는 $h(k) = k \bmod 7$이다(단, k는 입력키 값이고, mod는 나머지를 구하는 연산자이다).
> • 충돌은 이차 조사법(quadratic probing)으로 처리한다.
> • 키 값의 입력 순서: 9, 16, 2, 6, 20

①
0	6
1	2
2	9
3	16
4	
5	
6	20

해시 테이블

②
0	6
1	20
2	9
3	16
4	
5	
6	2

해시 테이블

③
0	20
1	
2	9
3	16
4	2
5	
6	6

해시 테이블

④
0	20
1	2
2	9
3	
4	16
5	
6	6

해시 테이블

② 해시 테이블의 크기: 7(0부터 6까지)

해시 함수 h(k)=k mod 7(k는 키 값: 9, 16, 2, 6, 20 순으로 입력)

- mod: 나머지를 구하는 연산자
- 충돌: 같은 버킷 안에 값이 두 개 이상 들어가는 것을 의미
- 이차조사법: 주소에 +1, +4, +9…으로 새로운 주소를 계산

k에 9 대입 → h(9)=9 mod 7 나머지가 2이므로 버킷 2에 9를 삽입

나머지가 2일 때: 충돌이 발생한 경우 2+1, 2+4, 2+9 …
• k에 16 대입 → h(16)=16 mod 7 나머지가 2
         충돌이 발생: 주소 2+1, 버킷 3에 16을 삽입
• k에 2 대입 → h(2)=2 mod 7 나머지가 2
         충돌이 발생: 주소 2+1, 버킷 3에 삽입할 수 없으므로 주소 2+4, 버킷 6에 2를 삽입

나머지가 6일 때: 충돌이 발생한 경우 6+1, 6+4, 6+9 …
• k에 6 대입 → h(6)=6 mod 7 나머지가 6
         충돌이 발생: 주소 6+1, 7이지만 해당하는 버킷이 없으므로 다시 7로 나누어 나머지를 구한다. 7 mod 7은 나머지가 0 → 버킷 0에 6을 삽입
• k에 20 대입 → h(20)=20 mod 7 나머지가 6
         충돌이 발생: 주소 6+4, 10이지만 해당하는 버킷이 없으므로 다시 7로 나누어 나머지를 구한다. 10 mod 7은 나머지가 3
         충돌이 발생: 주소 6+9, 15이지만 해당하는 버킷이 없으므로 다시 7로 나누어 나머지를 구한다. 15 mod 7은 나머지가 1 → 버킷 1에 20을 삽입하면 작업완료

답 ②

05 다음 〈조건〉에 따라 페이지 기반 메모리 관리시스템에서 LRU(Least Recently Used) 페이지 교체 알고리즘을 구현하였다. 주어진 참조열의 모든 참조가 끝났을 경우 최종 스택(stack)의 내용으로 옳은 것은?

★★★

조건
- LRU 구현 시 스택을 사용한다.
- 프로세스에 할당된 페이지 프레임은 4개이다.
- 메모리 참조열: 1 2 3 4 5 3 4 2 5 4 6 7 2 4

①

스택 top	7
	6
	4
스택 bottom	5

②

스택 top	2
	7
	6
스택 bottom	4

③

스택 top	5
	4
	6
스택 bottom	2

④

스택 top	4
	2
	7
스택 bottom	6

④ LRU 알고리즘은 최근에 가장 오랫동안 사용하지 않은 페이지를 교체하는 기법이다. 각 페이지마다 계수기나 스택을 두어 현 시점에서 가장 오랫동안 사용하지 않은, 즉 가장 오래 전에 사용된 페이지를 교체한다. 가장 최근에 사용한 페이지가 스택(후입선출구조)의 top에 위치하게 된다. 나머지는 bottom 쪽으로 이동한다. 내부적으로 삽입(push)과 삭제(pop)동작이 이루어진다.

삽입	1	2	3	4	5	3	4	2	5	4	6	7	2	4
top				4	5	3	4	2	5	4	6	7	2	4
↑			3	3	4	5	3	4	2	5	4	6	7	2
		2	2	2	3	4	5	3	4	2	5	4	6	7
bottom	1	1	1	1	2	2	2	5	3	3	2	5	4	6

마지막으로 삽입된 데이터는 top에 위치하고 1~4까지는 그대로 입력되며 5를 삽입하기 위해서 가장 오래전에 사용한 1을 교체한다. 4까지 입력된 상태에서 4, 3, 2, 1을 순서대로 출력하고 2, 3, 4, 5를 입력한다. 스택 구조는 후입선출 구조로 가장 마지막에 입력된 데이터가 가장 먼저 출력된다. top은 스택의 포인터로 삽입과 삭제가 이루어지는 곳을 말하며 초기상태는 top과 bottom이 동일한 위치(0에 위치)이며 top 포인터를 1 증가시킨 후 데이터를 삽입할 수 있다.

정답 ④

---

06 서비스 거부 공격에 해당하는 것을 〈보기〉에서 고른 것은?　　★★

> ㄱ. Ping of Death 공격　　　　　　　ㄴ. SYN Flooding 공격
> ㄷ. Session Hijacking 공격　　　　　ㄹ. ARP Redirect 공격

① ㄱ, ㄴ　　　　　　　　　　　　　② ㄴ, ㄷ
③ ㄷ, ㄹ　　　　　　　　　　　　　④ ㄱ, ㄹ

해설
　ㄷ. Session Hijacking 공격은 현재 접속되어 있는 다른 사용자의 세션을 가로채기하여 다른 사용자의 권한으로 시스템의 자원에 접근하는 공격이다.
　ㄹ. ARP Redirect 공격은 공격자의 MAC address를 라우터의 MAC address로 변조하여 다른 사용자의 데이터 패킷을 도청(스니핑)하는 공격이다.

정답 ①

07 데이지-체인(daisy-chain) 우선순위 인터럽트 방식에 대한 설명으로 옳은 것은? ★★

① 인터럽트를 발생시키는 장치들이 병렬로 연결된다.

② 두 개 이상의 장치에서 동시에 인터럽트가 발생되면 중앙처리장치(CPU)는 이들 인터럽트를 모두 무시한다.

③ 인터럽트를 발생시킨 장치가 인터럽트 인식(acknowledge) 신호를 받으면 자신의 장치번호를 중앙처리장치로 보낸다.

④ 중앙처리장치에서 전송되는 인터럽트 인식 신호는 우선순위가 낮은 장치부터 높은 장치로 순차적으로 전달된다.

①·②·④ 데이지-체인(daisy-chain)은 하드웨어적으로 인터럽트 우선순위를 판별하는 방법으로, 직렬 우선순위 부여 방식이다. 인터럽트가 발생하는 모든 장치를 한 개의 회선에 우선순위에 따라 직렬로 연결하므로 우선순위가 낮은 장치들이 서비스를 받지 못하거나 오래 기다려야 하는 단점이 있다.

인터럽트 우선순위를 판별하는 방법

• 소프트웨어적인 방법: Polling
  – 우선순위가 가장 높은 인터럽트 자원으로부터 인터럽트 요청 플래그를 차례로 검사하여 찾고 이에 해당하는 인터럽트 서비스 루틴을 수행하는 방식이다. 융통성이 있으며 별도의 하드웨어가 필요 없으므로 경제적이지만 많은 인터럽트가 있을 때 그들을 모두 조사하는 데 많은 시간이 걸려 반응시간이 느리다는 단점이 있다.

• 하드웨어적인 방법: Vectored Interrupt
  – 직렬 우선순위 부여 방식(데이지-체인 방식): 인터럽트가 발생하는 모든 장치를 한 개의 회선에 직렬로 연결하는 방식을 말하며 우선순위가 높은 장치를 선두에 위치시키고 나머지를 우선순위에 따라 차례로 연결한다. 인터럽트 요구선은 모든 장치에 공통이며 인터럽트를 발생시킨 장치가 인터럽트 인지신호를 받으면 자신의 장치 번호를 중앙처리장치에게 보낸다.
  – 병렬 우선순위 부여 방식: 인터럽트가 발생하는 각 장치를 개별적인 회선으로 연결한다. 각 장치의 인터럽트 요청에 따라 각 비트가 개별적으로 세트될 수 있는 마스크 레지스터를 사용한다. 우선순위는 마스크 레지스터의 비트 위치에 의해 결정된다.

답 ③

08 TCP/IP 프로토콜 중 전송계층인 TCP에 대한 설명으로 옳은 것을 〈보기〉에서 고른 것은? ★★

보기
ㄱ. 비연결형 서비스를 지원한다.
ㄴ. UDP보다 데이터 전송 신뢰도가 낮다.
ㄷ. 송신할 데이터를 패킷 단위로 전송한다.
ㄹ. 수신 측에서 잘못 전송된 패킷에 대해 재전송을 요구한다.

① ㄱ, ㄴ
② ㄴ, ㄷ
③ ㄷ, ㄹ
④ ㄱ, ㄹ

해설 ㄱ·ㄴ. TCP는 연결형 프로토콜이고, 신뢰성 있는 데이터 전송을 위해 데이터의 재전송을 수행한다(UDP는 반대).

전송계층에 속하는 대표적인 프로토콜 비교
• TCP: 연결형 서비스를 제공하고, 스트림 위주로 전달(패킷단위)하며, 신뢰성 있는 경로를 확립하고 메시지 전송을 감독한다. 패킷의 분실, 손상, 지연이나 순서가 틀린 것 등이 발생할 때 투명성이 보장되는 통신을 제공한다.
• UDP: 비연결형 서비스를 제공하고, 고속의 안정성 있는 전송 매체를 사용하며 신뢰성보다는 속도가 중요시되는 네트워크에서 사용된다.

답 ③

09 다음 C 프로그램의 실행 결과로 옳은 것은? ★★★

```
#include 〈stdio.h〉

int sub(int n)
{
    if(n==0) return 0;
    if(n==1) return 1;
    return (sub(n-1) + sub(n-2));
}

void main( )
{
    int a=0;

    a=sub(4);
    printf("%d", a);
}
```

① 0
② 1
③ 2
④ 3

④ main( ) 함수부터 실행되며 a라는 변수에 0값을 초기화하고 위에 있는 sub(4) 함수를 호출하여 실행한 다음 그 결과 값을 a변수에 대입하고 출력하는 프로그램이다.
- main 함수에서 입력받은 4를 n변수에 입력
- 첫 번째 if문: n이 0이면 0값을 반환
  두 번째 if문: n이 1이면 1값을 반환
- n이 1과 0이 아니면 sub(n−1)+sub(n−2) 문장을 실행
- 현재 n이 4이므로 sub(4−1)+sub(4−2)
- sub(4) 실행 → sub(3)+sub(2)
- sub(3) 실행 → sub(2)+sub(1)
- sub(2) 실행 → sub(1)+sub(0)
- sub(1): n이 1인 경우를 의미하므로 1값을 반환
- sub(0): n이 0인 경우를 의미하므로 0값을 반환
  결론) sub(2)는 sub(1)+sub(0) → 1+0=1
  　　　 sub(3)은 sub(2)+sub(1) → 1+1=2
  　　　 sub(4)는 sub(3)+sub(2) → 2+1=3
- a에 3을 반환하고 출력

답 ④

10 프로세스 동기화 문제를 해결하기 위한 방법인 세마포어(Semaphore) 알고리즘에 대한 설명으로 옳지 않은 것은? ★★

① 세마포어 알고리즘은 상호배제 문제를 해결할 수 없다.
② 세마포어 변수는 일반적으로 실수형 변수를 사용하지 않는다.
③ 세마포어 알고리즘은 P 연산(wait 연산)과 V 연산(signal 연산)을 사용한다.
④ P 연산과 V 연산의 구현 방법에 따라 바쁜 대기(busy waiting)를 해결할 수 있다.

해설 ① 세마포어 알고리즘은 상호배제 문제를 해결할 수 있다.

세마포어 알고리즘
다익스트라(E. J. Dijkstra)가 제안하였으며, P(wait)와 V(signal)라는 두 개의 연산에 의해서 동기화를 유지시키고 상호배제의 원리를 보장한다. S는 P와 V 연산으로만 접근 가능한 세마포어 변수로 공유 자원의 개수를 나타내며 0과 1 혹은 0과 양의 값(정수형 변수)을 가질 수 있다. 세마포어 변수를 통해 다른 프로세스가 자원을 점유하고 있는지 조사한다.
- P 연산: 자원을 사용하려는 프로세스들의 진입 여부를 자원의 개수를 통하여 결정하는 것으로 Wait 동작이라 한다. S=S−1은 자원 점유를 알리는 것으로 자원의 개수를 감소시킨다.
- V 연산: 대기 중인 프로세스를 깨우는 신호로 Signal 동작이라 한다. S=S+1은 자원 사용을 마치면 자원을 반납하므로 자원의 개수를 증가시킨다.

- 세마포어 연산

```
- P 연산: WHILE S < = 0 DO SKIP;
          S=S-1;
- V 연산: S=S+1;
```

하나의 프로세스가 S값을 변경하면 동시에 다른 프로세스가 S값을 변경할 수 없다. 세마포어에 대한 연산은 처리 중에
인터럽트되어서는 안 된다. 구현방법에 따라 바쁜 대기 현상을 해결할 수 있다.

답 ①

11 시스템의 보안 취약점을 활용한 공격방법에 대한 설명으로 옳지 <u>않은</u> 것은?   ★★

① Sniffing 공격은 네트워크상에서 자신이 아닌 다른 상대방의 패킷을 엿보는 공격이다.

② Exploit 공격은 공격자가 패킷을 전송할 때 출발지와 목적지의 IP 주소를 같게 하여 공격대상 시스
템에 전송하는 공격이다.

③ SQL Injection 공격은 웹 서비스가 예외적인 문자열을 적절히 필터링하지 못하도록 SQL문을 변경
하거나 조작하는 공격이다.

④ XSS(Cross Site Scripting) 공격은 공격자에 의해 작성된 악의적인 스크립트가 게시물을 열람하는
다른 사용자에게 전달되어 실행되는 취약점을 이용한 공격이다.

② Exploit 공격은 소프트웨어, 하드웨어 등의 버그 혹은 제조, 프로그래밍 과정에서 발생한 취약한 부분을 이용하여 공
격자가 의도한 동작이나 명령을 실행하도록 만든 명령어를 지칭하거나, 그러한 공격 행위를 말한다.

시스템의 보안 취약점을 활용한 공격방법
- Exploit(취약점) 공격: 컴퓨터의 소프트웨어나 하드웨어 및 컴퓨터 관련 전자 제품의 버그, 보안 취약점 등 설계상 결
  함을 이용해 공격자의 의도된 동작을 수행하도록 만들어진 절차나 일련의 명령, 스크립트, 프로그램 또는 특정한 데
  이터 조각을 말하며, 이러한 것들을 사용한 공격 행위를 이르기도 한다.
- SQL Injection: 데이터베이스를 비정상적으로 조작하는 공격방법이다.
- XSS: 공격자는 웹 서버에 게시물을 통해 악성 스크립트를 업로드하고, 사용자가 해당 게시물을 클릭했을 때 악성 스
  크립트가 실행되는 기법이다.
- Land attack: 출발지와 목적지 IP 주소를 속여 공격하는 기법이다.

답 ②

12 소프트웨어 오류를 찾는 블랙박스 시험의 종류로 옳지 <u>않은</u> 것은? ★★

① 비교 시험(comparison testing)

② 기초 경로 시험(basic path testing)

③ 동치 분할 시험(equivalence partitioning testing)

④ 원인−효과 그래프 시험(cause−effect graph testing)

② • 블랙박스 테스트(기능검사): 비교 검사, 동치 분할 검사, 원인−효과 그래프 검사, 경계값 분석, 오류 예측 검사
 • 화이트박스 테스트(구조검사＝논리): 기초 경로 검사, 제어 구조 검사(조건 검사, 루프 검사, 데이터 흐름 검사)

답 ②

13 어떤 릴레이션 R(A, B, C, D)이 복합 애트리뷰트 (A, B)를 기본키로 가지고, 함수 종속이 다음과 같을 때 이 릴레이션 R은 어떤 정규형에 속하는가? ★★

$$\{A, B\} \rightarrow C, D$$
$$B \rightarrow C$$
$$C \rightarrow D$$

① 제1정규형 ② 제2정규형

③ 제3정규형 ④ 보이스−코드 정규형(BCNF)

기본키는 복합 애트리뷰트로 구성이 가능하다.
 • {A, B} → C, D: 결정자 A, B는 기본키이고 종속자 C와 D에 완전하게 결정을 받고 있으므로 완전 함수 종속
 • B → C: 기본키 B가 C를 결정하지만, 기본키 A는 C를 결정하지 않고 있으므로 부분 함수 종속(또 다른 예: A → C)
 • C → D: C는 기본키가 아닌데 D를 결정하고 있으므로 이행적 함수 종속
 ① 부분 함수 종속을 제거하지 못한 경우이므로 제1정규형에 속한다.
  • 제1정규형: 모든 도메인이 원자값
  • 제2정규형: 부분 함수 종속 제거
  • 제3정규형: 이행적 함수 종속 제거
  • BCNF: 모든 결정자가 후보키의 조건(최소성, 유일성)을 만족

답 ①

14 〈보기〉는 소프트웨어 개발방법론에 사용되는 분석, 설계 도구에 대한 설명이다. ㉠~㉢에 들어갈 내용을 옳게 나열한 것은? ★★★

> 보기
> • 시스템 분석을 위하여 구조적 방법론에서는 (㉠) 다이어그램(diagram)이, 객체지향 방법론에서는 (㉡) 다이어그램이 널리 사용된다.
> • 시스템 설계를 위하여 구조적 방법론에서는 구조도(structured chart), 객체지향 방법론에서는 (㉢) 다이어그램 등이 널리 사용된다.

	㉠	㉡	㉢
①	시퀀스	데이터흐름	유스케이스
②	시퀀스	유스케이스	데이터흐름
③	데이터흐름	시퀀스	유스케이스
④	데이터흐름	유스케이스	시퀀스

해설

소프트웨어 개발방법론

구분	구조적 방법론	객체지향 방법론
시스템 분석 도구	자료흐름도(DFD)	유스케이스 다이어그램
시스템 설계 도구	구조도	시퀀스 다이어그램

目 ④

15 IPv4에서 서브넷 마스크가 255.255.255.0인 경우 하나의 네트워크에 최대 254대의 호스트를 연결할 수 있는 클래스로 옳은 것은? ★

① A 클래스
② B 클래스
③ C 클래스
④ D 클래스

해설

클래스별 기본 서브넷 마스크
• A 클래스: 255.0.0.0(2의 24승 16,777,216개)
  8비트씩 4개(점으로 구분) 0에 해당하는 부분 24비트
• B 클래스: 255.255.0.0(2의 16승 65,536개) 16비트
• C 클래스: 255.255.255.0
  0부터 255까지 256개이지만 0과 255는 사용 ×(2의 8승 254개), 8비트

目 ③

16 사원(사번, 이름) 테이블에서 사번이 100인 튜플을 삭제하는 SQL문으로 옳은 것은?(단, 사번의 자료형은 INT이고, 이름의 자료형은 CHAR(20)으로 가정한다) ★

① DELETE FROM 사원
WHERE 사번=100;

② DELETE IN 사원
WHERE 사번=100;

③ DROP TABLE 사원
WHERE 사번=100;

④ DROP 사원 COLUMN
WHERE 사번=100;

 해설
① • 튜플을 삭제하는 SQL 구문: DELETE FROM 테이블명 WHERE 조건;
• 테이블을 삭제하라는 SQL 구문: DROP TABLE 테이블명;
• 사번의 자료형이 INT형이므로 정수 100을 대입하지만 CHAR형인 경우 문자이므로 '100'으로 조건에 기술한다.
WHERE 사번='100'

답 ①

17 다음과 같은 데이터가 입력되어 있는 엑셀시트에서 수식 =HLOOKUP(INDEX(A2:C5,2,2), B7:E9,2)를 계산한 결과는? ★★

	A	B	C	D	E
1	학번	과목번호	성적		
2	100	C413	D		
3	200	C123	F		
4	300	C324	C		
5	400	C312	C		
6					
7	과목번호	C123	C312	C324	C413
8	과목번호	알고리즘	자료구조	운영체제	반도체
9	과목번호	90명	80명	75명	70명
10					

① 80명

② 75명

③ 반도체

④ 알고리즘

④ =INDEX(범위, 행위치, 열위치)

=INDEX(A2:C5,2,2) → A2셀에서 C5셀 범위 중 2행 2열에 있는 값을 의미한다.

100	C413	D
200	C123	F
300	C324	C
400	C312	C

=HLOOKUP(찾는 값, 참조표, 찾고자 하는 행번호, 옵션)
- 찾는 값: INDEX함수에서 구한 결과 C123을 대입

  참조표 범위: B7:E9

C123	C312	C324	C413
알고리즘	자료구조	운영체제	반도체
90명	80명	75명	70명

- 찾고자 하는 행 번호: 2
- 옵션: 생략(생략하는 경우 FALSE – 정확히 일치하는 값), TRUE – 유사한 경우
- C123을 B7:E9 영역에서 정확하게 일치하는 것을 찾고 행번호에 해당하는 두 번째 줄에 있는 값 '알고리즘'을 반환한다.

답 ④

---

18 공개키 기반 구조(Public Key Infrastructure)에 대한 설명으로 옳지 <u>않은</u> 것은? ★★

① 인증기관은 공개키 인증서의 발급을 담당한다.

② 공개키 기반 구조는 부인방지 서비스 제공이 가능하다.

③ 공개키로 암호화한 데이터는 암호화에 사용된 공개키로 해독한다.

④ 공개키 기반 구조는 공개키 알고리즘을 통한 암호화와 전자서명을 제공하는 복합적인 보안 시스템 환경이다.

③ 공개키 암호 방식은 서로 다른 키로 데이터를 암호화하고 복호화한다. 데이터를 암호화할 때 사용하는 키(공개키)는 데이터베이스 사용자에게 공개하고, 복호화할 때의 키(비밀키)는 관리자가 비밀리에 관리하는 방법이다. 비대칭 암호 방식이라고도 하며 대표적으로 RSA 알고리즘이 있는데 키의 분배가 용이하고 암호화/복호화 속도가 느리며 알고리즘이 복잡하고 파일 크기가 크다는 특징이 있다. 공개키 기반 구조에서는 암호키(공개키)와 해독키(비밀키)가 별도로 구성된다. 반면 개인키 암호 방식(=비밀키, 대칭)은 동일한 키로 암호화·복호화하고 공개키 암호 방식과 반대라는 특징이 있으며 대표적으로 DES 알고리즘이 있다.

답 ③

19 다음 관계 대수 연산의 수행 결과로 옳은 것은?(단, π는 프로젝트, σ는 실렉트, ⋈N은 자연 조인을 나타내는 연산자이다) ★★★

- 관계 대수: π고객번호, 상품코드 (σ가격≦40 (구매 ⋈N 상품))
- 구매

고객번호	상품코드
100	P1
200	P2
100	P3
100	P2
200	P1
300	P2

- 상품

상품코드	비용	가격
P1	20	35
P2	50	65
P3	10	27
P4	20	45
P5	30	50
P6	40	55

①
고객번호	상품코드
100	P1
100	P3

②
고객번호	상품코드
100	P1
200	P1

③
고객번호	상품코드
100	P1
100	P3
200	P1

④
고객번호	상품코드
200	P2
100	P2
300	P2

해설 ③ • 구매 테이블과 상품 테이블을 자연조인: 동일한 필드는 하나만 표시(상품코드)
- 구매 테이블에서 고객번호 100, 상품코드 P1, 상품 테이블에서 상품코드 P1에 해당하는 비용 20과 가격 35를 첫 번째 줄에 입력한다.
- 구매 테이블에서 고객번호 200, 상품코드 P2, 상품 테이블에서 상품코드 P2에 해당하는 비용 50과 가격 65를 두 번째 줄에 입력한다.
- 위의 과정을 동일하게 반복한다(단, 상품코드 비교해서 일치하는 값을 가져옴).
• 구매 → ⋈N 상품

고객번호	상품코드	비용	가격
100	P1	20	35
200	P2	50	65
100	P3	10	27
100	P2	50	65
200	P1	20	35
300	P2	50	65

- σ가격≦40(구매 $\bowtie_N$ 상품)
  - 조건을 의미: 가격이 40보다 작거나 같은 경우

고객번호	상품코드	비용	가격
100	P1	20	35
100	P3	10	27
200	P1	20	35

- π고객번호, 상품코드[σ가격≦40 (구매 $\bowtie_N$ 상품)]
  - 고객번호와 상품코드 열만 검색하는 것을 의미

고객번호	상품코드
100	P1
100	P3
200	P1

답 ③

20 소프트웨어 생명주기 모형 중 프로토타입(Prototype) 모형에 대한 설명으로 옳은 것을 〈보기〉에서 고른 것은? ★★

<보기>

ㄱ. 프로토타입 모형의 마지막 단계는 설계이다.
ㄴ. 발주자가 목표 시스템의 모습을 미리 볼 수 있다.
ㄷ. 폭포수 모형보다 발주자의 요구사항을 반영하기가 용이하다.
ㄹ. 프로토타입별로 구현 시스템에 대하여 베타테스트를 실시한다.

① ㄱ, ㄴ   ② ㄴ, ㄷ
③ ㄷ, ㄹ   ④ ㄱ, ㄹ

 해설

ㄱ. 설계는 요구사항 분석 및 정의 단계 이후에 진행된다. 마지막 단계는 구현이다.
ㄹ. 베타테스트는 마지막 프로토타입 결과물로 실시한다.

답 ②

많이 보고 많이 겪고 많이 공부하는 것은 배움의 세 기둥이다.

– 벤자민 디즈라엘리 –

PART 09

2012년 기출문제

우편 및 금융상식(기초영어 포함)

※ 2024년도 시험부터 '우편 및 금융상식'은 '우편일반', '예금일반', '보험일반'으로 분리하여 출제합니다.

01 〈보기〉는 이용자 실비지급제도에 관한 설명이다. ( ) 안에 들어갈 내용으로 옳은 것은? 〈변형〉 ★

> 보기
>
> ( )이 공표한 기준에 맞는 우편서비스를 제공하지 못할 경우에 예산의 범위에서 교통비 등 실비의 전부나 일부를 지급하는 제도로, 부가취급 여부·재산적 손해 유무를 요건으로 하지 않고 실비를 보전하는 점에서 손해배상과 성질상 차이가 있다.

① 우체국장
② 지방우정청장
③ 우정사업본부장
④ 과학기술정보통신부장관

> 해설 ③ 〈보기〉는 「우편법 시행규칙」 제15조의2에 규정된 이용자 실비지급제도에 대한 설명이다. 이용자 실비지급제도는 우정사업본부장이 공표하는 기준을 충족시키지 못하는 경우에 실비를 지급하는 제도로 부가취급(등기취급) 여부와 재산적 손해 유무를 요건으로 하지 않는 점에서 손해배상과 구분된다.
>
> 답 ③

02 국내우편 서비스 선택적 우편역무의 종류에 해당하지 <u>않는</u> 것은? 〈변형〉 ★

① 우편물방문접수
② 착불배달
③ 본인지정배달
④ 우체국꽃배달

> 해설 ④ 선택적 우편역무(「우편법 시행규칙」 제25조)에는 등기, 보험, 증명, 국내특급우편, 특별송달, 민원우편, 팩스우편, 우편주문판매, 광고우편, 전자우편, 우편물방문접수, 착불배달, 계약등기, 회신우편, 본인지정배달, 우편주소 정보제공, 우편물의 반환 정보 제공, 선거우편 등이 있다.
>
> 답 ④

03 국내소포우편물의 취급조건과 접수에 관한 설명으로 옳지 <u>않은</u> 것은?　★★

① 최대 제한중량은 30kg이다.
② 노트, 사진, 거래통장, 통화는 소포로 취급할 수 있다.
③ 접수 시 내용품을 문의하고 우편물의 포장상태를 검사한다.
④ 보통소포우편물의 표면 왼쪽 중간에 '소포' 표시를 한다.

② 소포우편물이란 서신과 통화 외의 물건을 포장한 우편물이다. 단, 백지노트 등 의사 전달 기능이 없는 물건은 소포로 취급해야 한다. 우편물 크기에 따라서 소형포장우편물과 소포우편물로 나뉘고, 소형포장우편물은 통상우편물로 구분하여 취급한다. 소포우편물에는 원칙적으로 서신을 넣을 수 없으나 물건과 관련이 있는 납품서, 영수증, 설명서, 감사인사 메모 등은 함께 보낼 수 있다.

답 ②

04 소포우편물에 관한 설명으로 옳지 <u>않은</u> 것은? 〈변형〉　★★

① 원칙적으로 서신, 납품서, 영수증, 설명서, 감사인사 메모 등을 보낼 수 없다.
② 최대 용적은 가로, 세로, 높이를 합하여 160cm 이내이다.
③ 우표로도 납부가 가능하며, 납부방법은 우표를 창구에 제출하거나 우편물 표면에 첩부한다.
④ 등기소포 반송 시 반송수수료를 징수한다.

① 소포우편물에는 원칙적으로 서신을 넣을 수 없으나 물건과 관련이 있는 납품서, 영수증, 설명서, 감사인사 메모 등은 함께 보낼 수 있다.
② 최대 용적은 가로, 세로, 높이를 합하여 160cm 이내이며, 어느 길이도 1m를 초과할 수 없다.
③ 등기소포는 우편물의 운송수단, 배달지역, 중량, 부피 등에 해당하는 금액을 현금, 우표, 우편요금을 표시하는 증표, 「여신전문금융업법」에 따른 신용카드 또는 정보통신망을 이용한 전자화폐·전자결제 등으로 즉납 또는 후납으로 납부 가능하다. 또한 우표로도 납부가 가능하다.
④ 등기소포의 경우 일반소포와 다르게 반송 시 반송수수료(등기통상취급수수료)를 징수한다.

답 ①

05 봉투에 넣어 봉함하여 발송하는 통상우편물의 규격요건에 관한 내용이다. 위반 시 규격외 요금을 징수하는 것은? ★★

① 우편물의 무게는 최소 3.27g에서 최대 50g이다.
② 우편물의 봉투봉함 방법은 풀 또는 접착제를 사용하여야 한다.
③ 우편물의 표면 및 내용물은 편편하고 균일하여야 한다.
④ 우편물의 봉투색상은 흰색 또는 밝은 색으로 한다.

> **해설** ① 우편물의 무게는 최소 3g에서 최대 50g이다. 봉투에 넣어 봉함하여 발송하는 우편물의 규격요건과 관련하여 위반 시 규격외 요금이 징수되는 경우로는 일정 크기 초과 시, 일정 무게에 해당 시, 우편번호 기재, 표면 및 내용물 요건 위반 시 등이 있다.
>
> 답 ①

06 다음은 우편물의 일반취급 처리과정이다. ( )에 들어갈 용어로 옳은 것은? ★★

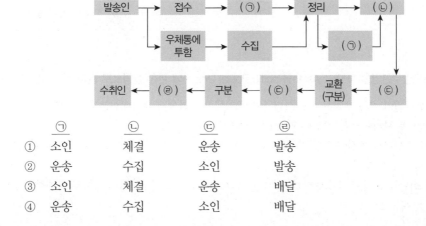

	㉠	㉡	㉢	㉣
①	소인	체결	운송	발송
②	운송	수집	소인	발송
③	소인	체결	운송	배달
④	운송	수집	소인	배달

> **해설** ③ 우편물의 일반취급은 우편물의 접수부터 배달까지의 전반적인 처리과정을 말한다. 처리과정은 발송인 → 접수 → 소인 → 정리 → 체결 → 운송 → 교환(구분)→ 운송 → 구분 → 배달 → 수취인 순으로 이루어진다.
>
> 답 ③

07 〈보기〉에서 국제특급우편(EMS)으로 보낼 수 있는 물품은?　　　　　　　★★★

> 보
기
> ㄱ. 송금환　　　　　　　　　　　　　ㄴ. 마그네틱 테이프
> ㄷ. 마이크로 필름　　　　　　　　　　ㄹ. 상품 견본
> ㅁ. 상업용 서류　　　　　　　　　　　ㅂ. 가공하지 않은 금

① ㄱ, ㄴ, ㄷ, ㄹ　　　　　　　　　　　② ㄴ, ㄷ, ㄹ, ㅁ
③ ㄴ, ㄹ, ㅁ, ㅂ　　　　　　　　　　　④ ㄱ, ㄷ, ㅁ, ㅂ

> 해설
> ② 국제특급우편(EMS; Express Mail Service)은 다른 우편물보다 우선취급하게 되며, 통신문, 서류, 상품 또는 물품을 최단시간 내에 수집·발송·배달하는 우편업무이다. 이는 서류용 특급 우편물로 세관검사가 필요 없는 편지, 인쇄물, 각종 서류발송 등에 이용하는 경우와 비서류용 특급우편물로 세관검사를 거쳐야 하는 상품견본 및 물품 등의 내용품을 발송 시 이용한다. EMS로 보낼 수 있는 물품은 업무용 서류, 상업용 서류, 컴퓨터 데이터, 상품 견본, 마그네틱 테이프, 마이크로 필름이 있다. 반면 보낼 수 없는 물품으로는 동전 및 화폐, 송금환, 유가증권류, 금융기관 간 교환 수표, UPU일반우편금지물품, 가공 또는 비가공의 금, 은, 백금과 귀금속, 보석 등의 귀중품, 수입 금지 물품, 여권을 포함한 신분증 등이 있다.
>
> 답 ②

08 아시아·태평양우편연합(APPU; Asian-Pacific Postal Union)에 관한 설명으로 옳지 <u>않은</u> 것은?　★★

① 한국과 필리핀이 공동 제의하여 1961년 1월 23일에 마닐라에서 창설대회를 개최하였다.
② 상설기관으로 관리이사회, 우편운영이사회, 국제사무국이 있다.
③ 우편업무의 발전과 개선에 관한 연구를 목적으로 우정직원의 상호교환 또는 독자적 파견을 위한 협정을 체결할 수 있다.
④ 지역 내 회원국 간의 우편관계를 확장, 촉진 및 개선하고 우편업무분야에 있어서 국제협력을 증진하는 것을 목적으로 한다.

> 해설
> ② 상설기관으로 관리이사회, 우편운영이사회, 국제사무국을 보유한 국제기구는 만국우편연합(UPU; Universal Postal Union, UN 산하 우편 전문 국제기구)이다.
>
> 답 ②

09 항공등기로 접수하는 국제통상우편물 중 항공부가요금만 징수하는 우편물은?　　　　　★

① 인쇄물
② 소형포장물
③ 우편자루 배달 인쇄물
④ 시각장애인용 우편물

 ④ 시각장애인용 우편물은 시각장애인이나 공인된 시각장애인기관에서 발송하거나 수신하는 우편물을 말하며, 녹음물, 서장, 시각장애인용 활자가 표시된 금속판을 포함한다. 시각장애인용 우편물은 항공부가요금을 제외한 모든 요금이 면제된다.

답 ④

10 우체국예금 · 보험에 관한 설명으로 옳은 것은?　　　　　★★

① 우체국예금은 「예금자보호법」에 의하여 원리금 전액이 지급 보장된다.
② 우체국보험은 보험을 효율적으로 운영하고 위험을 적절하게 분산하기 위하여 재보험에 가입할 수 있다.
③ 우체국예금 · 보험은 사업에 대한 건전성을 유지할 수 있도록 금융위원회의 정기검사를 받아야 한다.
④ 우체국예금은 「한국은행법」 제28조 제13호에 따라 금융통화위원회가 정하는 기준의 범위 내 이자율을 금융위원회와 협의하여야 한다.

 ② 「우체국예금 · 보험에 관한 법률」 제46조의2에 따라 과학기술정보통신부장관은 보험을 효율적으로 운영하고 위험을 적절하게 분산하기 위하여 필요하다고 인정하면 재보험에 가입할 수 있다.
① 「우체국예금 · 보험에 관한 법률」 제4조에 따라 국가는 우체국예금(이자를 포함한다)과 우체국보험계약에 따른 보험금 등의 지급을 책임진다.
③ 「우체국예금 · 보험에 관한 법률」 제3조의2에서 건전성을 유지하고 관리하기 위하여 필요한 경우에는 금융위원회에 검사를 요청할 수 있다고 명시하였으며, 이를 의무사항으로 명시하지는 않았다.
④ 「우체국예금 · 보험에 관한 법률」 제10조에서 과학기술정보통신부장관은 제14조 제2항에 따라 예금의 종류별 이자율을 정하려면 금융위원회와 협의하여야 하나 「한국은행법」 제28조 제15호에 따라 금융통화위원회가 정하는 기준의 범위에서 이자율을 정하려는 경우에는 그러하지 아니한다고 규정하고 있다.

답 ②

11 우체국 전자금융 및 제휴서비스에 대한 설명으로 옳은 것은? 〈변형〉 ★★

① 우체국예금 고객은 창구망 공동이용 서비스를 통해 제휴은행 창구에서 자행거래 방식으로 입·출금이 가능하다.

② 인천공항우체국에서 외화실물을 수령할 수 있는 환전 예약은 모바일뱅킹서비스를 통해 가능하다.

③ 우체국 인터넷뱅킹에서 신한은행의 SWIFT망을 통해 수취인의 해외은행 계좌로 송금이 가능하다.

④ 우체국페이는 우체국 창구 및 인터넷뱅킹 수준의 다양한 서비스를 제공하고, QR코드를 활용한 쉽고 편리한 지로/공과금 납부서비스를 제공한다.

① 우체국과 민간은행이 업무제휴를 맺고 양 기관의 전산시스템을 전용선 또는 금융결제원 공동망으로 상호연결하여 제휴은행 고객이 각 우체국 창구에서 기존의 타행환 거래 방식이 아닌 자행거래 방식으로 입금 및 출금거래를 할 수 있다.

② 외화환전 예약서비스는 우체국 창구 방문 신청 또는 인터넷뱅킹·스마트뱅킹을 이용하여 환전(원화를 외화로 바꾸는 업무) 거래와 대금 지급을 완료하고, 원하는 수령일자(환전예약 신청 당일 수령은 불가) 및 장소를 선택하여 지정한 날짜에 외화실물을 직접 수령하는 서비스이다. 고객이 지정한 일부 환전업무 취급 우체국 및 우정사업본부와 환전업무가 제휴된 하나은행 지점(환전소)에서 수령할 수 있다.

④ 우체국뱅킹에 대한 설명이다. 우체국페이는 우체국예금 모바일뱅킹에 핀테크를 접목시킨 간편결제 및 간편송금 등 핀테크 서비스를 제공하는 앱이다.

🖐 ③

---

12 다음 중 우체국예금(제휴서비스 포함)에서 제공하는 서비스를 모두 고른 것은? 〈변형〉 ★★★

> ㄱ. SWIFT 해외송금 서비스
> ㄴ. 증권계좌 개설 대행
> ㄷ. 우체국 CMS 입금업무
> ㄹ. 실시간 자동이체서비스

① ㄱ, ㄴ, ㄷ, ㄹ
② ㄴ, ㄷ, ㄹ
③ ㄷ, ㄹ
④ ㄱ, ㄹ

ㄱ, ㄴ, ㄷ, ㄹ 모두 우체국예금(제휴서비스 포함)에서 제공하는 서비스이다.

🖐 ①

13 금융경제, 과세, 자금세탁방지업무에 대한 설명으로 옳은 것은? ★★

① 채권시장에는 발행주체에 따라 국채시장, 지방채시장, 회사채시장, 환매조건부채권 매매시장이 있다.

② 특수은행으로는 국민은행(KB), 우리은행, 중소기업은행(IBK), 신한은행이 있다.

③ 모든 금융소득은 근로소득, 부동산임대소득, 사업소득, 연금소득 등 다른 소득과 합산하여 종합 과 세된다.

④ 고객확인제도는 고객별 신원확인, 고객의 실제 당사자 여부 및 금융거래 목적까지 확인할 수 있는 제도이다.

 ① 채권시장은 발행주체에 따라 국채시장, 지방채시장, 특수채시장, 회사채시장, 금융채시장 등으로 나눈다.
② 중소기업은행, 한국산업은행, 한국수출입은행, 농협은행, 수협은행 등은 특별법에 의해 설립된 특수은행이다.
③ 「소득세법」상 소득의 종류는 종합소득(이자소득, 배당소득, 사업소득, 근로소득, 연금소득, 기타소득), 퇴직소득, 양도 소득으로 구분한다(기존 7가지 종류의 종합소득에서 6가지 종류의 종합소득으로 변경되었고, 부동산 임대 소득은 종합소득 중 사업소득에 포함하여 과세). 종합과세는 이자소득 등 종합소득 중 비과세소득과 분리과세소득을 제외한 소득을 합산하여 누진세율을 적용한다.

답 ④

14 금융상품에 대한 설명으로 옳은 것은? 〈변형〉 ★★★

① 듬뿍우대저축은 수시 입·출금이 가능한 요구불성 예금으로 예치 금액별 차등금리를 적용한다.

② 이웃사랑정기예금은 고령 고객, 헌혈자(5회 이상), 입양자가 가입대상이다.

③ 챔피언정기예금은 일정의 약정기간을 정하여 그 기간 내에는 지급청구를 하지 않고 기간 만료 시에 지급하는 조건으로 일정금액을 일시에 예입하는 거치식 예금 상품이다.

④ 양도성예금증서(CD)는 중도해지가 불가능하며 예금자보호가 되는 상품이다.

 ② 이웃사랑정기예금은 국민기초생활수급자, 장애인 등의 사회 소외 계층과 장기기증 희망 등록자, 헌혈자 등 사랑나눔 을 몸소 실천하는 고객 및 농어촌 고객의 경제생활을 지원할 수 있는 공익형 상품이다.
③ 정기예금에 대한 설명이다. 챔피언정기예금은 가입기간(연, 월, 일 단위 가입) 및 이자지급방식(만기일시지급식, 월이 자지급식)을 자유롭게 선택할 수 있는 고객맞춤형 정기예금이다.
④ 양도성예금증서는 정기예금에 양도성을 부여한 특수한 형태의 금융상품으로 중도해지가 불가능하며, 만기 전에 현 금화하고자 할 경우에는 유통시장에서 매각할 수 있다. 이 상품은 「예금자보호법」에 의한 보호가 되지 않는다.

답 ①

15 현재 판매 중인 우체국보험 상품에 관한 설명으로 옳지 <u>않은</u> 것은? ⟨변형⟩ ★★★

① 무배당 우체국건강클리닉보험(갱신형) 2109에서 갱신계약의 경우, 가입나이는 10세 이상이다.

② 무배당 우체국안전벨트보험 2109는 성별에 따른 차이는 있으나 나이에 관계없이 동일한 보험료를 적용한다.

③ 무배당 어깨동무보험 2109(2종)에서 암보장개시일은 보험계약일(부활일)로부터 그 날을 포함하여 90일이 지난 날로 한다.

④ 무배당 에버리치상해보험 2109에서 재해입원보험금은 재해로 4일 이상 입원 시 지급된다.

 ③ 무배당 어깨동무보험 2109는 1종(생활보장형), 2종(암보장형), 3종(상해보장형)이 있다. 이때 2종 암보장개시일은 보험계약일(부활일)로부터 그 날을 포함하여 90일이 지난 날의 다음 날로 하며, 피보험자 나이가 15세 미만인 경우 암보장개시일은 계약일(부활일)로 한다.

🗐 ③

16 보험관련 세금에 대한 설명으로 옳은 것은? ⟨변형⟩ ★★

① 저축성보험의 경우 2017년 1월 1일 이후 가입한 계약은 계약자 1명당 납입 보험료 합계액이 1억 원 이하일 때, 보험차익에 대하여 비과세된다.

② 연금저축보험을 중도에 해지하는 경우에는 분리과세를 적용하지 않는다.

③ 장애인전용보험의 경우 연간 납입보험료의 10%까지 세액공제를 받을 수 있다.

④ 보장성보험의 경우 기본공제대상자를 피보험자로 하여 연간 100만 원까지 근로소득공제를 받을 수 있다.

 ① 저축성보험의 경우 2017년 4월 1일부터 체결하는 보험계약은 최초로 보험료를 납입한 날부터 만기일 또는 중도해지일까지의 기간이 10년 이상으로서, 계약자 1명당 납입할 보험료 합계액이 1억 원 이하일 것을 보험차익 비과세 요건으로 한다.
② 연금저축보험을 중도에 해지하는 경우에는 분리과세를 적용한다. 이는 일반 연금 외 수령으로 기타 소득세(지방소득세 포함 16.5%)가 부과되나, 만약 부득이한 사유로 인한 연금 외 수령이 인정되는 경우에는 연금소득세(지방소득세 포함 3.3~5.5%)를 부과한다.
③ 근로소득자가 기본공제대상자 중 장애인을 피보험자 또는 보험수익자로 하는 보험을 가입한 경우, 근로소득자가 실제로 납입한 보험료(연간 100만 원 한도)의 15%에 해당하는 금액을 해당 과세기간의 종합소득산출세액에서 공제받을 수 있다.

🗐 ④

17 보험계약에 대한 설명으로 옳은 것은? 〈변형〉 ★★

① 보험계약을 부활한 경우 계약이 실효된 이후 시점부터 부활될 때까지의 기간에 발생한 모든 보험사
고에 대하여 보험자는 책임을 진다.

② 보험수익자와 보험계약자가 동일한 경우 '자기를 위한 보험', 양자가 각각 다른 사람일 경우 '타인을
위한 보험'이라 한다.

③ 보험계약의 무효란 계약이 처음에는 유효하게 성립되었으나 계약 이후에 무효사유의 발생으로 계
약의 법률상 효력이 계약시점으로 소급되어 없어지는 것을 말한다.

④ 보험계약자 또는 피보험자는 청약 시 청약서에서 질문한 사항에 대하여 보험자에게 사실대로 알려
야 하나 부활청약 시에는 고지의무가 없다.

① 보험계약에서의 부활은 실효된 보험계약의 효력을 원래대로 복구시키는 것이므로 실효되기 이전의 보험계약과 동
일한 내용의 보험계약을 계속 유지하게 된다. 그러나 해당 보험계약을 부활하였다 하더라도 보험계약이 실효된 이
후 시점부터 부활될 때까지의 기간에 발생한 보험사고에 대하여 보험자는 책임을 지지 않는다.

③ 보험계약의 무효란 무효사유에 의하여 계약의 법률상 효력이 처음부터 발생하지 않는 것을 말한다.

④ 보험계약자 또는 피보험자는 청약 시 청약서에서 질문한 사항에 대해 보험자에게 사실대로 알려야 하는데, 이를 고
지의무라 한다. 고지의무는 계약 청약 시뿐만 아니라 부활 시에도 이행하여야 한다.

정답 ②

18 생명보험 상품의 종류에 관한 설명으로 옳지 <u>않은</u> 것은? ★

① 종신보험은 보험기간을 정해놓고, 사망하였을 때 보험금을 지급하는 보험이다.

② 저축성보험은 생존 시에 보험금이 지급되는 저축기능을 강화한 보험이다.

③ 연금보험은 연금을 수령하여 일정 수준의 소득을 계속 유지하기 위한 보험이다.

④ 교육보험은 교육자금을 마련할 수 있도록 설계된 보험이다.

① 종신보험은 보험기간을 정하지 않고 피보험자가 일생을 통하여 언제든지 사망했을 때 보험금을 지급하는 보험이다.

정답 ①

19 글의 내용과 일치하는 것은? ★

People disagree about how soon the world will run out of oil, but it does not matter whether oil will run out in the next 20 years or the next 150 years. Since oil is still going to run out, we cannot depend on it to meet our energy needs forever. Besides its limited supply, oil is an imperfect energy source. It pollutes the air, and it is inefficient when it is burned. There are much better fuels available. We just need to find cheaper ways to harness them.

① Better energy sources exist.
② The supply of oil will never run out.
③ Oil is an efficient source of energy.
④ Oil will run out in the next 20 years.

해설

① 다섯 번째 문장에서 'There are much better fuels available.'이라고 했으므로, 글의 내용과 일치하는 것은 'Better energy sources exist(더 좋은 에너지원이 존재한다).'이다.
② 석유 공급은 절대 고갈되지 않을 것이다. → 두 번째 문장에서 'Since oil is still going to run out, ~'이라고 했으므로, 글의 내용과 일치하지 않는다.
③ 석유는 효율적인 에너지원이다. → 네 번째 문장에서 'It pollutes the air, and it is inefficient when it is burned.'라고 했으므로, 글의 내용과 일치하지 않는다.
④ 석유는 향후 20년 뒤에 고갈될 것이다. → 석유가 20년 후에 고갈될 것이라는 내용은 나와 있지 않다.

해석
석유가 얼마나 빨리 고갈될 것인지에 대한 사람들의 의견은 다르지만, 석유가 20년 후에 고갈될 것인지 혹은 150년 후에 고갈될 것인지는 중요하지 않다. 석유는 여전히 고갈되어 가고 있기 때문에, 우리는 에너지 수요를 영원히 충족시키기 위해 석유에만 의지할 수는 없다. 석유는 생산이 제한되어 있을 뿐만 아니라, 불완전한 에너지원이다. 그것(석유)은 공기를 오염시키고, 연소될 때 비효율적이다. 더 유용한(구할 수 있는) 연료가 훨씬 많이 있다. 우리는 그것들을 활용할 수 있는 더 저렴한 방법을 찾아야 한다.

어휘
run out of: …을 다 써버리다, …이 없어지다
matter: 중요하다
meet: (필요·요구 등을) 충족시키다
limited: 제한된, 한정된
supply: 공급[비축](량)
imperfect: 불완전한
energy source: 에너지원
pollute: 오염시키다
inefficient: 비효율[비능률]적인
harness: (동력원 등으로) 이용[활용]하다

답 ①

20 문맥을 고려할 때, 빈칸 ⓐ에 들어갈 알맞은 단어는? ★

> If you want to be successful in global business, you must understand the cultures of other countries and learn how to adapt to them, or change your practices in different cultures. It is important that you should not make business decisions that are based on misconceptions. One misconception is ethnocentrism, the belief that one's own culture is better than other cultures. Ethnocentrism can exist in an individual or in an organization. To (ⓐ) ethnocentrism, it is necessary to study the different elements of culture, including language, religion, values, customs, and material elements.

① learn   ② adapt to
③ ignore   ④ avoid

④ 두 번째 문장에서 'It is important that you should not make business decisions that are based on misconceptions.'라고 했고, 세 번째 문장에서 한 가지 오해는 자신의 문화가 다른 문화보다 낫다는 신념인 자기 민족 중심주의라고 했다. 빈칸 문장에서 '자기 민족 중심주의를 ∼하기 위해서는 언어, 종교, 가치관, 관습, 물질적 요소들을 비롯한 문화의 다양한 요소들을 연구할 필요가 있다.'라고 했으므로, 문맥을 고려할 때 빈칸 ⓐ에 들어갈 알맞은 단어는 'avoid(방지하다)'이다.

① 배우다
② 적응하다
③ 무시하다

[해석]

글로벌 비즈니스에서 성공하려면 다른 나라의 문화를 이해하고 그것들에 적응하는 법을 배우거나 다른 문화에서 여러분의 관행을 바꿔야 한다. 오해에 근거한 비즈니스 결정을 내려서는 안 된다는 것이 중요하다. 한 가지 오해는 자기 민족 중심주의인데, 그것은 자신의 문화가 다른 문화보다 낫다는 신념이다. 자기 민족 중심주의는 개인 또는 조직 내에 존재할 수 있다. 자기 민족 중심주의를 방지하기 위해서는 언어, 종교, 가치관, 관습, 물질적 요소들을 비롯한 문화의 다양한 요소들을 연구할 필요가 있다.

[어휘]

adapt to: ∼에 적응하다
practice: 관행, 관습
make decisions: 결정하다
misconception: 오해
ethnocentrism: 자기 민족 중심주의
belief: 신념, 확신

답 ④

02

컴퓨터일반

※ 2024년도 시험부터 제외되는 '자료구조알고리즘'과 '프로그래밍언어론' 문항은 ×표시하였습니다.

01 컴퓨터 용어에 대한 설명으로 옳지 <u>않은</u> 것은? ★★

① MIPS는 1초당 백만 개 명령어를 처리한다는 뜻으로 컴퓨터의 연산 속도를 나타내는 단위이다.

② SRAM은 전원이 꺼져도 저장된 자료를 계속 보존할 수 있는 기억장치이다.

③ KB, MB, GB, TB 등은 기억 용량을 나타내는 단위로서 이중 TB가 가장 큰 단위이다.

④ SSI, MSI, LSI, VLSI 등은 칩에 포함되는 게이트의 집적도에 따라 구분된 용어이다.

> **해설** ② SRAM은 휘발성 기억장치이다.
>
> 답 ②

×

02 이진트리의 순회(traversal) 경로를 나타낸 그림이다. 이와 같은 이진트리 순회방식은 무엇인가?(단, 노드의 숫자는 순회순서를 의미한다) ★★

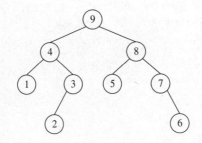

① 병렬 순회(parallel traversal)

② 전위 순회(pre-order traversal)

③ 중위 순회(in-order traversal)

④ 후위 순회(post-order traversal)

> **해설** ④ ROOT의 방문 순서가 가장 느리므로 후위 순회이다.
> • 전위: ROOT – LEFT – RIGHT
> • 중위: LEFT – ROOT – RIGHT
> • 후위: LEFT – RIGHT – ROOT
>
> 답 ④

03 엑셀에서는 서로 다른 시트 사이에 셀 참조가 가능하다. 아래 그림에서 Sheet2의 시금치 가격을 VLOOKUP 함수를 사용하여 Sheet1에서 가져오고자 한다. 이를 위해 Sheet2의 B3셀에 입력할 수식으로 알맞은 것은? ★★

Sheet1

	A	B	C	D
1	상품명	산지	생산자	가격
2	오이	청주	김철수	500
3	배추	울산	황인용	2000
4	무우	김제	김영운	1500
5	시금치	평창	나윤로	1000
6	상추	대전	김윤철	700

Sheet1 / Sheet2 / Sheet3

Sheet2

	A	B
1	상품명	가격
2	무우	
3	시금치	
4		
5		
6		

① =VLOOKUP(시금치,Sheet1!A2:D6,4,0)
② =VLOOKUP(시금치,A2:A6,5,0)
③ =VLOOKUP(A3,Sheet1!A2:D6,4,0)
④ =VLOOKUP(A3,Sheet1!A2:A6,5,0)

해설 ③ =VLOOKUP(찾는 값, 참조하는 표 범위, 열 번호, 옵션)

정확한 값 – 0
비슷한 값 – 1

• 찾는 값: 셀 포인터의 위치가 B3셀이므로 '시금치'가 들어가 있는 셀 A3
• 참조하는 범위: Sheet1의 A1:D6 또는 A2:D6
• 열 번호: 4(참조하는 표 범위에서 출력하고자 하는 열 번호)
     가격은 네 번째 열
• 옵션: 상품명이 동일(정확히 일치)
• 시금치 가격은 1000

	A	B	C	D
1	상품명	산지	생산자	가격
2	오이	청주	김철수	500
3	배추	울산	황인용	2000
4	무우	김제	김영운	1500
5	시금치	평창	나윤로	1000
6	상추	대전	김윤철	700

Sheet1 / Sheet2 / Sheet3

1   2   3   4

답 ③

04 〈보기〉는 모듈화를 중심으로 한 소프트웨어 설계방법에 대한 설명이다. 빈칸의 내용을 올바르게 나열한 것은? ★★

보기

- 결합도(coupling)와 응집도(cohesion)는 모듈의 (㉠)을 판단하는 기준이다.
- 결합도란 모듈 (㉡)의 관련성을 의미하며, 응집도란 모듈 (㉢)의 관련성을 의미한다.
- 좋은 설계를 위해서는 결합도는 (㉣), 응집도는 (㉤) 방향으로 설계해야 한다.

	㉠	㉡	㉢	㉣	㉤
①	독립성	사이	내부	작게	큰
②	독립성	내부	사이	크게	작은
③	추상성	사이	내부	작게	큰
④	추상성	내부	사이	크게	작은

해설
㉠ 결합도와 응집도는 모듈의 독립성을 판단하는 기준이 된다.
㉡ · ㉢ 결합도는 모듈 사이에서의 관련성을 의미하고, 응집도는 모듈 내부의 관련성을 의미한다.
㉣ · ㉤ 좋은 설계를 위해서는 결합도는 작게, 응집도는 큰 방향으로 설계해야 한다.

답 ①

05 다음 중 데이터 값의 대소를 비교하여 정렬하는 문제에 대한 가장 빠른 알고리즘의 시간 복잡도는?(단, n은 정렬 대상의 입력 데이터 수이다) ★

① $O(n)$
② $O(\log_2 n)$
③ $O(n\log_2 n)$
④ $O(n^2)$

해설
③ 정렬 알고리즘의 시간 복잡도를 구하는 문제이기 때문에 가장 빠른 힙 정렬의 평균과 최악 시간 복잡도가 $O(n\log_2 n)$
이므로, 정렬 알고리즘의 가장 빠른 시간 복잡도는 $O(n\log_2 n)$이 된다.

정렬 알고리즘의 시간 복잡도 – 실행 시간이 빨라지는 순서로 표시(평균 시간 복잡도 기준)
- $O(n^2) \rightarrow O(n^{1.5}) \rightarrow O(n\log_2 n)$
- 삽입, 선택, 버블 정렬 → 셸 정렬 → 퀵, 힙, 병합 정렬

답 ③

06 여덟 개의 페이지(0~7페이지)로 구성된 프로세스에 네 개의 페이지 프레임이 할당되어 있고, 이 프로세스의 페이지 참조 순서는 〈보기〉와 같다. 이 경우 LRU 페이지 교체 알고리즘을 적용할 때 페이지 적중률(hit ratio)은 얼마인가?(단, 〈보기〉의 숫자는 참조하는 페이지 번호를 나타내고, 최초의 페이지 프레임은 모두 비어있다고 가정한다) ★★

> 보기
>
> 1, 0, 2, 2, 2, 1, 7, 6, 7, 0, 1, 2

① $\dfrac{5}{12}$

② $\dfrac{6}{12}$

③ $\dfrac{7}{12}$

④ $\dfrac{8}{12}$

해설

① 여덟 개의 페이지이지만 네 개의 페이지 프레임이 할당되어 있으므로 실제로 비어있는 페이지 프레임은 4개이다.

- 사용한 알고리즘 : LRU(가장 오랫동안 사용되지 않은 페이지를 교체하는 기법)
- 참조한 페이지 번호 순서

1	0	2	2	2	1	7	6	7	0	1	2
1	1	1	1	1	1	1	1	1	1	1	1
0	0	0	0	0	0	6	6	6	6		2
		2	2	2	2	2	2	2	0	0	0
						7	7	7	7	7	7

부재	O	O	O	X	X	X	O	O	X	O	X	O
	1	2	3	4	5	6	7	8	9	10	11	12
								교체		교체		교체

참조할 페이지가 있는지 먼저 확인 → 없으면 페이지 삽입

12번의 페이지 참조 중 7번의 페이지 부재 발생, 5번의 페이지 적중

적중률=5/12 , 부재율=7/12

답 ①

07 〈보기〉의 논리 연산식을 간략화한 논리회로는? ★★★

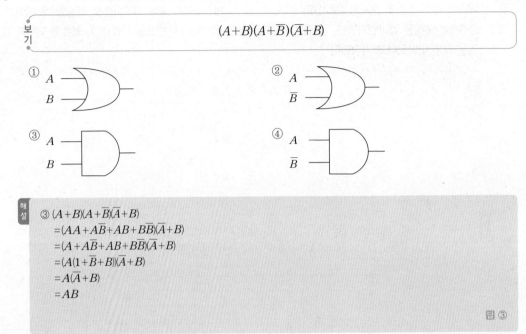

해설

③ $(A+B)(A+\overline{B})(\overline{A}+B)$
  $=(AA+A\overline{B}+AB+B\overline{B})(\overline{A}+B)$
  $=(A+A\overline{B}+AB+B\overline{B})(\overline{A}+B)$
  $=(A(1+\overline{B}+B))(\overline{A}+B)$
  $=A(\overline{A}+B)$
  $=AB$

답 ③

08 〈보기〉의 설명에 해당하는 네트워크 장비는? ★

보기
- OSI 계층 모델의 네트워크 계층에서 동작하는 장비이다.
- 송신 측과 수신 측 간의 가장 빠르고 신뢰성 있는 경로를 설정·관리하며, 데이터를 전달하는 역할을 한다.
- 주로 같은 프로토콜을 사용하는 네트워크 간의 최적경로 설정을 위해 패킷이 지나가야 할 정보를 테이블에 저장하여 지정된 경로를 통해 전송한다.

① 게이트웨이(gateway)
② 브리지(bridge)
③ 리피터(repeater)
④ 라우터(router)

④ 라우터(router)는 데이터를 원하는 목적지까지 올바르게 전달할 수 있도록 경로를 선택하고 중계하는 기능을 수행한다.

라우터는 최적의 경로를 선택

계층	장비
응용	게이트웨이
표현	
세션	
전송	
네트워크	라우터
데이터 링크	브리지, 스위치
물리	리피터, 허브

답 ④

09 다음 C 프로그램의 실행 결과로 옳은 것은? ★★★

```
void main( )
{
    int a[4]={10, 20, 30};
    int *p=a;

    p++;
    *p++=100;
    *++p=200;
    printf("a[0]=%d a[1]=%d a[2]=%d\n",
        a[0], a[1], a[2]);
}
```

① a[0]=10 a[1]=20 a[2]=30
② a[0]=10 a[1]=20 a[2]=200
③ a[0]=10 a[1]=100 a[2]=30
④ a[0]=10 a[1]=100 a[2]=200

③ a[4]={10, 20, 30};

10	20	30	
a[0]	a[1]	a[2]	a[3]

p

p=a[0]; → p는 포인터 변수=번지를 기억. a배열의 시작주소를 기억

p++; → 포인터 변수를 증가

10	20	30	
a[0]	a[1]	a[2]	a[3]

p

*p++=100; → p가 가리키는 곳에 100을 입력하고 포인터 변수 이동

10	100	30	
a[0]	a[1]	a[2]	a[3]

p

*++p=200; → 포인터 변수를 이동하고 그 곳에 200을 입력

10	100	30	200
a[0]	a[1]	a[2]	a[3]

p

a[0]   a[1]   a[2]에 있는 값을 출력 → 10, 100, 30

답 ③

---

10 인터럽트 처리를 위한 〈보기〉의 작업이 올바로 나열된 것은?   ★

> 보기
> ㄱ. 인터럽트 서비스 루틴을 수행한다.
> ㄴ. 보관한 프로그램 상태를 복구한다.
> ㄷ. 현재 수행 중인 명령을 완료하고 상태를 저장한다.
> ㄹ. 인터럽트 발생 원인을 찾는다.

① ㄷ → ㄹ → ㄱ → ㄴ

② ㄷ → ㄹ → ㄴ → ㄱ

③ ㄹ → ㄷ → ㄱ → ㄴ

④ ㄹ → ㄷ → ㄴ → ㄱ

ㄷ. 중앙처리장치는 어떤 장치가 인터럽트를 요구했는지 확인(요청 → 인지)하고 현재 명령어의 실행을 끝낸 후 프로그램카운터(PC: 다음에 실행할 명령어의 주소) 값을 스택에 저장한다.

ㄹ. 인터럽트 발생 원인을 찾는다(인터럽트 종류 파악, 인터럽트 취급루틴 수행).

ㄱ. 인터럽트 서비스 루틴 수행한다.

ㄴ. 보관한 프로그램 상태를 복구한다.

답 ①

11 〈표〉의 CPM(Critical Path Method) 소작업 리스트에서 작업 C의 가장 빠른 착수일(earliest start time), 가장 늦은 착수일(latest start time), 여유 기간(slack time)을 순서대로 나열한 것은? ★★★

〈CPM 소작업 리스트〉

소작업	선행 작업	소요 기간(일)
A	없음	15
B	없음	10
C	A, B	10
D	B	25
E	C	15

① 15일, 15일, 0일
② 10일, 15일, 5일
③ 10일, 25일, 5일
④ 15일, 25일, 0일

CPM에서 CP(Critical Path)는 핵심 주요 구간(경로)으로서 각 활동들을 연결했을 때 수행 기간이 가장 긴 경로를 의미한다. Method는 방식을 의미한다.
문제를 그림으로 표현하면 다음과 같다.

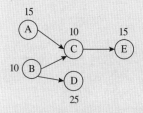

① • 작업 C의 가장 빠른 착수일: 15일
   (가장 긴 경로를 선택, 10일 X)
 • 전체 시간(일): 40일
   A → C → E
   15 → 10 → 15: 모두 더하면 40일
   (가장 긴 경로를 선택)
 • 작업 C의 가장 늦은 착수일: 15일
   전체시간−(C 작업시간+E 작업시간) → 40−(10+15)=15
 • 여유 기간: 0일 → 가장 늦은 착수일 − 가장 빠른 착수일 → 15−15=0

답 ①

12 〈보기〉는 스택을 이용한 0-주소 명령어 프로그램이다. 이 프로그램이 수행하는 계산으로 옳은 것은?

★★

보기

```
PUSH C
PUSH A
PUSH B
ADD
MUL
POP Z
```

① Z=C+A * B
② Z=(A+B) * C
③ Z=B+C * A
④ Z=(C+B) * A

해설 ②

		B			
	A	A	A+B		
C	C	C	C	(A+B)*C	
Z	Z	Z	Z	Z	Z
PUSH C	PUSH A	PUSH B	ADD	MUL	POP
			POP 2번	POP 2번	
			ADD	MUL	
			PUSH	PUSH	

답 ②

13 트랜잭션의 특성과 이에 대한 설명으로 옳지 <u>않은</u> 것은? ★

① 원자성(atomicity): 트랜잭션은 완전히 수행되거나 전혀 수행되지 않아야 한다.

② 일관성(consistency): 트랜잭션을 완전히 실행하면 데이터베이스를 하나의 일관된 상태에서 다른 일관된 상태로 바꿔야 한다.

③ 고립성(isolation): 하나의 트랜잭션의 실행은 동시에 실행 중인 다른 트랜잭션의 간섭을 받아서는 안 된다.

④ 종속성(dependency): 완료한 트랜잭션에 의해 데이터베이스에 가해진 변경은 어떠한 고장에도 손실되지 않아야 한다.

> **해설** ④ 종속성(dependency)이 아니라 영속성(durability)이다. 영속성이란 트랜잭션 실행이 성공적으로 끝나면 그 결과는 어떠한 경우라도 보장을 받아야 한다는 성질을 의미한다.
>
> 目 ④

14 〈보기〉의 다양한 진법으로 표현한 숫자들을 큰 숫자부터 나열한 것은? ★★

> 보기
> ㄱ. $F9_{16}$
> ㄴ. 256_{10}
> ㄷ. 11111111_2
> ㄹ. 370_8

① ㄱ, ㄴ, ㄷ, ㄹ

② ㄴ, ㄷ, ㄱ, ㄹ

③ ㄷ, ㄹ, ㄱ, ㄴ

④ ㄹ, ㄱ, ㄴ, ㄷ

> **해설** ② 2진수로 통일한다.
> ㄱ. $F9_{16}$ → 1111 1001
> ㄴ. 256_{10} → 1 0000 0000
> ㄷ. 11111111_2
> ㄹ. 370_8 → 11 111 000
> 따라서 큰 숫자부터 나열하면 ㄴ → ㄷ → ㄱ → ㄹ 순이다.
>
> 目 ②

15 공개키(public key) 암호화 방식에 대한 설명으로 옳지 <u>않은</u> 것은? ★

① 공개키와 개인키로 이루어진다.

② 대표적 활용 예로는 전자서명이 있다.

③ 송수신자는 서로 다른 키를 사용한다.

④ 개인키는 메시지를 전송할 때 사용한다.

 ①·② 공개키 암호화는 공개키와 개인키로 진행되고, 개인키 암호화로 전자서명을 진행하여 본인임을 인증할 수 있다.

③ 송신자는 수신자의 공개키로 암호화를 진행하고, 수신자는 암호화된 내용을 자신의 개인키로 복호화하여 활용한다.

답 ④

16 주기억장치와 캐시 기억장치만으로 구성된 시스템에서 〈보기〉와 같이 기억장치 접근시간이 주어질 때 캐시 적중률(hit ratio)은? ★★

보기
- 평균 기억장치 접근시간: Ta=1.9ms
- 주기억장치 접근시간: Tm=10ms
- 캐시 기억장치 접근시간: Tc=1ms

① 80%
② 85%
③ 90%
④ 95%

 주기억장치와 캐시 기억장치 사이의 평균 기억장치 접근시간은 다음과 같다.

$$T_{average} = H_{hit\_ratio} \times T_{cache} + (1 - H_{hit\_ratio}) \times T_{main}$$

- $T_{average}$=평균 기억장치 접근시간
- T_{main}=주기억장치 접근시간
- T_{cache}=캐시 기억장치 접근시간
- H_{hit_ratio}=적중률

③ 적중률을 h라 가정하면,

$1.9 = h \times 1 + (1-h) \times 10$

$1.9 = h + 10 - 10h$

$10h - h = 10 - 1.9$

$9h = 8.1$

$h = 0.9 \rightarrow 90\%$

답 ③

17 〈보기〉에서 설명하는 객체지향 개념은? ★★

보기

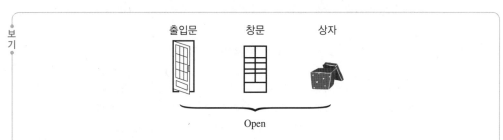

출입문   창문   상자

Open

- 그림에서 'open'이라는 오퍼레이션(operation)은 객체마다 다르게 기능한다.
- Java 언어에서 오버로딩(overloading), 오버라이딩(overriding)으로 구현되는 개념이다.

① 캡슐화(encapsulation)
② 인스턴스(instance)
③ 다형성(polymorphism)
④ 상속(inheritance)

해설

③ 〈보기〉는 다형성에 대한 설명으로, 다형성이란 두 개 이상의 클래스에서 똑같은 메시지에 대해 객체가 서로 다르게 반응하는 것을 의미한다.
① 캡슐화는 서로 관련성이 많은 데이터들과 이와 연관된 함수들을 정보처리에 필요한 기능으로 묶는 것을 의미한다.
② 인스턴스는 실제 값을 의미한다.
④ 상속은 새로운 클래스를 정의할 때 기존의 클래스들의 속성을 상속받고 필요한 부분을 추가하는 방법이다.

답 ③

18 다음 연산을 2의 보수를 이용한 연산으로 변환한 것은? ★★

$$6_{10} - 13_{10}$$

① $00000110_2 + 11110011_2$
② $00000110_2 - 11110011_2$
③ $11111010_2 + 11110011_2$
④ $11111010_2 - 11110011_2$

해설

① 6에서 13을 빼는 연산이므로 6은 절대치로, 13은 2의 보수를 구하여 표현한다. 10진수 6을 2진수의 절대치로 변환하면 0000 0110이고 10진수 13을 2진수의 절대치로 변환하면 0000 1101이다. 13의 2의 보수는 1111 0011이므로 $00000110_2 + 11110011_2$로 변환된다.

답 ①

19 〈보기〉는 Windows XP의 실행창(시작 ⇒ 실행)에 입력할 수 있는 명령어들을 나열한 것이다. 명령어별로 수행할 수 있는 기능을 순서대로 나열한 것은? ★★★

> 보기
>
> dxdiag – msconfig – regedit – mstsc

① 컴퓨터사양 확인 – 시작프로그램 편집 – 레지스트리 편집 – 원격데스크탑 실행
② 원격데스크탑 실행 – 작업관리자 편집 – 서비스 편집 – 시스템 셧다운 설정
③ 컴퓨터사양 확인 – 작업관리자 편집 – 레지스트리 편집 – 원격데스크탑 실행
④ 원격데스크탑 실행 – 시작프로그램 편집 – 서비스 편집 – 시스템 셧다운 설정

> 해설
> ① • dxdiag: 컴퓨터사양 확인
> • msconfig: 시작프로그램 설정
> • regedit: 레지스트리 설정
> • mstsc: 원격제어
>
> 답 ①

20 〈보기〉는 0~199번의 200개 트랙으로 이루어진 디스크 시스템에서, 큐에 저장된 일련의 입출력 요청들과 어떤 디스크 스케줄링(disk scheduling) 방식에 의해 처리된 서비스 순서이다. 이 디스크 스케줄링 방식은 무엇인가?(단, 〈보기〉의 숫자는 입출력할 디스크 블록들이 위치한 트랙 번호를 의미하며, 현재 디스크 헤드의 위치는 트랙 50번이라고 가정한다) ★★

> 보기
> • 요청 큐: 99, 182, 35, 121, 12, 125, 64, 66
> • 서비스 순서: 64, 66, 99, 121, 125, 182, 12, 35

① FCFS   ② C–SCAN
③ SSTF   ④ SCAN

> 해설
> ② C–SCAN: 64, 66, 99, 121, 125, 182, 12, 35(방향 항상 동일)
> ① FCFS: 99, 182, 35, 121, 12, 125, 64, 66(요청 순서대로 진행)
> ③ SSTF: 64, 66, 35, 12, 99, 121, 125, 182(가장 짧은 작업부터)
> ④ SCAN: 64, 66, 99, 121, 125, 182, 35, 12(엘리베이터 알고리즘)
>
> 답 ②

좋은 책을 만드는 길, 독자님과 함께하겠습니다.

· ·

2025 시대에듀 우정 9급 계리직 공무원 9개년 기출문제집 한권으로 끝내기

개정13판1쇄 발행	2025년 05월 20일 (인쇄 2025년 03월 07일)
초 판 발 행	2014년 01월 03일 (인쇄 2013년 09월 09일)
발 행 인	박영일
책 임 편 집	이해욱
편 저	시대공무원시험연구소
편 집 진 행	박종옥 · 김희현
표지디자인	박종우
편집디자인	박지은 · 임창규
발 행 처	(주)시대고시기획
출 판 등 록	제10-1521호
주 소	서울시 마포구 큰우물로 75 [도화동 538 성지 B/D] 9F
전 화	1600-3600
팩 스	02-701-8823
홈 페 이 지	www.sdedu.co.kr

I S B N	979-11-383-8962-4 (13350)
정 가	20,000원

시대에듀
한국사능력검정시험 대비 시리즈

한국사능력검정시험 기출문제집 시리즈

최신 기출문제 최다 수록!

》》》 기출 분석 4단계 해설로 합격 완성, 기본서가 필요없는 상세한 해설!

• PASSCODE 한국사능력검정시험
  기출문제집 800제 16회분 심화(1 · 2 · 3급)

• PASSCODE 한국사능력검정시험
  기출문제집 800제 16회분 기본(4 · 5 · 6급)

한국사능력검정시험 합격 완성 시리즈

완벽하게 시험에 대비하는 마스터플랜!

• PASSCODE 한국사능력검정시험
  한권으로 끝내기 심화(1 · 2 · 3급)

• PASSCODE 한국사능력검정시험
  주제 · 시대 공략 기출문제집 심화(1 · 2 · 3급)

• PASSCODE 한국사능력검정시험
  7일 완성 심화(1 · 2 · 3급)

**》》》 알짜 핵심 이론만으로 한권으로
끝내기로 기본 개념 다지기!**

**》》》 신유형을 대비할 수 있는 주제별 · 시대별
이론과 기출문제로 단기 합격 공략!**

**》》》 기출 빅데이터를 바탕으로 선별한
핵심 주제 50개를 담은 7일 완성!**

※ 도서의 구성과 이미지는 변경될 수 있습니다.

시대에듀의
계리직 합격 라인업

계리직 한권으로 합격
(우편·예금·보험·컴퓨터일반)

• 개정사항 반영
• 과목별 알찬 핵심이론 수록

계리직 9개년 기출문제

• 학습자료 반영한 기출 수록
• 최신기출문제 특강 무료 제공

계리직 최종 모의고사

• 전과목 5회분 최종 모의고사

※ 도서의 구성과 이미지는 변경될 수 있습니다.

나는 이렇게 합격했다

자격명: 위험물산업기사
구분: 합격수기
작성자: 배*상

나는할수있다
69년생50중반직장인 입니다. 요즘
자격증을2개정도는가지고 입사하는젊은친구들에게
일을시키고지시하는 역할이지만 정작 제자신에게 부족한점
이많다는것을느꼈기 때문에자격증을따야겠다고
결심했습니다.처음 시작할때는과연되겠
냐?하는의문과걱정 이한가득이었지만
시대에듀인강 을우연히접하게
되었고잘차려 진밥상과같은커
리큘럼은뒤늦게시 작한늦깍이수험 생이었던저를
합격의길로인도해주었습니다.직장생활을
하면서취득했기에더욱기뻤습니다.
감사합니다!

합격은
시대에듀

당신의 합격 스토리를 들려주세요.
추첨을 통해 선물을 드립니다.

QR코드 스캔하고 ▷ ▷ ▶
이벤트 참여해 푸짐한 경품받자!

베스트 리뷰	상/하반기 추천 리뷰	인터뷰 참여
갤럭시탭/ 버즈 2	상품권/ 스벅커피	백화점 상품권

합격의 공식
시대에듀